JN313193

基礎知識と実務がマスターできる いまさらシリーズ
Q&A

いまさら人に聞けない

「労務トラブル防止」の実務

川島孝一・内藤惠蔵・松木将企 [著]

セルバ出版

はじめに

　近年、「解雇・退職強要」、「雇止め」、「労働条件引下げ」、「セクハラ・いじめ」など、さまざまな労使のトラブルが急増しています。

　背景にはインターネットの普及や労使紛争がマスコミで大々的に取り上げられるなど、労働者の法律や紛争手続に対する知識の向上、労働者の権利意識の向上、労基署など行政機関への相談、申告に対する労働者の抵抗感の減少などが考えられます。

　また、平成13年10月施行の「個別労働関係紛争の解決の促進に関する法律」、平成18年4月施行の「労働審判法」、平成19年4月施行の「裁判外紛争解決手続の利用の促進に関する法律」などの法律改正により、これまでより従業員が各種の制度を利用しやすくなっていることも労使紛争の増加が目に見えるようになった原因の1つです。今後もこの種の紛争は増えることはあっても少なくなることはないでしょう。

　会社の財産である「ヒト」「モノ」「カネ」のうち、最も大切なのは「ヒト」です。

　「ヒト」を傷つける個別の労使トラブルが発生すれば、その労働者に対しての金銭支払いの実損にとどまらず、トラブル解決までの時間や弁護士などへの報酬、他の従業員への波及、企業の信用低下など、その損害は計りしれないものになります。

　本書では、これらの労使トラブルの解決方法や法解釈を中小企業の現場を熟知した社会保険労務士がわかりやすく解説するとともに、トラブルそのものを未然に防ぎ、また万が一、労使トラブルが発生した場合でも会社のリスクを最小限にとどめるための方法を解説しています。

　労使トラブルの防止や円満な解決に向けての一助として活用していただければ幸いです。

平成23年7月

川島　孝一
内藤　惠蔵
松木　将企

いまさら人に聞けない「労務トラブル防止」の実務Q＆A　　目次

はじめに

① 残業代等をめぐるトラブル防止の対処法は

Q1　残業代（時間外割増賃金）の計算方法は……………　8
Q2　所定休日・法定休日ってなに・その違いは …………　13
Q3　パートから残業代を請求されたときは………………　15
Q4　休憩時間がとれないので賃金を払ってほしい
　　といわれたときは……………………………………　17
Q5　会社の指示のない残業の残業代を請求されたときは‥　20
Q6　手書のメモで残業代を請求されたときは …………　22
Q7　退職者から過去5年間の残業代を請求されたときは‥　24
Q8　残業込みの約束だった従業員から残業代を
　　請求されたときは……………………………………　26
Q9　年俸制の従業員から残業代を請求されたときは ……　29
Q10　歩合給の従業員から残業代を請求されたときは ……　31
Q11　シフト制従業員から残業代を請求されたときは ……　33
Q12　フレックスタイム制の従業員から残業代を請求
　　　されたときは …………………………………………　36
Q13　専門業務型の従業員から残業代を請求されたときは‥　39
Q14　管理職から残業代を請求されたときは ………………　42
Q15　営業等の外勤者から残業代を請求されたときは……　44
Q16　営業等の外勤者から移動時間も労働時間とい
　　　われたときは…………………………………………　47
Q17　社外研修時間の残業代を支払ってほしいとい
　　　われたときは …………………………………………　49
Q18　代休を取得させた従業員から休日出勤手当を
　　　請求されたときは……………………………………　51

Q19　深夜勤務の従業員から休日手当を請求されたときは‥53
Q20　サービス残業ってなに・サービス残業代の支払いを
　　　請求されたときは……………………………………55
Q21　天災による休業で賃金を請求されたときは…………59
Q22　計画停電による休業で賃金支払いを請求されたときは…63

② 年次有給休暇その他のトラブルの対処法は

Q23　1年間育児休業をしていた従業員の年次有給休暇は‥67
Q24　パートから年次有給休暇の請求があったときは………69
Q25　年次有給休暇の取得時に支払う賃金の計算方法は……71
Q26　シフト制パートから年次有給休暇の請求があったときは…73
Q27　3年前の年次有給休暇を取得したいといわれたときは…75
Q28　法定の基準を上回る会社独自の年次有給休暇の時効は‥77
Q29　年次有給休暇を時間単位で請求されたときは…………79
Q30　連続して40日間の年次有給休暇を請求されたときは‥81
Q31　退職日までに年次有給休暇をすべて取得したいと
　　　いわれたときは……………………………………83
Q32　年次有給休暇を取得したいので退職日をずら
　　　したいといわれたときは……………………………85
Q33　退職する従業員から年次有給休暇の買取りを請求
　　　されたときは………………………………………87
Q34　夏休みを年次有給休暇の取得とするのはおかしい
　　　といわれたときは……………………………………89
Q35　出向や転籍のときの年次有給休暇の取扱いは…………91
Q36　定年再雇用者から年次有給休暇の引継ぎを
　　　請求されたときは……………………………………93
Q37　結婚3年目の従業員から特別休暇の請求が
　　　あったときは…………………………………………95
Q38　近隣でインフルエンザが流行したときの対応は………97
Q39　自宅待機の従業員から賃金を請求されたときは………99

- Q40　従業員がセクハラを訴えてきたときは ……………… 101
- Q41　うつ病の従業員が労災だと訴えてきたときは ……… 104
- Q42　遺族が過労死だと訴えてきたときは ……………… 106

③ 退職・解雇をめぐるトラブルの対処法は
- Q43　退職と解雇の違いは ………………………………… 108
- Q44　自分で辞めたはずの退職者が解雇だといいだしたときは… 111
- Q45　退職をすすめた従業員が解雇だといいだしたときは … 113
- Q46　退職願を撤回したいといわれたときは …………… 115
- Q47　成績不振の従業員を解雇するときは……………… 117
- Q48　横領していた従業員を解雇するときは……………… 119
- Q49　痴漢をした従業員を解雇するときは …………… 122
- Q50　交通事故で実刑になった従業員を解雇するときは … 124
- Q51　契約満了の従業員を退職させるときは …………… 126
- Q52　病気で長期欠勤をしている従業員を解雇するときは.. 129
- Q53　育児休業をする従業員を解雇するときは ………… 132
- Q54　従業員が副業でインターネット販売を行っていたときは.. 134
- Q55　懲戒解雇した従業員が解雇予告手当を請求してきたときは..136
- Q56　試用期間の従業員が解雇予告手当を請求してきたときは … 138
- Q57　アルバイトが解雇予告手当を請求してきたときは … 140
- Q58　天災により事業の継続ができなくなったときは …… 142
- Q59　無断欠勤が続いていた従業員が出勤してきたときは..143
- Q60　入社予定者が内定中に妊娠したときは …………… 147
- Q61　失業保険のために会社都合にしてほしいと依頼されたときは …………………………………… 150
- Q62　会社の備品を返さないで退職した従業員への対応は…152

④ 退職者をめぐるトラブル対処法は
- Q63　退職した従業員が賞与を請求してきたときは ……… 154
- Q64　懲戒解雇した従業員が退職金を請求してきたときは .. 156

- Q65 退職した従業員の不正請求が発覚したときは ……… 159
- Q66 退職した従業員が顧客情報をライバル会社に
  売ったときは……………………………………… 160
- Q67 退職した従業員がライバル会社に就職したときは … 162
- Q68 会社を設立した退職者が従業員を引き抜いたときは‥ 164
- Q69 競業避止義務違反を理由にした損害賠償額の請求は … 166
- Q70 競業避止義務違反を理由にした退職金不支給や減額は … 167
- Q71 退職者が特許権を主張してきたときは ……………… 169

⑤ 労務トラブルの解決方法は

- Q72 労務トラブルが発生したときの対応心得と解決方法は‥ 171
- Q73 不満従業員から労働組合に訴えられたときの対応は… 173
- Q74 不当労働行為ってどういう行為のこと ……………… 176
- Q75 労基署の調査の内容と対応方法は …………………… 178
- Q76 個別労働紛争解決支援制度の内容と利用のポイントは‥ 180
- Q77 労働審判制度の内容と利用のポイントは …………… 183
- Q78 少額訴訟制度の内容と利用のポイントは …………… 186
- Q79 仮処分申立の内容と利用のポイントは……………… 188
- Q80 訴訟に発展したときの対応は ………………………… 190
- Q81 裁判で立証責任があるのは会社と従業員のどちら…… 193
- Q82 裁判で和解をすすめられたときは…………………… 196
- Q83 解雇が無効になったときの影響は …………………… 198

⑥ 付録

- Q84 就業規則のサンプルは………………………………… 201
- Q85 賃金規定のサンプルは………………………………… 216
- Q86 退職金規定のサンプルは ……………………………… 221

本文中は次の略称を使用しています

労基法	労働基準法	安衛法	労働安全衛生法
労基則	労働基準法施行規則	安衛則	労働安全衛生法施行規則
契約法	労働契約法	労基署	労働基準監督署
休業法	育児介護休業法	労基官	労働基準監督官
均等法	男女雇用機会均等法	パート	パートタイマー

「労基法○条○項○号」とあるのは
「労基法第○条第○項第○号」の略記です。

Q1 残業代(時間外割増賃金)の計算方法は

Answer Point

♧労基法に定められている1日の法定労働時間または1週間の法定労働時間を超えると割増賃金が必要です。
♧残業代(時間外割増賃金)の支払いは最低でも労基法の規定以上でなければなりません。
♧平成22年の改正労基法により一定時間を超える割増率が引き上げられました。

♣労基法の時間外労働というのは

一般的には、残業とは所定労働時間を超えて労働することをいいます。

労基法は、原則として「1日8時間、週40時間を超えて労働させてはならない」(労基法32条)と規定しています。これを法定労働時間といいます。

この法定労働時間を超えて労働すると、法定時間外労働(法外残業)となります。所定労働時間が法定の1日8時間、週40時間の場合、残業時間＝法外残業となります(図表1、2)。

また、所定労働時間が1日7時間など、8時間未満の場合は、残業時間がそのまま法外残業には該当せず、法定労働時間内(1日8時間未満、週40時間未満)の残業については法内残業となります。

この2つの違いを賃金支払いの点からみると、割増賃金の支払いが必要か否かがポイントとなります。

♣割増賃金の支払いと計算方法は

所定労働時間を超えて労働させても、それが法定労働時間の範囲内であれば、超えた時間に対しては通常の時間単価で計算した賃金を支払えば足ります。

また、所定労働時間を超えて労働したとしても、1日8時間分の賃金を支払っているとする契約を当初に締結していれば、最低賃金を下回っていない限り所定労働時間を超えて労働した時間について追加して賃金を支払う必要はありません。

しかし、法定労働時間を超えて労働させた場合には、2割5分以上の割増

をした賃金を支払う必要があります。

この時間外割増率については、平成22年改正労基法により長時間労働の抑制を目的に率の見直しがなされました（図表3）。

【図表1　1日の時間外労働と割増賃金】

	9:00		17:00	18:00	19:00

法定内（8時間） ／ 法定外（8時間超）
7時間（休憩除く） ／ 1時間 ／ 1時間

所定労働時間 ／ 法定内時間外労働 ／ 法定外時間外労働

割増をする必要はない。しかし通常の時間あたりの賃金支払いは必要

割増賃金支払いが必要

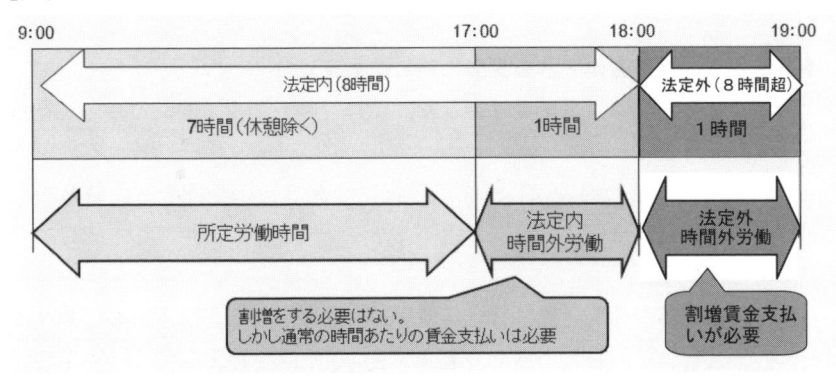

【図表2　1週間の時間外労働と割増賃金】

1週間における法定労働時間は 40時間

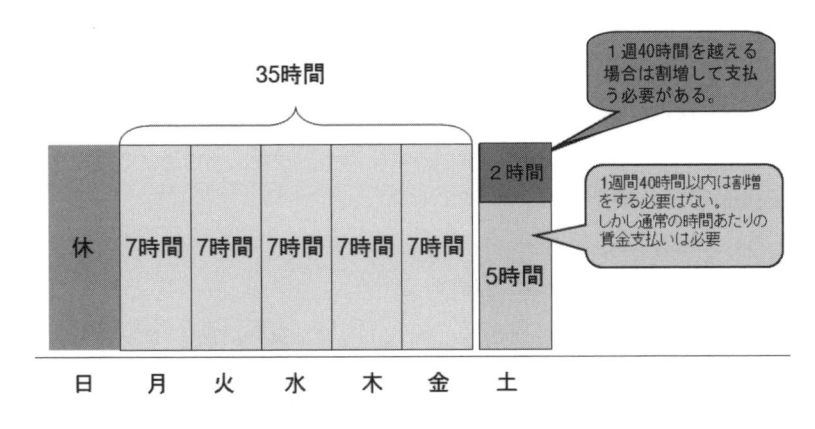

35時間

休	7時間	7時間	7時間	7時間	7時間	2時間
						5時間
日	月	火	水	木	金	土

1週40時間を越える場合は割増して支払う必要がある。

1週間40時間以内は割増をする必要はない。しかし通常の時間あたりの賃金支払いは必要

【図表3　平成22年改正労基法による割増賃金率】

1か月の時間外労働が	
①45時間まで	割増賃金　25％（従来通り）
②45時間超	割増賃金率を引き上げる努力義務
③60時間超	割増賃金率50％、または割増賃金の引上げ分に代えて有給の休日付与（中小企業については猶予措置あり）

この改正に伴い、45時間を超える時間外労働については、就業規則または特別条項付の時間外労働・休日労働に関する労使協定で割増率を定めることが義務づけられ、また就業規則への記載が必要になりました。☞賃金規定第17条第4項参照。

♣割増賃金は休日労働・深夜労働に対しても支払う

　割増賃金は、時間外労働だけでなく、休日労働、深夜労働に対しても支払う必要があります。

　休日労働をさせた場合は、通常の賃金に3割5分の割増をした賃金を支払います。休日労働とは労基法で定める法定休日をいいます（法定休日についてはQ2参照）。

　法定休日以外の休日労働に対する賃金は、割増をして支払う必要はありません。ただし、その日に労働した結果、週40時間を超える場合は法定時間外労働に該当し、2割5分以上の割増賃金を支払う必要があります。

　深夜労働（午後10時～午前5時）の間に労働した場合には、通常の賃金に2割5分以上の割増をした賃金を支払わなければなりません。

　なお、週40時間を計算するときの起算日は、原則として日曜日になりますが、就業規則の定めがあれば、任意の曜日を起算日とすることができます。

　土曜日に休日出勤をしたときの代休を翌週で取得している場合などは、土曜日を起算日にすると結果的に週40時間を超えることが少なくなります。

☞就業規則第22条参照。

♣割増賃金の計算基礎の算出方法は

　割増賃金は、まずその計算基礎となる「通常の労働日または労働時間の賃金」を算定します。

　算定は、時給、日給、月給などのいずれかにより図表4の(1)から(7)の計算方法によります。

【図表4　割増賃金の計算基礎】

割増賃金	計算基礎
(1) 時間によって定められた賃金	その金額
(2) 日によって定められた賃金	その金額を1日の所定労働時間数で割った金額（日によって所定労働時間数が異なる場合には、1週間における1日平均所定労働時間数で割った金額）

(3) 週によって定められた賃金	その金額を週における所定労働時間数で割った金額（週によって所定労働時間数が異なる場合には、4週間における1週平均所定労働時間で割った金額）
(4) 月によって定められた賃金	その金額を月における所定労働時間数で割った金額（月によって所定労働時間数が異なる場合には、1年間における1月平均所定労働時間数で割った金額）
(5) 月、週以外の一定の期間によって定められた賃金	(1)～(5)に準じて決定した金額
(6) 出来高払制その他の請負制によって定められた賃金	その賃金算定期間（賃金締切日がある場合には、賃金計算期間、以下同じ）において出来高払制その他の請負制によって計算された賃金の総額を当該賃金算定期間における、総労働時間数で割った金額
(7) 労働者の受ける賃金が前各号の2以上の賃金よりなる場合	その部分について各号によってそれぞれ算定した金額の合計額

　基本給や手当を問わず、原則としてすべての賃金が割増賃金の計算基礎になります。

　ただし、図表5の①から⑦の手当は除外してかまいません。

　図表5の割増賃金の計算基礎から除外できる賃金は限定列挙であり、これ以外の手当は計算基礎に入れる必要があります。

【図表5　割増賃金の計算基礎から除外できる手当】

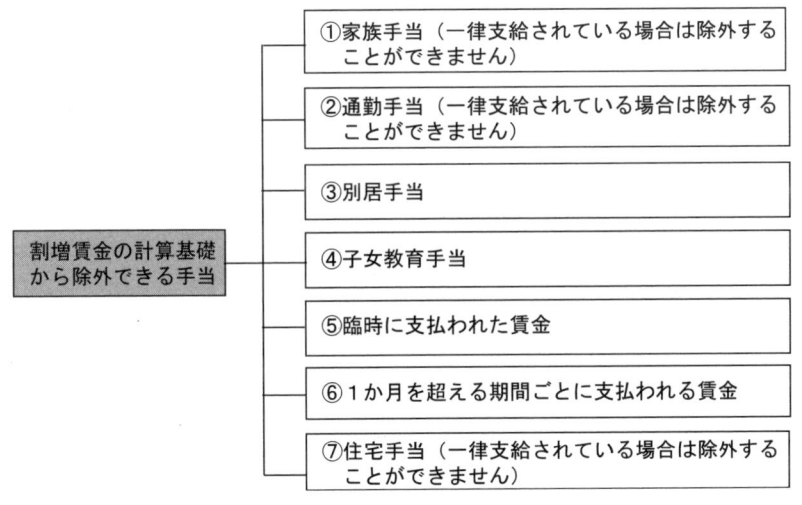

割増賃金の計算基礎から除外できる手当
- ①家族手当（一律支給されている場合は除外することができません）
- ②通勤手当（一律支給されている場合は除外することができません）
- ③別居手当
- ④子女教育手当
- ⑤臨時に支払われた賃金
- ⑥1か月を超える期間ごとに支払われる賃金
- ⑦住宅手当（一律支給されている場合は除外することができません）

♣時間外労働・休日労働に関する労使協定(36協定)というのは

　法定労働時間を超える労働または法定休日労働をさせるために、使用者が労働者代表(労働者の過半数で組織する労働組合がある場合にはその労働組合、そのような労働組合がない場合には労働者の過半数を代表する者)と協定を結ぶ協定を36協定といいます。

　この協定について定めた条文が労基法36条であることから、通称36協定といわれています。

　これを所轄の労基署へ届け出ることにより、法定労働時間を超えてまたは法定休日に労働させることができるようになります。

　ただし、これは使用者が労基法違反として処罰されないための刑事上の免罰効果に過ぎません。

　使用者と労働者間の民事上において、時間外労働、休日労働を服すべき義務を課すために就業規則・労働契約書等で時間外労働、休日労働に服する義務がある規定を定めておく必要があります。

　また、36協定締結・届出さえすれば無制限に時間外労働をさせることができるわけではなく「時間外労働の限度に関する基準」(平成10年労働省告示第154号)において、一定の限度が定められています(Q20参照)。

♣時間外労働の限度時間を超える特別条項付の協定の割増率は

　1か月45時間の時間外労働の限度時間を超える特別条項付の36協定を締結する場合には、新たに限度時間を超えて働かせる一定の期間(1日を超え3か月以内の期間、1年間)について、それぞれの限度時間を超える場合の割増賃金率を定めなければなりません。

　特別条項付の協定の例を示すと、「一定期間における延長時間は、1か月45時間とする。ただし、通常の生産量を大幅に超える受注が集中し、納期がひっ迫したときは、労使の協議を経て年6回を限度として、1か月60時間まで、1年350時間までこれを延長できる。なお延長時間が1か月45時間または1年360時間を超えた場合の割増賃金率は30％とする」です。

　特別条項付の協定には、限度時間を超える時間の労働にかかわる割増賃金率を定める必要があります。

　この率は、法定割増率の25％を超える率とするよう努めなければならないとされていて努力義務とされています。

　あくまでも努めなければならないであって、労使で協定した結果、この率が25％であっても法違反にはなりません。

Q2 所定休日・法定休日ってなに・その違いは

Answer Point

♧労基法による休日とは、労働義務のない日をいい、原則は毎週1回、例外的に4週4休が認められています。

♧休日には、労基法が定める法定休日と、それ以外の会社の任意で決める所定休日があります。法定休日と所定休日は割増賃金の率が違います。

♧休日は原則として暦日を単位とします。
ただし、交替制勤務の場合には例外が認められています。

♧休日と休暇は意味が異なります。休日は労働義務のない日、休暇は労働義務のある日に一定の要件で労働を免除することです。

♣法定休日というのは

休日とは「労働契約において労働義務のない日」をいいます。この労働義務のない日に労働をさせる場合は、就業規則等であらかじめ休日労働があることを規定する必要があります。

労基法では、休日を、毎週1日または毎週1日与えることが難しい場合は4週で4日与えることを定めています（労基法35条）。この休日を法定休日といいます。

法定休日をいつにするかは、会社が自由に決めることができますが、できるだけ具体的な日を特定することが望ましいとされています。☞就業規則第24条第3項参照。

労働義務のない法定休日に労働をさせるためには、36協定の締結と労基署への届出が必要です（Q1参照）。

♣週40時間制と所定休日

労基法の定めによる法定休日のほか、会社任意の休日を所定休日といいます。法定休日は、週1日の付与で足りますが、これとは別に1日8時間の所定時間であれば5日間で週40時間の法定労働時間に達することから、多くの場合、週の休日を2日として枠内に収まるようにしています。

例えば、土日を休日とする週休二日制の場合、日曜を法定休日と定めた場

合は、土曜が所定休日となります。

【図表6　法定休日と所定休日の違い】

法定休日	労基法35条で規定する休日　週1日（4週4日も可）
所定休日	会社任意の休日

♣休日の与え方は

　休日は、1日単位で与える必要があります。この1日とは、原則として午前0時から午後12時までの暦日をいいます（労基法32条）。

　ただし、例外として、交替勤務制の工場などでの休日の与え方については、①番方編成による交替勤務制によることが就業規則等により定められていて制度として運用されていること、②各番方の交替が規則的に定められているものであって勤務割表等によりその都度設定されているものでないこと、の両方の要件を満たしているときに限り継続24時間を与えれば差し支えないとしています（昭63.3.14基発150号）。

♣休日と休暇の違いは

　休日と休暇は、どちらも休みであることに変わりありませんが、休日は、契約上労働義務のない日をいいます。

　一方、休暇は「契約上は労働日である日に、一定条件と手続を経て労働義務が免除される日」をいいます。

　年次有給休暇はこの休暇にあたり、労基法の規定を満たしたときに付与されます。その他、会社任意の休暇として特別休暇、夏季休暇、年末年始休暇等があります。

　年次有給休暇は労基法の定め、会社任意の休暇は就業規則等により要件を定め、所定の手続を経て労働義務が免除になります。

【図表7　休日と休暇の違い】

休日	契約上労働義務のない日
休暇	労働義務のある日に一定の条件のもと、労働免除となった日

Q3 パートから残業代を請求されたときは

Answer Point

♣ パートの所定労働時間を超える労働と労基法の法定労働時間を超える時間外労働を区別することが必要です。
♣ パートの所定外労働と法定外労働では割増賃金率が異なります。
♣ パートが仕事を掛け持ちしている場合、労働時間は通算され、合計して8時間を超えると割増賃金の支払義務が発生します。

♣ **所定労働時間超の労働・法定労働時間超の労働の把握と確認**

　パートでも、時間外労働を行った場合は当然残業代の支払義務があります。

　パートは正社員と違い、各々で所定労働時間が決められていることが多くあります。

　まず、パートが所定労働時間を超えて労働した時間をタイムカード等で把握しましょう。その時間が法定労働時間である、1日8時間超または1週40時間超のときは、通常の賃金だけでなく割増賃金を支払う必要があります。

　このときの割増率は、Q1の割増率で説明したように、2割5分増しになります。

♣ **所定労働時間超の賃金と法定労働時間超の割増賃金**

　一方、所定労働時間を超えて労働しても、法定労働時間内であった場合の残業代については割増して支払う必要はなく、通常の時間あたりの賃金を支払えば足ります。これを会社の任意で割増して支払うこともももちろん問題ありません。

　ところが、この法定労働時間内の枠内にある所定外労働について通常の時間あたりの賃金支払いで割増賃金を支払っていないにもかかわらず、パート本人に通知した労働条件通知書または就業規則において「所定外労働をした場合は割増賃金を支払う」などと記載されているものを交付している例があります。

　これは、インターネット・書籍のひな形の労働条件通知書や就業規則を精

査せず、自社の実態に合わせないまま使用していて起こるケースです。

もちろん、ひな形の労働条件通知書・就業規則だろうと交付してしまったものは契約内容となりますので、契約が優先されます。

「ひな形の労働条件通知書、就業規則で実際とは違うから勘弁して」は通用しないことは明らかです。

パート、アルバイトで長く生計を立てている労働者は、多くの会社を経験していて、労務関係に疎い社長に比べ遥かに、労基法に精通しています。

所定外労働で法定内の残業については、通常の賃金で支払うことを労働条件通知書、就業規則で明記しておきましょう。

♣パートが仕事を掛け持ちしているときの労働時間の通算は

パートの中には、1つの会社だけでなく複数の会社を掛け持ちして働いている場合があります。労基法38条では1日に異なる事業場で働いていた場合でも労働時間は通算されると規定しています。

この通算は、同一の事業主のもとでの労働に限らず、事業主が異なる場合にも適用されます。

例えば、パートが、1日のうちまずA社で5時間働いた後、B社で4時間働いた場合はその日の労働時間は通算9時間となります。

この場合は、B社での最後の1時間は時間外労働になり、時間外労働としてカウントされたB社が割増賃金を支払わなければなりません（図表8、9）。

【図表8　複数の会社を掛け持ちしたときの残業代】

A社	B社
5時間労働	4時間労働

1時間分について割増賃金必要

5時間＋4時間＝9時間　通算される

【図表9　所定労働時間が8時間未満のときの残業に対する割増の有無】

1日について8時間以内であれば割増する必要はない

1日について8時間を超える場合2割5分の割増賃金が必要

所定労働時間5時間の場合

| 1 | 2 | 3 | 4 | 5 | 6 | 7 | 8 | 9 | 10 |

Q4 休憩時間がとれないので賃金を払ってほしいといわれたときは

Answer Point

♣休憩時間の長さは、労働時間の長さによって決められています。与え方は全員一斉が原則です。
♣休憩時間中の電話番等は、労働から解放されていないので休憩時間とはなりません。
♣全員の一斉休憩の適用除外には、業種による適用除外と労働者代表との労使協定を締結することによる適用除外があります。

♣休憩時間の長さと与え方は

休憩時間は、1日の労働時間が6時間を超える場合においては少なくとも45分、8時間を超える場合においては少なくとも1時間を労働時間の途中に与えなければなりません（労基法34条）。

労働時間の途中であれば、昼休憩、午後休憩などと2回に分けて付与することも可能です。

休憩時間については「労働の途中に労働から離れることを保障されている時間」であるかがポイントとなります。労働をしていなくても自由に利用することが保障されていない時間、例えば電話番などで事務所にいることが義務づけられた時間などの待機等の時間については、労働から離れることを保障されていないため、休憩時間には該当しません。

♣休憩時間は完全に業務から離れることを保障された時間

労基法で定める休憩時間とは、単に作業に従事しない手待時間は含まず労働者が権利として完全に労働から離れることを保障された時間をいいます（昭22.9.13基発17号）。

就業規則で規定している休憩時間としての昼休みにおいて、来客当番、電話当番等で拘束されている時間は、休憩時間とはなりません。

そのような拘束をしている時間については労働時間として取り扱われ、賃金支払義務が発生します。

また、休憩時間を付与されなかったことで、1日の労働時間が8時間を超えるときは割増賃金の支払いが必要になります（昭23.4.7基収1196号）。

♣休憩の一斉付与の適用除外は

　休憩は事業場単位の一斉付与が原則で、休憩時間は、原則として一斉に与え、また自由に利用させなければならない（労基法34条）とされています。

　ただし、例外的に3つの交替休憩が認められています。

　このいずれかに該当する場合は、全員一斉に休憩時間をとらずに交代で休憩をとることが可能になります。☞就業規則第23条参照。

(1)　特定業種に該当するとき　（図表10参照）
(2)　抗内労働であるとき
(3)　一斉休憩付与適用除外の労使協定を締結したとき（図表11参照）

【図表10　特定業種に該当するとき】

業種による一斉休憩付与適用除外	
運送業	通信業
商業	保健衛生業
金融・広告業	接客娯楽業
映画・演劇業	官公署

♣休憩時間は自由利用の原則と規制

　休憩時間は労働者に自由に利用させる必要があります。

　ただし自由利用を原則としつつも施設管理、規律保持の観点から一定の行動を規制しても、それが労働の疲労回復の妨げにならなり限り差し支えありません。

　また休憩時間中の外出について許可制を受けさせることについては、事業場内で自由に休憩できる場合においては、外出の許可制も差し支えないとされています。

　さらに警察官、消防職員、児童自立支援施設、乳児院、養護施設等に勤務する職員で児童と起居をともにする者には、自由利用の原則は適用されません。ただし乳児院、養護施設等の職員については、所轄労基署長の許可を受ける必要があります。

　休憩を与えない場合や一斉に休憩を与えない場合、自由利用をさせない場合は、6か月以下の懲役または30万円以下の罰金に処されます。

【図表11　一斉休憩の適用除外に関する労使協定書の例】

一斉休憩の適用除外に関する労使協定書

　〇〇〇株式会社と　労働者代表　××××は、休憩時間について、下記のとおり協定する。

記

1　営業の業務に従事する社員については、班別交替で、休憩時間を与えるものとする。

2　各班の休憩時間は、次に定めるとおりとする。
　　第1班：午前11時〜正午
　　第2班：正午〜午後1時
　　第3班：午後1時から午後2時

3　出張、外回りなどによる外勤のため、本人の班の時間帯に休憩時間を取得できない場合には、所属長が事前に指定して他の班の休憩時間の時間帯を適用する。

4　本協定は平成〇年〇月〇日から効力を発する。

平成〇年〇月〇日

　　　　　　　　　　　　　使用者職氏名　　〇〇〇株式会社
　　　　　　　　　　　　　代表取締役　　　△△△△　　印
　　　　　　　　　　　　　労働者代表　　　××××　　印

Q5 会社の指示のない残業の残業代を請求されたときは

Answer Point

♣ 残業命令をしていなくても、残業を黙認していた場合などは労働時間と判断されることがあります。
♣ 会社が残業時間の管理を徹底し、無駄な残業を減らすことが大切です。

♣ **指示命令のない残業も労働時間と判断される**

　使用者の直接的な残業命令によらない残業時間は、労働者の自主的な責任であるから残業代を支払う必要がないと考えがちです。

　しかし、使用者の具体的に指示した仕事が、客観的にみて正規の勤務時間内ではなし得ないと認められる場合に、超過勤務の黙示の指示によって法定労働時間を超えて勤務したときは、時間外労働となるとしています（昭25.9.14 基収 2983 号）

　労基法では、労働時間はあくまでも会社が管理把握することを求めています。残業命令をしていない残業であっても、黙認をしていた場合などは基本的に労働時間に該当すると判断され、会社はその時間をも把握する義務が生じます。

　労働者が残業をしていることを承知しながら、残業をやめて帰宅するよう指示をせず、放置していると会社が残業を容認していたことになります。

　その時間については当然に残業時間としてカウントされ、会社は残業代の支払義務が生じます。

♣ **残業時間など労働時間管理は使用者の義務は**

　ダラダラ残業や勝手残業のような無駄な残業をさせないためには、会社が残業時間について管理を徹底する必要があります。

　例えば、①就業規則に残業をする場合はあらかじめ上司に申請し、許可を得る、②許可のない残業は認めず、帰宅を命令する、などが考えられます。
☞就業規則第25条参照。

　さらには、③許可のない残業を繰り返している場合は必要な懲戒処分を行う、などにより、会社が各日に労働時間の管理をしていく必要があります。

① 残業代等をめぐるトラブル防止の対処法は

「うちの社員は自分で勝手に残っているだけだから、残業代など請求しない」などという勝手な思い込みは、問題を先送りにしているだけです。

退職時になって未払残業代の請求をされることのないよう今のうちから対策が必要です。

♣残業と成果の公平性

残業をしてもあまり成果があがらない従業員に残業代を支払うことは、残業をしなくても成果を上げている従業員からすれば不公平に感じることでしょう。

労働時間＝成果、業績とならない業種については、賞与等で差額をつけるような工夫も必要です。

【図表12　残業の黙認・放置は会社が残業を容認していたことになる】

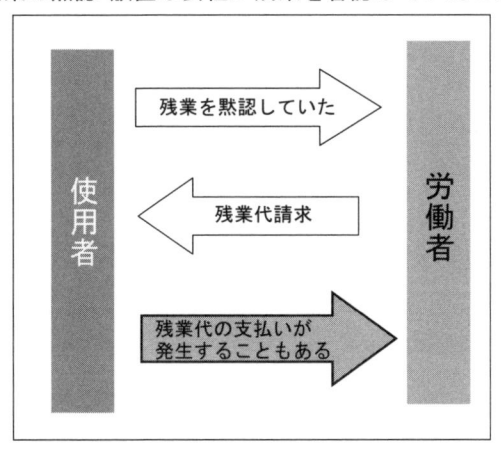

（使用者 → 労働者：残業を黙認していた）
（使用者 ← 労働者：残業代請求）
（使用者 → 労働者：残業代の支払いが発生することもある）

♣自宅に持ち帰り残業の賃金支払いは必要か

労働者が自宅に持ち帰って残業をしたから残業代を支払ってくれと請求された場合、残業代の支払いが必要になるでしょうか。

このような場合、原則支払いに応じる必要はありません。なぜなら、労働時間とは使用者の指揮命令下におかれている時間で、使用者との契約で就業場所とされているところにおける労務提供をいうからです。

しかし、持帰り残業が会社の上司の指示において行われている場合、業務量からみて時間外や自宅に持ち帰ってまで残業しなければ間に合わないようなことが明らかな場合には、労働時間と判断され時間外労働として割増賃金を支払う必要があるでしょう。なお、最近では情報セキュリティの面から自宅にデータを持ち帰ることを禁止する企業も増えています。

Q6 手書のメモで残業代を請求されたときは

Answer Point

♧労働時間管理は使用者の責任で適正把握し、できるだけタイムカードなど機械的な記録を残していると反証が容易になります。

♧反対に使用者が労働時間を管理していないときの反証は難しくなります。

♧自己申告制の場合は、実際の労働時間との差違を確認して適正な労働時間管理をしましょう。

♣労働時間の管理把握は

　労働時間は、労基法が法定労働時間、時間外、休日、深夜労働について定めていることから会社が時間管理する義務があります。

　厚生労働省では、労働時間の適正な把握のために使用者が講ずべき措置に関する基準を定めています（図表13参照）。

　労働者の手書メモで残業代を請求されても、会社がタイムカード、ＩＣカードなどの客観的な記録を残している場合は、当然会社が管理している労働時間で反証すれば問題はありません。

　タイムカード等で労働時間管理を行う場合は、就業規則に始業終業の際は必ずタイムカードを打刻するよう義務づける規定を設けておきましょう。

☞就業規則第28条参照。

♣会社が労働時間を管理把握していないときは

　一方、会社側が労働時間の管理把握をしていないときや、客観的な時間把握とはいえないとき、手書のメモにどう反証するかがときどき問題になります。

　この場合は、労働者の請求に対して具体的な事実を積み重ねて、メモの時間ほど残業をしていないことを反証しなければなりません。

　裁判等になった場合でも、労働者のメモの記録がそのまま労働時間と認定されるわけではありませんが、会社がまったく労働時間を把握していなかった場合は客観的な反証が難しくなります。

① 残業代等をめぐるトラブル防止の対処法は

♣自己申告制の管理をするときは

　自己申告制により労働時間を管理する場合は、自己申告によって記録された時間と実際の労働時間との乖離の有無の調査を行い適正に管理する必要があります。労基署の調査対象になった場合、必ずタイムカードの提出を求められます。その際、自己申告制の時間管理であると、適正な管理をどのように行っているかを聞き取り調査される場合もあります。自己申告制での労働時間管理は、労働者に実態の時間を正確に記録するよう周知徹底が必要です。

【図表13　労働時間の適正な把握のために使用者が講ずべき措置基準】

労働時間の適正な把握のために使用者が講ずべき措置

❶始業・終業時刻の確認・記録
　使用者は、労働時間を適正に管理するため、労働者の労働日ごとの始業・終業時刻を確認し、これを記録すること。
❷始業・終業時刻の確認・記録の原則的な方法
　使用者が始業・終業時刻を確認し、記録する方法としては、原則として次のいずれかの方法によること。
①使用者が、自ら現認することにより確認し、記録すること。
②タイムカード、ＩＣカード等の客観的な記録を基礎として確認し、記録すること。
❸自己申告制により始業・終業時刻の確認・記録を行う場合の措置
　上記❷の方法によることなく、自己申告制によりこれを行わざるを得ない場合、使用者は次の措置を講ずること。
①自己申告制を導入する前に、その対象となる労働者に対して、労働時間の実態を正しく記録し、適正に自己申告を行うことなどについて十分な説明を行うこと。
②自己申告により把握した労働時間が実際の労働時間と合致しているか否かについて、必要に応じて実態調査を実施すること。
③労働者の労働時間の適正な申告を阻害する目的で時間外労働時間数の上限を設定するなどの措置を講じないこと。また、時間外労働時間の削減のための社内通達や時間外労働手当の定額払等労働時間に係る事業場の措置が、労働者の労働時間の適正な申告を阻害する要因となっていないかについて確認するとともに、当該要因となっている場合においては、改善のための措置を講ずること。
❹労働時間の記録に関する書類の保存
　労働時間の記録に関する書類について、労基法109条に基づき、３年間保存すること。
❺労働時間を管理する者の職務
　事業場において労務管理を行う部署の責任者は、当該事業場内における労働時間の適正な把握等労働時間管理の適正化に関する事項を管理し、労働時間管理上の問題点の把握及びその解消を図ること。
❻労働時間短縮推進委員会等の活用
　事業場の労働時間管理の状況を踏まえ、必要に応じ労働時間短縮推進委員会等の労使協議組織を活用し、労働時間管理の現状を把握の上、労働時間管理上の問題点及びその解消策等の検討を行うこと。

Q7 退職者から過去5年間の残業代を請求されたときは

Answer Point

♧労基法の賃金支払いの時効は2年ですが、裁判では2年以上にさかのぼって賃金支払いを認めた例もあります。
♧未払残業代支払判決では、残業代分に加え、最大でその額と同等の付加金の支払命令がなされることもあります。

♣労基法による賃金の時効は

賃金（退職金除く）の請求権は、2年間行わないときは時効によって消滅します（労基法115条）。

民法では、「月又はこれより短い時期によって定めた使用人の給料に係わる債権は1年間行使しないときは消滅する」と定めています。

民法上の1年の時効を、労基法では労働者を保護するために2年に引き上げて定めました。また、退職金については、5年間の時効（労基法115条）と定めています。

労基法上では、たとえ過去5年間さかのぼって未払残業代を請求されても、2年分支払えば足りることになります。

しかし、裁判では労基法115条の賃金の請求時効とは別に、使用者側の不法行為を理由として、3年間の残業代を認めた例もあります（広島高判平19.9.4）。

♣労基署の調査による遡及支払命令の時効は

労基署による調査で、未払残業代の遡及支払いの是正指導があったときも、労基法による時効の2年を求められることがあります。

この遡及は必ず過去2年まで及ぶわけではありません。

3か月の場合もあります。

しかし、労働者からの個別申告による調査の場合は、過去2年分を溯って支払うよう是正が行われます。

なお時効の起算日は、残業をした日ではなく、その残業代を支払うべき賃金の支払日になります。

♣裁判所での付加金の支払命令は

労基法114条において「裁判所は、労基法20条（解雇予告手当）、同26条（休業手当）、同37条（時間外、休日、深夜割増賃金支払）、同36条6項（年次有給休暇）の賃金未払違反については、労働者の請求により使用者の支払わなければならない未払金の他、これと同一額の付加金の支払いを命ずることができる」とされています。

付加金について、使用者に支払う義務が生ずることとなるのは、①上記の条文に該当する違反行為があること、②労働者から付加金請求があること、③裁判所で付加金支払いの命令が発せられること、の3つが要件となります。

ですから、労働者が裁判で争うことにならない限り付加金を支払うことにはなりません。

裁判所の付加金命令は、未払賃金と同一額の命令をすることができます。

これはあくまで裁判所が決めるものであって、労働者が請求したからといって必ず付加金をもらえるものではありません。

付加金支払いの命令は、使用者の労基法違反の程度等の度合いによって裁判所が判断し付加金支払命令の有無、と金額の程度を決めていいます。

未払残業代について裁判で争いになっても、和解する場合には付加金の支払命令はありません。

また付加金は違反があった時点から2年以内に請求しなければなりません。

【図表14　付加金の例】

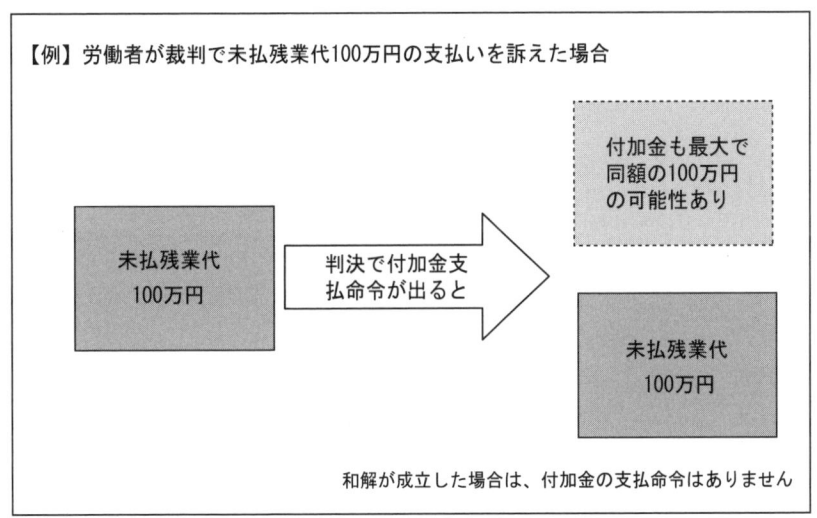

```
【例】労働者が裁判で未払残業代100万円の支払いを訴えた場合

未払残業代          判決で付加金支         付加金も最大で
100万円      →    払命令が出ると        同額の100万円
                                         の可能性あり

                                         未払残業代
                                         100万円

和解が成立した場合は、付加金の支払命令はありません
```

Q8 残業込みの約束だった従業員から残業代を請求されたときは

Answer Point

♧ 残業代込みの給与にしていても、実際の残業時間で計算した残業代が定額分の残業代を上回る場合は差額を支給しなければなりません。

♧ 残業代込みの賃金の支払いは、所定労働時間分と残業時間分について明確に分けて書面で交付することがトラブル防止になります。

♧ 残業代を支払わない契約をしていても無効です。

♧ 労使の契約より労基法の定めが優先されるからです。

♣ 残業代込みの給与支給のパターンと割増賃金支給の有無

残業代込みの賃金は、次の2とおりのどちらかの方法で支給していることが一般的です。

(1) 基本給とは別に、毎月一定の手当として支給している場合
(2) 基本給に一定の金額を残業代として含めて支給している場合

(1)の場合は一定の手当として支給していた金額が、実際の毎月の残業時間に応じて計算された残業代の範囲内であれば、残業代を請求されても支払いに応じる必要はありません。

一方、毎月の残業時間に応じて計算した残業代が、支給する手当を超える場合はその差額分について追加して支払う必要があります。

毎月一定額を支払っていても、不足分については追加して残業代を支払う必要があるのです。

(2)の場合も(1)と同じように範囲内であれば、追加して支給する必要はありませんが、不足分は追加して支払う必要があります。

ここで(2)の場合で問題となるのは、「基本給に含む」としているだけで、金額が定かでない、時間も定かでない場合です。このような支給方法では残業代を含んだ賃金ということは困難です。

裁判例においても、会社が残業代込みの給与であるとの主張について、所定賃金と割増賃金に該当する部分が区別されていないものについては、残業代を含む賃金とは認められないという判断が多くなされています。残業代込

みの給与にする場合は割増賃金について明確に表示が必要です。

♣残業代込みで賃金を支給する場合のポイントは

残業代を賃金に含めて支給する場合は、次の3点がポイントになります。
(1) 残業代に相当する賃金を明確に区分する
(2) 就業規則、労働条件通知書に残業代相当として支給することを明記する。
(3) 実際の残業時間をもとに残業代を計算したときに超過する分があれば、別途支給する。

「賃金には残業代を含まれる」と口約束だけで書面になっていない場合や、書面になっていても「基本給に残業代を含むものとする」といった程度の取決めでは、残業代込みの賃金であったと主張することは難しいでしょう。

金額あるいは何時間分の残業代かを明記することが大切です（図表15）。
☞賃金規定第14条参照。

【図表15　残業代込みの賃金】

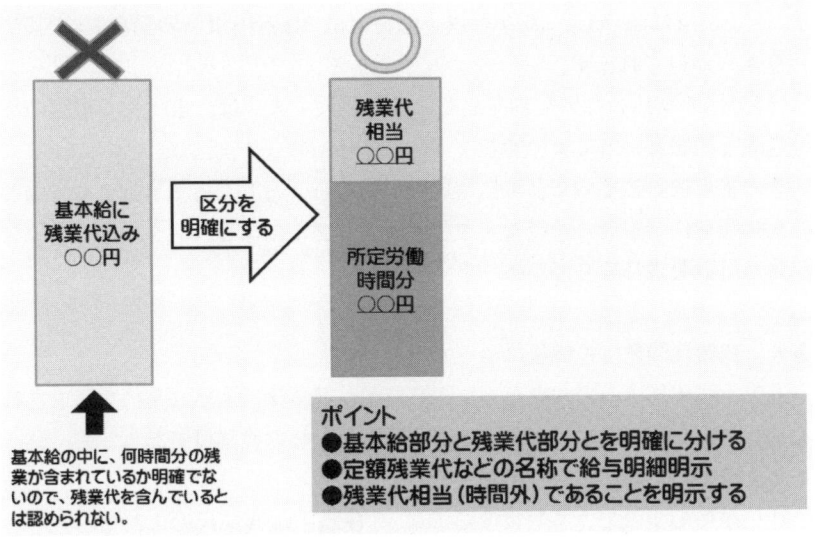

| 基本給に残業代込み ○○円 | 区分を明確にする → | 残業代相当 ○○円 |
| | | 所定労働時間分 ○○円 |

基本給の中に、何時間分の残業が含まれているか明確でないので、残業代を含んでいるとは認められない。

ポイント
● 基本給部分と残業代部分とを明確に分ける
● 定額残業代などの名称で給与明細明示
● 残業代相当（時間外）であることを明示する

♣残業代を支払わないという約束は

「うちは労働者を雇入する際、残業代を支払わない約束になっているから大丈夫」と主張する社長さんがおられます。果たしてそのような約束が有効になるでしょうか？　もちろんそんな約束は無効です。

なぜなら割増賃金支払いを義務づけている労基法が強行規定であるからです。強行規定とは当事者間の意思にかかわらず強制適用されるものです（図

表16)。

【図表16 使用者と労働者の合意があっても労基法が優先】

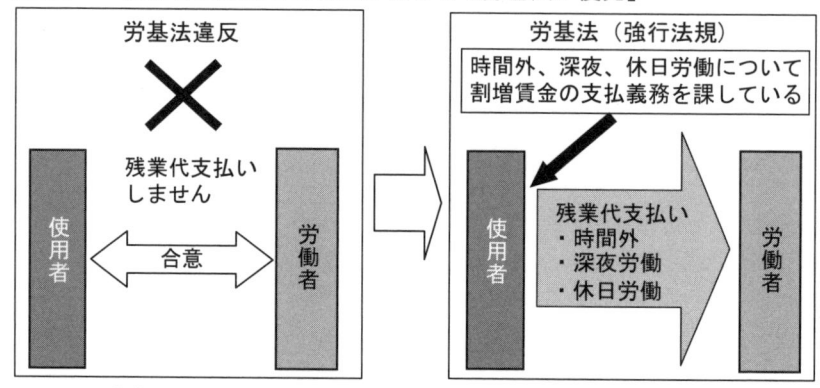

労基法違反
×
残業代支払いしません
使用者 ←合意→ 労働者

労基法(強行法規)
時間外、深夜、休日労働について割増賃金の支払義務を課している
残業代支払い
・時間外
・深夜労働
・休日労働
使用者 → 労働者

　たとえ残業代を支払わない契約をしていても、その部分は無効になります。そして、残業代は労基法で定める計算によって支払う義務が生じます。

　また強行規定違反は労基法の罰則が適用されます。残業代未払いは、労基法37条違反に該当し、「6か月以下懲役又は30万円以下の罰金」(労基法119条)が科されます。

　「残業代を支払わない契約をしているから大丈夫」は、まったく根拠のない危険な状態といってよいでしょう。

　そのまま放置しておくと未払残業代が膨らむ一方で、労基署調査や労働者の未払残業代請求など、後々大きな労使トラブルになるリスクが高く早急な改善と対策を講じる必要があります。

♣未払残業代問題は退職後にやってくる

　近年、残業代込みの約束だった従業員から退職後に未払残業代を請求されることをよく聞きます。在職中は権利を主張しない従業員であっても、いったん退職すると話は変わります。

　社長からの相談でよく耳にするのは、「在職中は残業代のことなど、一言もいってなかったのに辞めたとたんに請求された」というセリフです。

　在職中に未払残業代を請求してくる従業員はあまりいません。たいていは退職後、または退職が決まってからの請求です。

　「うちの社員は残業代を支払わなくても黙って働いているから、未払残業代問題は関係ない」などと思わないでください。

　まだ表面化していないと認識して問題化する前に、未然に専門家である社会保険労務士等にご相談ください。

Q9 年俸制の従業員から残業代を請求されたときは

Answer Point

♣ 年俸契約をしているからといって、その対象者全員に残業代を支払わなくてよいことにはなりません。
♣ 年俸に残業代を含めている場合は、所定労働時間と残業部分の区分けを明確にして契約しましょう。
♣ 年俸で賞与額が確定している場合、賞与分も残業代の計算基礎に含める必要があります。

♣年俸制と残業代の支払いは

　年俸制の対象者であっても、年俸制であることを理由に「残業代を支払わなくてもよい」とはなりません。年俸制であっても時間外労働、休日労働、深夜労働については、割増賃金の支払いが必要になります。
　ただし、年俸者が労基法 41 条の管理監督者に該当する場合は、労働時間、休日に関する労基法の規定は適用されませんので、時間外労働、休日労働についての割増賃金を支払う必要はありません。
　もちろん、管理監督者の範囲については注意が必要です（Q 14 参照）。

♣年俸制の対象者にあらかじめ残業代込みで支給しているときは

　残業代込みの年俸制にする場合は、年俸に含まれる残業代相当額、対象となる残業時間数を明確にしなければなりません。

♣年俸者が年の途中で対象した場合の賃金は

　年俸制は 1 年間の労働に対して認められているので、年間を通して働かない場合は、労働しない日数分（残存期間）の賃金請求権は発生しません。
　年俸に時間外労働を含む場合の、個別契約書等の定め方例としては、「年俸額は○○円とし、その 1/12 の○○円を毎月の給与支払いに振り込むものとする。毎月の給与○○円には、月○○時間分の時間外労働相当として○○円の賃金を含むものとする」というように、時間外分について明記する必要があります。

【図表17　残業代込みの年俸制に関する判例】

> 　ガソリンスタンドの従業員の賃金が時間外手当を含めた年俸として定められていると主張するが、割増賃金について年俸に織込み済と規定されているだけで、本俸と時間外を区別してそれぞれの具体的金額を明示しておらず、またその説明もされていない。経営者は年俸額と時間外手当とを分けて支給しなければならない。
> （長崎地判平20.2.29）

♣年俸で賞与額が確定しているときの割増賃金の計算は

　割増賃金の計算基礎になる賃金に含めない賃金の1つに、賞与があります。

　しかし、年俸者の賞与額は割増賃金の計算基礎に含めて計算する場合があります。

　例えば、年俸決定の際にすでに賞与額を定めている場合です。この場合の賞与は、割増賃金の計算基礎に含めない賃金には該当しません。

　これは、割増賃金の計算基礎に算入する必要のない賞与とは、支給額が予定されていないものをいい、支給額が確定しているものは賞与とみなされないとされているからです（昭22.9.13基発17号）。

　年俸を16分割し、16分の2ずつを夏冬の賞与として支給する契約になっている場合は、あらかじめ賞与額が確定しています。

　賞与分も含めて割増賃金の計算基礎を計算しますので、同じ残業時間であっても支払わなければならない時間外手当は高額となります。

　年俸契約の場合は、賞与をどのように取り決めているのか、十分に注意が必要です。

【図表18　年俸で賞与が確定している場合】

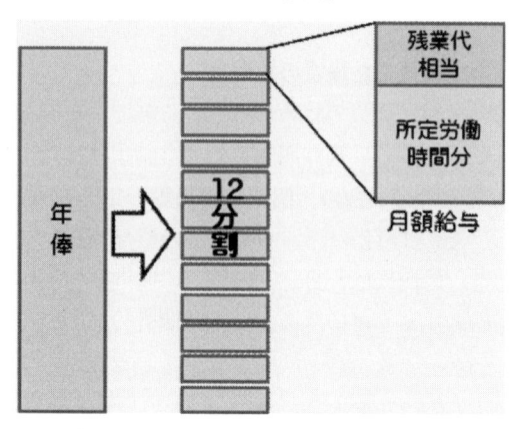

① 残業代等をめぐるトラブル防止の対処法は

Q10 歩合給の従業員から残業代を請求されたときは

Answer Point

♧ 歩合や出来高制であっても、残業代の支払いは必要です。
♧ 歩合給や出来高制の残業代の計算方法は、通常の計算とは異なります。
♧ 基本部分と歩合部分に対し、それぞれ残業代を計算し、合算した額を支給します。

♣歩合給にも残業代は必要

ときどき、歩合給を支払うのでその分残業代は支払っていないケースがあります。しかし、歩合給や出来高制の賃金だからといって、時間外労働、休日労働をしたときに割増賃金の支払いが不要になるわけではありません。

また、固定の基本部分に歩合給が加算されている場合、残業代を基本部分だけを基礎に計算しているケースが見受けられます。

この場合でも、基本部分だけで残業代を計算すればよいのではなく、歩合給部分に対しても残業代を計算しなければなりません。

♣歩合給・出来高給の残業代の取扱いは

それでは、歩合部分の残業代はどのように計算すればよいのでしょうか。歩合給、出来高給は総労働時間で割った金額が算定基礎になります。

労基則では、「出来高払制その他の請負制によって定められた賃金については、その賃金算定期間（賃金締切日がある場合には、賃金締切期間、以下同じ）において、出来高払制その他の請負制によって計算された賃金の総額を当該賃金算定期間における、総労働時間数で除した金額」を割増賃金の算定基礎にすると規定しています。

通常の時間外労働の計算は、所定労働時間で除して計算しますが、この場合は、総労働時間で割った単価が基礎となることがポイントです。

♣歩合給・出来高給の残業代の計算は

歩合給や出来高給制の労働者が、時間外労働をしたときの割増賃金はやはり割増率を含めた1.25倍の支払いが必要なのでしょうか。

歩合給の場合には、「時間を延長して労働したことによって成果が上がり、歩合給が決定されている」という面があります。

このため、時間単価の基礎に対応する部分は、すでに賃金総額の中に含まれていると考えられます。

歩合給の労働者に対しては、割増分である 0.25 倍だけを支払えばよいことになります。

通達でも、「延長した労働時間数もしくは休日労働時間数を乗じた金額のそれぞれ 125％、135％ ではなく、時間外について 25％、休日労働について 35％ の割増分を支払えば足りる」とされています（平 6.3.31 基発 181 号）。

固定の基本部分に歩合給を加算して支給している場合は、このようにして計算した歩合部分の残業代と、通常の計算方法で計算した固定の基本部分に対する残業代を合算して支給することになるのです。

【図表 19　歩合部分に対する残業代計算の例】

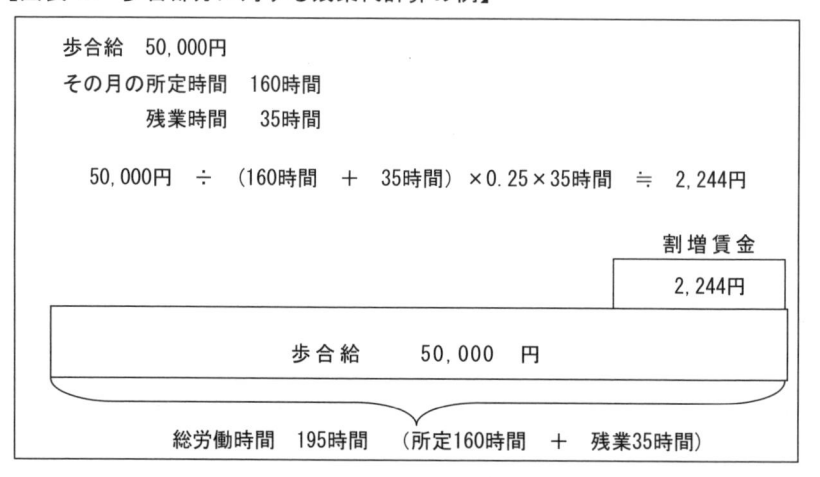

```
歩合給    50,000円
その月の所定時間   160時間
残業時間    35時間

50,000円 ÷ （160時間 ＋ 35時間） × 0.25 × 35時間 ≒ 2,244円
```

割増賃金　2,244円

歩合給　50,000 円

総労働時間　195時間　（所定160時間 ＋ 残業35時間）

♣完全出来高制の賃金制度は可能か

労働した時間に変わらず完全に出来高だけをもって賃金に反映し、労働していても出来高がなければ賃金もゼロすることはできません。

労基法 27 条では、「出来高制その他請負制で使用する労働者については、使用者は労働時間に応じ一定の賃金を保障しなければならない」としています。

したがって、使用者は出来高制の労働者についても、労働時間に応じた賃金支払義務があり、労働しても出来高がゼロであった場合においても一定額の賃金を保障しなければなりません。

Q11 シフト制従業員から残業代を請求されたときは

Answer Point

♧ 変形労働時間制を活用したシフト制であれば、1日8時間、週40時間の法定労働時間を超える労働が一律に時間外労働となることはありません。

♧ 変形労働時間制には、1か月単位の変形労働時間制、1年単位の変形労働時間制、1週間単位の非定型的変形労働時間制、フレックスタイム制の4種類があります。

♧ 変形労働時間制を採用するには就業規則による定め、労使協定の締結届出などの労働基準法に則った手続が必要です。

♧ 変形労働時間制を採用した場合は、時間外労働となる時間が原則的な法定労働時間とは異なります。

♣ 変形労働時間制の時間外労働は

シフト制が原則的な労働時間制で運用されている場合は、法定労働時間（1日8時間、1週40時間）を超えると時間外労働となり、割増賃金の支払いが必要になります。

しかし、シフト制であっても、変形労働時間制を採用しているのであれば、原則の法定労働時間を超過して労働をさせてもシフトどおりの時間であれば時間外労働には該当しません。

♣ 変形労働時間制の種類は

この変形労働時間制には、図表20の4つがあります。

【図表20　変形労働時間制の種類】

項　目	説　明
❶1か月単位の変形労働時間制（労基法32条の2）	月初、月中、月末など1か月の範囲内で業務に繁閑がある、または隔日勤務、夜勤などの勤務に採用します。 この方法は1か月以内の一定期間を平均し、1週間あたりの労働時間が法定労働時間を超えない範囲内において、特定の日または週に法定労働時間を超えて労働させることができます。

		1か月単位の変形労働時間制を採用するためには、労使協定または就業規則その他これに準ずるものにより、変形期間を1か月以内とし、変形期間での法定労働時間の総枠の範囲内で、各日、各週の労働時間を特定します。 →就業規則第29条参照
❷1年単位の変形労働時間制（労基法32条の4、32条の4の2）		季節等によって業務に繁閑があり、労働時間を弾力的に運用し年間での総労働時間を平均して法定労働時間内に収まるような業務に採用します。→就業規則第30条参照 　この変形労働時間制では、所定の内容の労使協定を締結すると、①協定で定めた対象期間を平均して1週間の労働時間が40時間を超えない範囲で、②1日10時間、1週52時間以内（対象期間が3か月を超える場合、1週48時間を超える週の数について制限あり）を限度に労働させることができます。 ［1年単位の変形労働時間制の協定で定める事項］ ①対象となる労働者の範囲 ②1か月を超え1年以内の対象期間 ③対象期間中の特に業務が繁忙な特定期間を定める場合はその期間 ④対象期間における労働日および当該労働日ごとの労働時間を特定する ⑤労使協定の有効期間
❸1週間単位の非定型的変形労働時間制（労基法32条の5）		この制度は、週内で日ごとの繁閑があると考えられる(a)小売業、(b)旅館、(c)料理店、(d)飲食店の事業であり、また事業場の人数が30人未満の事業場にのみ採用できます。 　この変形労働時間制を採用するには、1週間の労働時間を40時間、1日の労働時間を10時間以内とし、労使協定を締結します。
❹フレックスタイム制		フレックスタイム制については、Q12を参照ください。

♣ 1か月単位の変形労働時間制での時間外労働は

　1か月単位の変形労働時間制での時間外労働は、図表21によります。

【図表21　1か月単位の変形労働時間制での時間外労働】

単位	時間外労働
①1日	8時間を超えて所定労働時間を定めている場合には、その所定労働時間を超える時間、それ以外の日は8時間を超える時間。
②1週	40時間を超えて所定労働時間を定めている場合には、その所定労働時間を超える時間、それ以外の週は40時間を超える時間（①で時間外となった時間を除く）。
③1か月	1か月の法定労働時間の総枠を超える時間（①、②で時間外となった時間を除く）。

[1か月単位の変形労働時間の法定労働時間の計算式]

40時間（特例措置対象事業場は44時間）×変形期間の暦日数÷7

1か月の単位変形労働時間制上限は、図表22のとおりです。

【図表22　1か月単位変形労働時間制上限】

変形期間		法定労働時間	
		40時間の場合	44時間の場合 （特例措置対象事業に限る）
1か月単位	30日の月	171.4時間	188.5時間
	31日の月	177.1時間	194.8時間
4週間単位		160.0時間	176.0時間
10日単位		57.1時間	62.8時間
1週間単位		40.0時間	44.0時間

♣ 1年単位変形労働時間制での時間外労働は

1年単位の変形労働時間制での時間外労働は、図表23によります。

【図表23　1年単位の変形労働時間制での時間外労働】

単位	時間外労働
①1日	8時間を超えて所定労働時間を定めている場合には、その所定労働時間を超える時間、それ以外の日は8時間を超える時間。
②1週	40時間を超えて所定労働時間を定めている場合には、その所定労働時間を超える時間、それ以外の週は40時間を超える時間（①で時間外となった時間を除く）。
③変形対象期間	法定労働時間の総枠を超える時間（①、②で時間外となった時間を除く）

[1年単位の変形労働時間制の法定労働時間の計算式]

40時間×対象期間の暦日数÷7

♣ 1週間単位の非定型的変形労働時間制での時間外労働

1週間単位の非定型的変形労働時間制での時間外労働は、図表24によります。

【図表24　1週間単位の非定型的変形労働時間制での時間外労働】

単位	時間外労働
①1日	8時間を超える時間が通知された日については、通知された時間、それ以外の日には8時間を超えて労働した時間
②1週間	40時間を超えた時間（①で時間外となった時間を除く）

Q12 フレックスタイム制の従業員から残業代を請求されたときは

Answer Point

♣ フレックスタイム制の導入は、就業規則等の定め、労使協定の締結など一定の要件と手続が必要です。
♣ フレックスタイム制では時間外労働を1日単位ではなく、清算期間の総労働時間で計算します。
♣ フレックスタイム制の総労働時間について、時間の貸し借りや賃金の支払いに特別なルールがあります。

♣ フレックスタイム制での時間外労働というのは

フレックスタイム制では、1日8時間や週40時間の法定労働時間を超える労働をしても、ただちに時間外労働にはなりません。

フレックスタイム制では、清算期間の合計労働時間が法定労働時間を超えたときにはじめて時間外労働になります。

♣ フレックスタイム制の導入要件というのは

フレックスタイム制を導入するには、労基法32条の3の定めによる要件を満たす必要があります。☞就業規則第31条参照。

(1) 就業規則に始業・終業の時刻を労働者の決定に委ねる規定をする。
(2) 労使協定を締結する（労働者の過半数で組織する労働組合がある場合にはその労働組合、そのような労働組合がない場合には労働者の過半数を代表する者）

♣ 労使協定で定める事項というのは

労使協定で定める事項は、図表25のとおりです。

【図表25　労使協定で定める事項】

項目	説明
①対象労働者の範囲	フレックスタイムの適用対象となる労働者の範囲を定める。
②清算期間（1か月以内の期間）	1か月以内の期間で清算期間、起算日を定める。

③清算期間中の総労働時間	清算期間を平均し1週間の労働時間が法定労働時間の40時間以内にする。 清算期間中の総労働時間＝$\dfrac{40時間（※）\times 清算期間の暦日数}{7}$ ※：特例措置対象事業場の場合は44時間となります。
④標準となる1日の労働時間	年次有給休暇や出張によるみなし労働時間などのために、1日の標準となる労働時間を定めます。
⑤コアタイム、フレキシブルタイムを設定する場合は、それぞれの時間帯	コアタイムとは労働者が必ず労働しなければならない時間帯、フレキシブルタイムとは、労働者が選択により労働することができる時間帯をいいます。 これらの時間帯を定める場合は労使協定に定めます。

♣清算期間の総労働時間を超える労働時間の取扱いは

　フレックスタイム制での時間外労働は、「清算期間における法定労働時間枠を超えた時間」が時間外労働となります。

　清算期間の総労働時間＝法定労働時間枠であれば、総労働時間を超える労働時間が時間外労働となります。この時間については、2割5分以上の割増賃金を支払う必要があります。

　一方、清算期間＜法定労働時間枠の場合は、法定労働時間の範囲内について通常の時間あたりの賃金を支払えば足ります。

　法定労働時間の枠を超える労働が行われる場合は、36協定の締結と労基署への届出が必要です。フレックスタイム制を採用しているときの36協定は、清算期間を通算した時間外労働について延長する時間を定めれば足り、1日について延長できる時間を定める必要はありません。

　また36協定では、清算期間における法定労働時間の総枠の範囲で、1か月160時間などというように各清算期間を通じて一律の時間を定める方法のほか、所定労働日あたり7時間というような定めをすることもできます。

　フレックスタイム制において、1か月を清算期間とした場合の総労働時間は、図表26の時間以下にしなければなりません。

【図表26　1か月を清算期間とした場合の総労働時間】

	40時間の場合	44時間の場合 （特例措置対象事業場に限る）
31日の場合	177.1時間	194.8時間
30日の場合	171.4時間	188.5時間
29日の場合	165.7時間	182.2時間
28日の場合	160.0時間	176.0時間

♣清算期間での労働時間の過不足管理と賃金支払いは

フレックスタイム制において清算期間における労働時間の過不足については、次の(1)(2)の方法になります。

(1) 清算期間の実労働時間が総労働時間を超える場合は、過剰分の労働時間について賃金を支払い清算する。
(2) 清算期間の実労働時間が総労働時間未満であった場合は、次の①②のどちらかの方法で清算します。
　①不足時間分について賃金を控除し清算する。
　②賃金について全額支払不足時間分は翌月に繰り越しさせて労働することにより清算する（繰越した結果、総労働時間が法定労働時間を超えるときは超える部分については時間外労働となる）。

【図表27　清算期間での労働時間の過不足と賃金支払いのイメージ図】

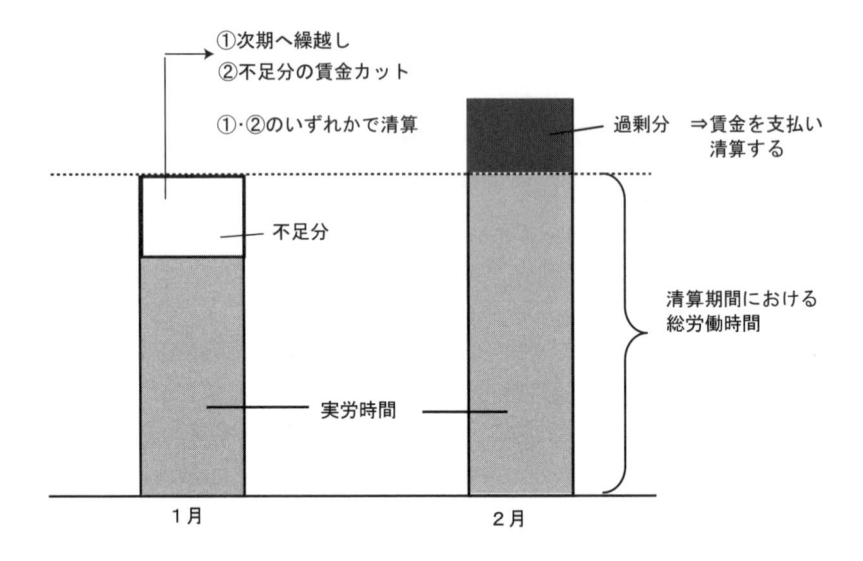

①次期へ繰越し
②不足分の賃金カット
①・②のいずれかで清算
過剰分　⇒賃金を支払い清算する
不足分
清算期間における総労働時間
実労時間
1月　　　2月

♣フレックスタイム制での法定休日労働・深夜労働の割増賃金支払いは

フレックスタイム制であっても、法定休日労働と深夜労働については割増賃金の支払いが必要です。

ただし、法定休日や深夜に労働した時間を含めた清算期間中の実労働時間が総労働時間以内であれば、割増分のみの支払いをすれば足りることになります。

① 残業代等をめぐるトラブル防止の対処法は

Q13 専門業務型の従業員から残業代を請求されたときは

Answer Point

♣ 裁量労働制には、専門業務型裁量労働制と企画業務型裁量労働制の2つがあります。
♣ 裁量労働制は、「業務の遂行の手段および時間配分の決定等に関し、使用者が具体的指示をしないこと」が要件になります。
♣ 専門業務型裁量労働制の対象となる業務は、省令と厚生労働大臣の指定する業務に限定されています。
♣ 労使協定による「みなし労働時間」とは、実際の労働時間が短くても、長くても、労使協定で定めた時間を労働したものとみなすことをいいます。

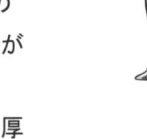

♣裁量労働制というのは

労基法では、次の2つについて裁量労働制を認めています。
(1) 専門業務型裁量労働制（労基法38条の3）
(2) 企画業務型裁量労働制（労基法38条の4）

ここで取り上げる専門業務型裁量労働制の具体的な対象業務は、法令で定められており、図表28のとおりです。裁量労働制は、Q15の事業場外労働と同じように、みなし労働時間の枠組みの制度です。

専門業務型裁量労働制は、法令に基づく対象業務であり、なおかつ「業務の遂行の手段および時間配分の決定等に関し、使用者が具体的指示をしないこと」がポイントとなります。

このため、就業規則に始業・終業の時刻が定めはされていても、裁量労働制の対象者は本人が自主的に労働時間を管理して、出退勤を決めることになります。☞就業規則第32条参照。

法令の対象業務でない場合や労働者本人の自主的な出退勤にまかせていない場合は、裁量労働制にはなりません。

♣専門業務型裁量労働制が認められない例は

対象業務であっても、専門業務型裁量労働制と認められないケースもあります。

通達では、「数人でプロジェクトチームを組んで開発業務を行っている場合で、実際上そのチーフの管理の下に業務を遂行、時間配分を行うケースは専門業務型裁量労働制に該当しない」(昭63.3.14基発150号)としています。
　裁量労働制が否定されると原則どおりの労働時間が適用され、時間外労働があればその時間に対し、割増賃金が発生するので注意が必要です。

♣みなし労働時間と時間外労働

　専門業務型裁量労働制は、1日のみなし労働時間を労使協定で定める必要があります。そして、この労使協定で定めた時間を労働したものとみなします。
　みなし労働時間が法定労働時間を超える場合は、時間外労働に対する割増賃金が発生します。専門業務型裁量労働制であれば割増賃金がまったく発生しないのではありません。
　また、みなし労働時間が法定労働時間を超えるときは、36協定の締結と労基署への届出が必要です。

♣みなし労働時間と深夜労働

　1日のみなし労働時間は、対象業務の平均的な労働時間でみなし労働時間を定めます。また、労使協定の更新の際には、必要に応じてみなし労働時間の見直しを行い、つねに実態に合った時間とすることが大切です。
　なお、裁量労働制を導入しても、深夜労働については別途把握し、深夜割増賃金を支払う必要があります。

♣専門業務型裁量労働制と労働時間管理

　専門業務型裁量労働制の対象は、原則として時間管理をされない労働者となります。これは、労働時間の適正な把握のために使用者が講ずべき措置に関する基準（平13.4.6基発第339号）においても、労働時間の適正な把握を行うべき対象労働者は、管理監督者やみなし労働時間制が適用される労働者（事業場外労働を行う者にあっては、みなし労働時間制が適用される時間に限る）を除くすべての者とすることとされています。
　しかし、専門業務型裁量労働制対象者であっても全く時間管理を行わなくてよいことにはなりません。なぜなら、深夜時間帯においては労働時間を把握し深夜割増賃金を支払いが必要であること、健康確保を図る必要があることから労働時間について適正な管理を行う必要があるからです。

【図表28　対象業務の範囲】

①省令で定める業務	(1) 新商品、新技術の研究開発の業務
	(2) 情報システムの分析、設計の業務
	(3) 取材、編集の業務
	(4) デザイナーの業務
	(5) プロデューサー、ディレクターの業務
②厚生労働大臣の指定する業務	(1) コピーライターの業務
	(2) システムコンサルタントの業務
	(3) インテリアコーディネーターの業務
	(4) ゲーム用ソフトウェアの創作の業務
	(5) 証券アナリストの業務
	(6) 金融工学などの知識を用いて行う金融商品の開発の業務
	(7) 大学での教授研究の業務
	(8) 公認会計士の業務
	(9) 弁護士の業務
	(10) 建築士の業務
	(11) 不動産鑑定士の業務
	(12) 弁理士の業務
	(13) 税理士の業務
	(14) 中小企業診断士の業務

【図表29　専門業務型裁量労働制について労使協定で定める事項】

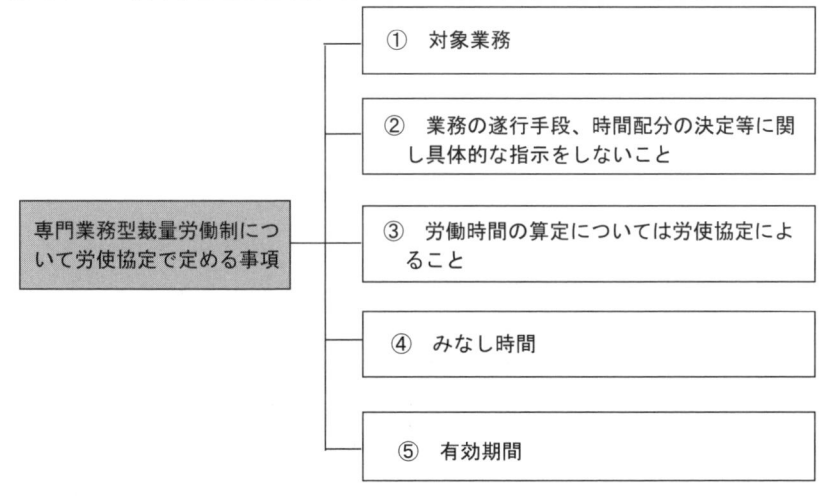

専門業務型裁量労働制について労使協定で定める事項
- ① 対象業務
- ② 業務の遂行手段、時間配分の決定等に関し具体的な指示をしないこと
- ③ 労働時間の算定については労使協定によること
- ④ みなし時間
- ⑤ 有効期間

Q14 管理職から残業代を請求されたときは

Answer Point

♧労基法の定める管理監督者は、時間外労働と休日労働が適用除外になります。
♧この労基法の管理監督者と会社が定める管理職は、範囲が異なります。
♧労基法の管理監督者でも、深夜労働に対する割増賃金は必要です。

♣労基法上の管理監督者というのは

　会社が組織上管理職としていた労働者から退職後に残業代を請求されるケースが、日本マクドナルドの店長による未払残業代請求訴訟以降増えています。実際、多くの会社で一定の役職以上、例えば課長以上は管理職として残業代を支払っていないケースがあります。
　しかし、会社の定める管理職が労基法41条に定める「監督もしくは管理の地位にある者」に該当していなければ、残業代を支払う義務が発生します。
☞就業規則第36条参照。
　労基法上の管理監督者とは、主に次の3つの要件をみたしている必要があります。
(1)　事業経営に関する決定に参画し、労務管理に関する指揮管理権限を有している。
(2)　自己の出退勤等の労働時間について、本人に裁量権がある。
(3)　一般の社員に比べて、管理監督者としてふさわしい地位と処遇（賃金）である。

　実態がこの3つの要件を伴っている者だけが、労基法上の管理監督者になります。したがって、会社の定める管理職であっても、労基法上の管理監督者とは認められないケースが頻発しているのです。
　また、労働組合法で非組合員の範囲となる「管理的地位にある労働者その他使用者の利益を代表する者」（労働組合法2条1項）という規定と、労基法上の管理監督者は、別の次元で捉える必要があります。
　管理監督者は、名称にかかわらず実態がそれにふさわしい者でなければな

りません。場合によっては、管理監督者についての範囲を見直し、必要に応じ残業代を支払うこともトラブルを未然に防ぐためには必要です。

【図表30　労基法で定める管理監督者】

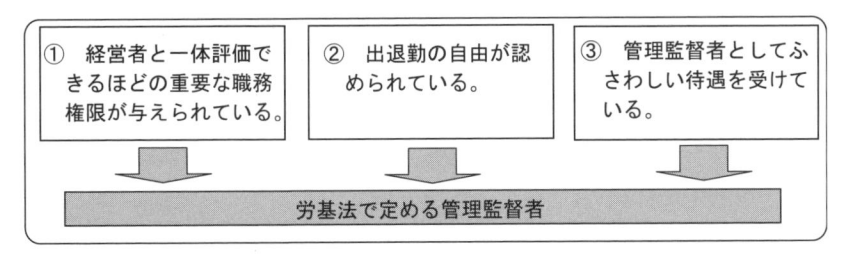

① 経営者と一体評価できるほどの重要な職務権限が与えられている。	② 出退勤の自由が認められている。	③ 管理監督者としてふさわしい待遇を受けている。

⬇

労基法で定める管理監督者

♣管理監督者が適用除外になるもの・ならないもの

　労基法上の管理監督者といっても、時間や割増賃金に関するすべての制度が適用除外になるわけではありません。労基法の適用が除外されるもの、反対に適用される主なものは、図表31のとおりです。

【図表31　管理監督者が適用除外になるもの・ならないもの】

①管理監督者は適用除外となる規定
　(1)法定労働時間（1日8時間、週40時間）の限度はありません
　　⇒そもそも時間外労働は発生しない
　(2)休日（週1日または4週4休）を与える必要はありません
　　⇒休日労働の概念もなし
　(3)休憩時間について与える必要はありません

⬇

時間外と休日労働に関する割増賃金の支払いの必要がない

②管理監督者についても適用となる規定
　(1)年次有給休暇は付与する必要がある
　(2)深夜労働（22時～5時）については適用となる

⬇

深夜労働に関する割増賃金の支払いは必要（割増分のみ）

♣管理監督者に対する時間把握は

　管理監督者は、時間外労働と休日労働について適用除外となります。そのため、労働時間そのものを管理せず、タイムカードなどで時間を記録していないケースがあります。しかし、管理監督者であっても深夜労働については把握する必要があります。また、健康管理確保措置として長時間労働防止の観点から、管理監督者についても適正な労働時間の管理は必要になります。

Q15 営業等の外勤者から残業代を請求されたときは

Answer Point

♧営業等の外勤者などに適用する「事業場外のみなし労働時間制」は、事業場外での勤務により労働時間の算定が困難な場合に限られます。

♧みなし労働時間には「所定労働時間みなし」と「当該業務の遂行に必要とされる時間みなし」があります。

♧みなし労働時間が法定労働時間を超えるときは、36協定の締結と時間外割増賃金の支払いが必要です。

♣事業場外労働でのみなし労働時間制の適用は

営業職や出張等で、事業場外で上司の指揮命令から離れ、労働者が仕事を行うとき、実際の労働時間の算定が困難な場合があります。

このような労働時間については、「事業場外労働のみなし労働時間制」を適用することができます（労基法38条の2）。

このみなし労働時間制は、営業や出張であることを理由に当然に適用できるわけではなく、一定条件のもと、労基法の定める手続を経て適用することができます。☞就業規則第37条参照。

【図表32 事業場外のみなし労働時間制の適用】

事業場外のみなし労働時間制	①労働時間の全部または一部について事業場外で業務に従事
	②使用者の具体的な指揮命令が及ばず労働時間の算定が困難

♣みなし労働時間の原則と例外

事業場外のみなし労働時間制は、労働時間のすべて、または労働時間の一部を事業場外で労働した場合において、所定労働時間労働したものとみなす「所定労働時間みなし」が原則です。

しかし、通常その業務を行うと所定労働時間を超えて労働することが見込まれる場合は、「当該業務の遂行に通常必要とされる時間」または「労使協定で定めた時間労働したものとみなす」をみなし労働時間とすることがあり

ます。

♣みなし労働時間が法定労働時間を超えるときは

所定労働時間でなく、当該業務の遂行に通常必要とされる時間をみなし労働時間と定め、それが法定労働時間を超える場合は36協定の締結と労基署への届出義務が発生し、さらには時間外割増賃金の支払いも必要になります。

例えば、1日のみなし労働時間を9時間と定めた場合、1時間については時間外労働となりますので、1時間分について割増賃金を支払うことになります。

みなし労働時間を所定労働時間と定めた場合は、時間外労働は発生せず、割増賃金の支払も不要です。

♣みなし労働時間の「みなす」というのは

みなし労働時間制の「みなす」とは、実際の労働時間が短くても長くても、所定労働時間労働したものとして取り扱うことをいいます。

そのため、みなし労働時間制度を導入する場合には、できるだけ実際の労働時間に即した労働時間を、みなし労働時間として定める必要があります。

♣労働時間の算定が困難な場合に該当しないケースは

事業場外労働でのみなし労働時間制は、営業等の外勤者だからといって必ず適用できるわけではありません。

すなわち、事業場外労働に関するみなし労働時間制の対象は、事業場外労働で業務に従事し、かつ、使用者の具体的な指揮命令が及ばず労働時間の算定が困難な業務とされています（みなし労働時間とならない通達の具体例表2参照）。

使用者の指揮命令の下、営業活動を行う場合には労働時間の算定ができると判断されることがあります。

その場合は、事業場外労働におけるみなし労働時間制が適用されませんので、実際の時間外労働については割増賃金の支払いが必要です。

特に近年では携帯電話の普及により、事業場外にいても会社から指示を受けながら業務を行うケースが増えてきています。

このようなケースでは、事業場外のみなし労働時間制が適用されないため注意が必要です。

【図表33　事業場外みなし労働時間制が否定されるケース】

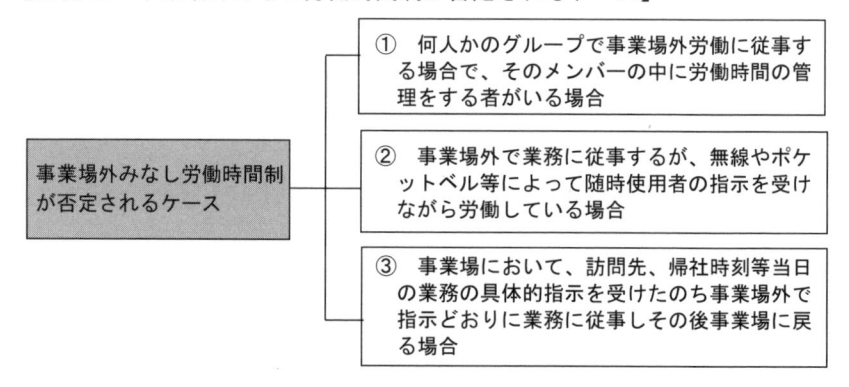

事業場外みなし労働時間制が否定されるケース
- ① 何人かのグループで事業場外労働に従事する場合で、そのメンバーの中に労働時間の管理をする者がいる場合
- ② 事業場外で業務に従事するが、無線やポケットベル等によって随時使用者の指示を受けながら労働している場合
- ③ 事業場において、訪問先、帰社時刻等当日の業務の具体的指示を受けたのち事業場外で指示どおりに業務に従事しその後事業場に戻る場合

♣在宅勤務者に「事業場外のみなし労働時間制」を適用するときは

　東日本大震災後、オフィスでの電力削減を目的として在宅勤務を活用する企業が増えています。

　在宅勤務とは「労働者が、労働時間の全部または一部について、自宅で情報通信機器を用いて行う勤務形態」をいいます（情報通信機器を活用した在宅勤務の適切な導入及び実施のためのガイドライン平20.7.28基発0728001号）。

　在宅勤務を行わせる場合には、労働条件通知書等に記載する就業場所を、「自宅」と明示しなければなりません。

　在宅勤務における労働時間の算定が困難である場合には、事業場外のみなし労働時間制を適用することができます。在宅勤務で事業場外のみなし労働時間制を適用するには、次の3つの条件を満たす必要があります。

(1)　当該業務が、起居寝食等私生活を営む自宅で行われること。
(2)　当該情報通信機器が、使用者の指示により常時通信可能な状態におくこととされていないこと。
(3)　当該業務が、随時使用者の具体的な指示に基づいて行われていないこと。

　ここで(2)の「使用者の指示により常時通信可能な状態」とは、労働者が自分の意思で通信可能な状態を切断することが使用者から認めらておらず、具体的な指示に備えて手待ち状態で待機しているか、あるいは待機しつつ実作業を行っている状態をいいます。

　よって、単に回線が接続されているだけで労働者が情報通信機器から離れることが自由である場合等は「通信可能な状態」に当たりません。

Q16 営業等の外勤者から移動時間も労働時間といわれたときは

Answer Point

♣ 移動時間で、会社からの指揮命令が及ばない時間については、原則として労働時間にはあたりません。
♣ 営業職のように会社の指揮命令下での移動時間や通常移動に必要な時間は、労働時間になります。
♣ 休日の出張等の移動時間は、原則として労働時間とはなりません。

♣営業の移動時間の考え方は

労基法で定める労働時間とは、使用者の指揮命令下にある時間をいいます。

この労働時間は業務に従事している時間のほか、待機時間や手待時間も含まれます。

移動時間は、必ずしも使用者の指揮命令下にある時間とはいえませんので、原則としては労働時間にはなりません。

しかし、営業中の移動時間は、基本的には使用者の指揮命令下にある時間です。

商品を配送している場合はもちろん、移動時間が業務から開放されている時間でない限り、業務遂行のために通常必要な移動時間であれば労働時間と判断されます。この場合、移動時間を含めて労働時間として把握し、1日8時間を超える場合は時間外労働となりますので割増賃金が発生します。

ただし、移動時間が相当時間含まれている場合は、まさに「労働時間を算定し難い場合」になります。

この場合について、「事業場外労働におけるみなし労働時間制」を採用している場合には、移動時間を含めてその日のみなし労働時間の範疇となります（Q 15）。

♣休日出張の移動時間の扱いは

出張中の休日に移動する場合は、旅行中における物品の監視等別段の指示のある場合を除き、休日労働として扱わなくても差し支えない（昭23.3.17 基発461号）とされています

【図表34　労働時間となる・ならない】

労働時間となる	・営業職の移動時間 ・訪問介護事業者の移動時間
労働時間とならない	・休日の出張の移動のみの場合 （時間的制約のない場合）

♣ 営業職以外の移動時間の通達例

　訪問介護労働者の法定労働時間の確保については、次によります（平16.8.27 基発 0827001 号）。

①移動時間とは、事業場、集合場所、利用者宅の相互間を移動する時間をいい、この移動時間については、使用者が、業務に従事するために必要な移動を命じ、当該時間の自由利用が労働者に保障されていないと認められる場合には、労働時間に該当するものであること（図表35）。

②具体的には、使用者の指揮監督の実態により判断するものであり、例えば、訪問介護の業務に従事するため、事業場から利用者宅への移動に要した時間や1つの利用者から次の利用者宅への移動時間であって、その時間が通常の移動に要する時間程度である場合には労働時間に該当するものと考えられること。

【図表35　移動時間のイメージ図】

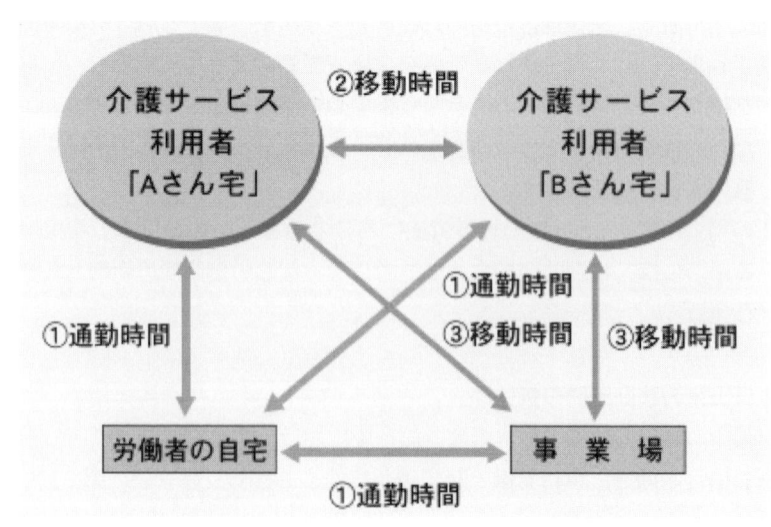

Q17 社外研修時間の残業代を支払ってほしいといわれたときは

Answer Point

♣ 研修時間が労働時間に該当するかの判断基準は、参加が義務であるかがポイントになります。
♣ 研修が自由参加であれば賃金の支払いは不要です。
♣ 社外研修は、原則として事業場外のみなし労働時間制には該当しません。

♣ 研修の参加は自由か義務か

　企業内の研修は、会社の命令による場合と、自由参加による場合などさまざまです。

　この研修が強制であったり、参加が義務づけられている場合、また業務や職責上参加せざるを得ない場合は、労働時間になります。

　これらに該当する研修が法定労働時間外に行われているときは、時間外労働に該当するため割増賃金の支払いが必要です。

　安衛法に基づく教育については、安全衛生教育の実施に要する時間は労働時間と解されるので、当該教育が法定労働時間外に行われた場合には、当然、割増賃金を支払わなければならない（昭48.9.18基発602号）とされています。

♣ 自由参加であれば賃金・割増賃金はともに不要

　反対に企業内で行われる研修でも、自由参加であれば賃金の支払いは不要になります。

　研修等が完全に労働者本人の意思に基づいた自由参加であることが明白な場合は労働時間には該当しないため（昭26.1.20基発2875号）、それが法定労働時間外であった場合でも割増賃金の支払いは必要ありません。

　しかし、名目上は自由参加であっても、研修の不参加により労働者が不利益になるような場合、また直接的な不利益はなくとも、人事評価、昇給、昇格、賞与等の査定の基準となるときは、完全な自由参加とはいえませんので、このようなケースは労働時間になります。無用なトラブルを防ぐためには、参加が義務か任意かをはっきり定めておきましょう。

【図表36　研修と労働時間の判断基準】

労働時間となる研修	研修が強制参加、義務による場合、業務や職責上参加が不可欠な場合等
労働時間とならない研修	任意で名実ともに自由参加が認められているもの

♣休日の研修時間の取扱いは

　研修が合宿や社外で休日に行われる場合に休日労働に該当するか否かについても考え方は同じです。上記のように参加が労働者の自由に任せるものであれば、休日労働には該当しません。そうでない研修であれば休日労働に該当します。

　休日労働になる場合、社外での研修や合宿について、出張と同じ扱いとして事業場外労働におけるみなし労働時間制が適用できるかという問題があります（Q15参照）。

　しかし、研修機関等で行われる研修はあらかじめプログラムが決められているのが通常ですので、労働時間が算定し難いケースには当たりません。そのため、事業場外労働におけるみなし労働時間制を適用することは難しいでしょう。

　休日の研修について、休日労働となる研修日と平日を振替休日として、あらかじめ振り替えておけば、休日労働にかかる割増賃金の支払いは不要になります。休日の研修を実施したあと、代休を取得した場合は振替休日とは異なりますので割増賃金が必要です（Q18参照）。

♣入社前の研修における賃金支払いは

　内定者について入社前に研修を行う場合があります。このとき、賃金支払いが必要になるかですが、業務に必要な知識を会社命令で義務づける研修の場合は、その研修自体が業務といえるので労働時間と判断され賃金支払いが必要になります。

　この場合の賃金は、入社後の給与と同等である必要はなく、研修期間のみ別の賃金額で支払うことで足ります。ただし、労働時間である以上、時間あたりの賃金は最低賃金以上を支払う必要があります。一方、参加が自由である研修で、不参加であったことを理由に入社後、不利益な扱いをされないようなものであれば、賃金支払いは必要でないでしょう。

Q18 代休を取得させた従業員から休日出勤手当を請求されたときは

Answer Point

♣ 代休は休出出勤した後の代償的な措置で、休日出勤の事実は変わりませんので割増分の賃金支払いが必要です。
♣ 休日の振替は事前に休日と労働日を交換するので、休日出勤にはなりません。
♣ 休日の振替は割増賃金の支払いは不要です。ただし、振替により週法定労働時間を超えるときは時間外労働の割増賃金が必要になります。

♣ 代休というのは

　代休とは休日に出勤をさせた後、休日を代償として与えることをいいます。
　例えば、就業規則で法定休日としている日曜日に休日労働をさせたあとに事後措置として木曜日を休日とした場合は、木曜日が代休となります。☞就業規則第27条。
　休日出勤の事後措置として木曜日に休日を与えても、法定休日の日曜日に休日労働をした事実は変わらないので、休日労働の割増賃金（135％）が発生します。
　しかし、休日出勤をさせた同じ賃金計算期間内に代休を与えた場合は、135％分の賃金を支払う必要はなく、割増賃金分の35％を支払えば足ります。

♣ 休日の振替というのは

　休日労働を行う前に、休日労働と通常の労働日をあらかじめ交換する措置を休日の振替といいます。このため、交換された休日は、労働義務のある日になります。
　例えば、法定休日である日曜に出勤させる場合、翌日の労働日である月曜を振り替えることを事前に決めてから日曜に出勤することをいいます。
　このようなケースを休日の振替といいます。
　休日の振替えは休日労働には該当しないので、休日労働の割増賃金は不要です。代休と休日の振替はここがポイントになります。☞就業規則第26条参照。

この点については、通達でも「就業規則において休日の特定を特定したとしても、別に休日の振替を必要とする場合、休日を振り替えることができる旨の規定を設け、これによって休日の振り替える前にあらかじめ振り替えるべき日を特定して振り替えたときは、当該休日は労働日となり、休日に労働させることにならない」（昭63.3.14基発150号）としています。

この休日の振替を行う日については、できるだけ近接している日が望ましいとされています。

♣休日の振替でも割増賃金が必要なときは

休日の振替は、休日労働には該当しないので休日割増賃金の支払いは必要ありません。

しかし、週休二日制で週の所定労働時間が40時間である会社では、休日の振替によりその週の労働時間は48時間になります。この場合は、法定労働時間を超えますので、時間外割増賃金を支払う必要があります。

就業規則に定める休日の振替規定により休日を振り替える場合、当該休日は労働日となるので休日労働とはならないが、振り替えたことにより当該週の労働時間が1週間の法定労働時間を超えるときは、その超えた時間については時間外労働となり、時間外労働に関する36協定および割増賃金の支払いが必要であるとしています（昭23.11.27基発401号、昭63.3.14基発150号）。

なお、この場合の割増賃金は、同じ賃金計算期間内の所定労働時間は増えていませんので、125％を支払う必要はなく、25％の割増賃金分だけを払えば足ります。

【図表37　休日の振替と代休の違い】

休日の振替	労働日と休日を、事前に交換	休日労働に該当せず、割増賃金不要
代休	休日労働の後、代償として休日を付与	休日労働に該当し、割増賃金が必要

	日	月	火	水	木	金	土	日	月	火	水	木	金	土
	8	8	8	8	8	8	休	休	8	8	休	8	8	休
				48							32			

振替により週48時間労働となるので、8時間分の割増賃金25％分について支払いが必要

Q19 深夜勤務の従業員から休日手当を請求されたときは

Answer Point

♣休日は当日の午前０時から始まることを原則としていますが、三交替制勤務などの場合は24時間を単位して取り扱ってもよいとされています。

♣一般的な昼間勤務の労働者が平日の深夜労働が翌日の休日に及んだときは、休日割増賃金の支払いが必要です。

♣休日の単位は

　労基法による休日とは、午前０時から午後12時までの24時間を単位とすることを原則しています。

　ただし、三交替制の勤務などで、勤務形態が暦日をまたがる場合には、原則の休日単位では週１日付与の休日を２日与えなければならなくなってしまいます。

　そこでこのよう場合には、次の２つの要件を備えているときに限り、継続した24時間を与えればよいことになっています（昭63.3.14基発150号）。

(1)　番方編成による交替制によることが就業規則等に定められていて、制度として運用されている。

(2)　各番方の交替が規則的に定められているものであって、勤務割表等によりその都度設定されるものでないこと。

　夜勤など暦日をまたいで勤務することがあらかじめ決まっている勤務形態の場合は、就業規則の定めた勤務表による勤務形態を規則的に運用している場合は、午前零時を過ぎて翌日になるような勤務であっても、そこから休日としてカウントされるわけではありません。

　しかし、就業規則による定めや勤務割も決めずに夜勤させている場合は、労基法原則の１日を単位とするので、労働が翌日の休日にまたがる場合は、休日手当が必要になります。

♣昼間勤務の労働者の平日勤務が翌日の休日に及んだときは

　一般的な労働時間制においての深夜労働が休日勤務に及んだ場合の取扱いについては、本来の労働時間、休日の適用を受けます。

したがって、平日勤務が翌日の休日まで及んだときは、日付が変わった午前0時からは休日労働となりますので、休日割増賃金が発生します。

【図表38 計算例】

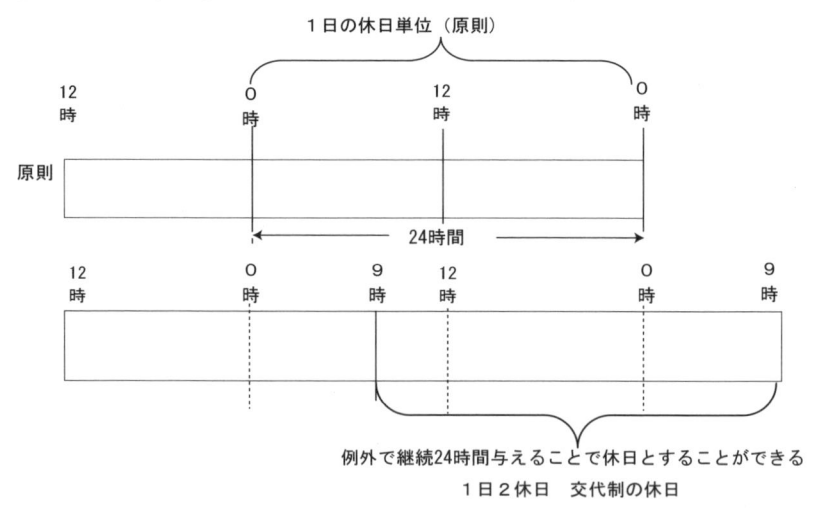

例外で継続24時間与えることで休日とすることができる
1日2休日 交代制の休日

【図表39 午前0時を起算とする原則的な労働日の時間外労働が翌日の休日まで及んだ場合の割増賃金のイメージ図】

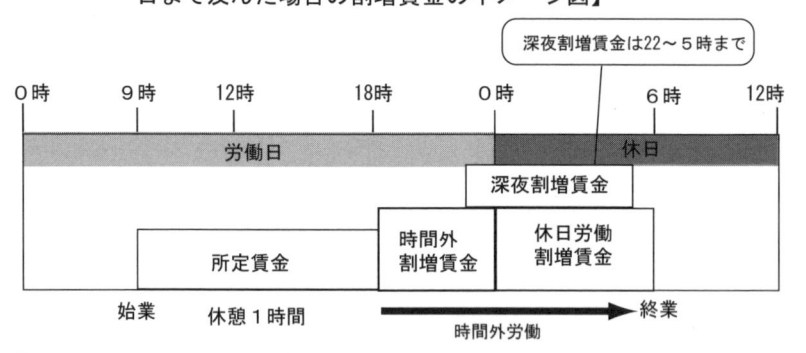

深夜割増賃金は22～5時まで

【図表40 シフト制等交替勤務制の労働日の場合の割増賃金および休日単位のイメージ図】

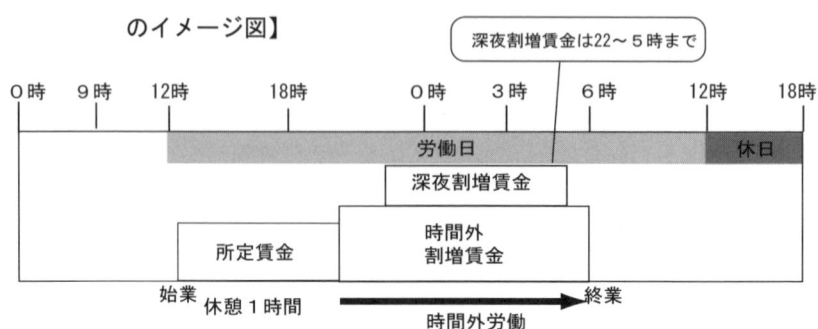

深夜割増賃金は22～5時まで

① 残業代等をめぐるトラブル防止の対処法は

Q20 サービス残業ってなに・サービス残業代の支払いを請求されたときは

Answer Point

♧サービス残業は、賃金不払残業という明らかな労基法違反です。
♧サービス残業は、長時間労働を助長し労働者に健康障害を及ぼす危険があります。
♧労基法の時間外労働には限度があります。

♣サービス残業は労基法違反

賃金不払残業とは、所定労働時間外に労働時間の一部または全部に対して所定の賃金または割増賃金を支払うことなく労働を行わせること（平15.5.23 基発 0523003 号）と定義されています。

つまり、サービス残業とは、時間外労働を行わせているにもかかわらず、残業代（割増賃金）が支払われていないことをいいます。

サービス残業という表現は、労働者が時間外労働をしたにもかかわらず、時間外労働についての賃金請求権を放棄することのような感覚を受けます。

しかし、時間外労働に対して賃金を支払っていないことは明白な労基法違反です。厚生労働省では、このようなサービス残業を賃金不払残業としてその解消に向けて取り組んでいます。

♣サービス残業と長時間労働

サービス残業の蔓延は、長時間労働を助長し労働者の健康を害するおそれがあります。

労基法では本来、1日8時間、週40時間を超えて労働させてはならないと規定されています。例外として、36協定を締結し労基署に届け出た場合に限り、協定で定めた範囲内で時間外労働、休日労働を認めています。

時間外、休日労働は割増賃金の対象になり、使用者には通常の賃金以上のコストが発生しますが、サービス残業が恒常的になっている職場では、そもそもそのコストを負担していないため、使用者としてコストを負担していないことから、長時間労働を助長することになってしまっています。

しかしその結果、過労死、メンタル不全で労働者に健康障害を引き起こしたときには、会社として安全配慮義務違反としての責任や貴重な労働力を失うなどその代償は大きいでしょう。

【図表41　限度時間の基準】

期間	限度時間	限度時間
1週間	15時間	14時間
2週間	27時間	25時間
4週間	43時間	40時間
1か月	45時間	42時間
2か月	81時間	75時間
3か月	120時間	110時間
1年間	360時間	320時間

♣賃金不払残業の解消を図るために講ずべき措置指針の内容は

　賃金不払残業の解消を図るために講ずべき措置指針は、図表42のとおりです（平15.5.23基発第0523004号）。

【図表42　賃金不払残業の解消を図るために講ずべき措置指針】

> 趣旨
> 　賃金不払残業（所定労働時間外に労働時間の一部または全部に対して所定の賃金または割増賃金を支払うことなく労働を行わせること。以下同じ）は、労基法に違反する、あってはならないものである。
> 　このような賃金不払残業の解消を図るためには、事業場において適正に労働時間が把握される必要があり、こうした観点から、「労働時間の適正な把握のために使用者が講ずべき基準」（平成13年4月6日付基発第339号。以下「労働時間適正把握基準」という）を策定し、使用者に労働時間を管理する責務があることを改めて明らかにするとともに、労働時間の適正な把握のために使用者が講ずべき措置等を具体的に明らかにしたところである。
> 　しかしながら、賃金不払残業が行われることのない企業にしていくためには、単に使用者が労働時間の適正な把握に努めるに止まらず、職場風土の改革、適正な労働時間の管理を行うためのシステムの整備、責任体制の明確化とチェック体制の整備等を通じて、労働時間の管理の適正化を図る必要があり、このような点に関する労使の主体的な取組を通じて、初めて賃金不払残業の解消が図られるものと考えられる。
> 　このため、本指針では、労働時間適正把握基準において示された労働時間の適正

① 残業代等をめぐるトラブル防止の対処法は

な把握のために使用者が講ずべき措置等に加え、各企業において労使が各事業場における労働時間の管理の適正化と賃金不払残業の解消のために講ずべき事項を示し、企業の本社と労働組合等が一体となっての企業全体としての主体的取組みに資することとするものである。

2　労使に求められる役割
(1)　労使の主体的取組
　　労使は、事業場内において賃金不払残業の実態を最もよく知るべき立場にあり、各々が果たすべき役割を十分に認識するとともに、労働時間の管理の適正化と賃金不払残業の解消のために主体的に取り組むことが求められるものである。
　　また、グループ企業などにおいても、このような取組みを行うことにより、賃金不払残業の解消の効果が期待できる。
(2)　使用者に求められる役割
　　労基法は、労働時間、休日、深夜業等について使用者の遵守すべき基準を規定しており、これを遵守するためには、使用者は、労働時間を適正に把握する必要があることなどから、労働時間を適正に管理する責務を有していることは明らかである。
　　したがって、使用者にあっては、賃金不払残業を起こすことのないよう適正に労働時間を管理しなければならない。
(3)　労働組合に求められる役割
　　一方、労働組合は、時間外・休日労働協定（３６協定）の締結当事者の立場に立つものである。したがって、賃金不払残業が行われることのないよう、本社レベル、事業場レベルを問わず企業全体としてチェック機能を発揮して主体的に賃金不払残業を解消するために努力するとともに、使用者が講ずる措置に積極的に協力することが求められる。
(4)　労使の協力
　　賃金不払残業の解消を図るための検討については、労使双方がよく話し合い、十分な理解と協力の下に、行われることが重要であり、こうした観点から、労使からなる委員会（企業内労使協議組織）を設置して、賃金不払残業の実態の把握、具体策の検討及び実施、具体策の改善へのフィードバックを行うなど、労使が協力して取り組む体制を整備することが望まれる。

3　労使が取り組むべき事項
(1)　労働時間適正把握基準の遵守
　　労働時間適正把握基準は、労働時間の適正な把握のために使用者が講ずべき具体的措置等を明らかにしたものであり、使用者は賃金不払残業を起こすことのないようにするために、労働時間適正把握基準を遵守する必要がある。
　　また、労働組合にあっても、使用者が適正に労働時間を把握するために労働者に対して労働時間適正把握基準の周知を行うことが重要である。
(2)　職場風土の改革
　　賃金不払残業の責任が使用者にあることは論を待たないが、賃金不払残業の背景には、職場の中に賃金不払残業が存在することはやむを得ないとの労使双方の意識（職場風土）が反映されている場合が多いという点に問題があると考えられることから、こうした土壌をなくしていくため、労使は、例えば、次に掲げるような取組みを行うことが望ましい。

- ・経営トップ自らによる決意表明や社内巡視等による実態の把握
- ・労使合意による賃金不払残業撲滅の宣言
- ・企業内または労働組合内での教育

(3) 適正に労働時間の管理を行うためのシステムの整備
- ・適正に労働時間の管理を行うためのシステムの確立

　賃金不払残業が行われることのない職場を創るためには、職場において適正に労働時間を管理するシステムを確立し、定着させる必要がある。

　このため、まず例えば、出退勤時刻や入退室時刻の記録、事業場内のコンピュータシステムへの入力記録等、あるいは賃金不払残業の有無も含めた労働者の勤務状況にかかる社内アンケートの実施等により賃金不払残業の実態を把握したうえで、関係者が行うべき事項や手順等を具体的に示したマニュアルの作成等により、「労働時間適正把握基準」に従って労働時間を適正に把握するシステムを確立することが重要である。

　その際に、特に、始業および終業時刻の確認および記録は使用者自らの現認またはタイムカード、ICカード等の客観的な記録によることが原則であって、自己申告制によるのはやむを得ない場合に限られるものであることに留意する必要がある。

- ・労働時間の管理のための制度等の見直しの検討

　必要に応じて、現行の労働時間の管理のための制度やその運用、さらには仕事の進め方も含めて見直すことについても検討することが望まれる。特に、賃金不払残業の存在を前提とする業務遂行が行われているような場合には、賃金不払残業の温床となっている業務体制や業務指示のあり方にまで踏み込んだ見直しを行うことも重要である。

　その際には、例えば、労使委員会において、労働者および管理者からヒアリングを行うなどにより、業務指示と所定外労働のための予算額との関係を含めた勤務実態や問題点を具体的に把握することが有効と考えられる。

- ・賃金不払残業の是正という観点を考慮した人事考課の実施

　賃金不払残業の是正という観点を考慮した人事考課の実施（賃金不払残業を行った労働者も、これを許した現場責任者も評価しない）等により、適正な労働時間の管理を意識した人事労務管理を行うとともに、こうした人事労務管理を現場レベルでも徹底することも重要である。

(4) 労働時間を適正に把握するための責任体制の明確化とチェック体制の整備
- ・労働時間を適正に把握し、賃金不払残業の解消を図るためには、各事業場ごとに労働時間の管理の責任者を明確にしておくことが必要である。特に、賃金不払残業が現に行われ、または過去に行われていた事業場については、例えば、同じ指揮命令系統にない複数の者を労働時間の管理の責任者とすることにより牽制体制を確立して労働時間のダブルチェックを行うなど厳正に労働時間を把握できるような体制を確立することが望ましい。

　また、企業全体として、適正な労働時間の管理を遵守徹底させる責任者を選任することも重要である。

- ・労働時間の管理とは別に、相談窓口を設置する等により賃金不払残業の実態を積極的に把握する体制を確立することが重要である。その際には、上司や人事労務管理担当者以外の者を相談窓口とする、あるいは企業トップが直接情報を把握できるような投書箱（目安箱）や専用電子メールアドレスを設けることなどが考えられる。
- ・労働組合においても、相談窓口の設置等を行うとともに、賃金不払残業の実態を把握した場合には、労働組合としての必要な対応を行うことが望まれる。

① 残業代等をめぐるトラブル防止の対処法は

Q21 天災による休業で賃金を請求されたときは

Answer Point

♧ 事業を休業せざるを得ないときは、原則として労働者に休業手当の支払いが必要です。
♧ 天災地変など一定の理由による休業の場合は、休業手当を支払う義務はありません。
♧ 休業手当を支払う義務があるか否かは、「使用者の責に帰すべき事由」がポイントとなります。

♣ 労基法の休業手当支払対象は

労基法では、使用者の責に帰すべき事由による休業の場合の休業期間中の賃金について、平均賃金(図表46参照)の100分の60以上の手当を支払わなければならない(労基法26条)としています。

一方、休業であっても、不可抗力など一定の理由による場合は休業手当の支払いは不要としています。

♣ 休業手当が不要な場合(使用者の責に帰すべき事由に該当しないケース)は

天災地変等については、使用者の責に帰すべき事由には該当しないため休業手当の支払いは不要です。図表43の場合は、使用者の責に帰すべき事由には該当しないとされています。

【図表43 休業手当が不要な場合】

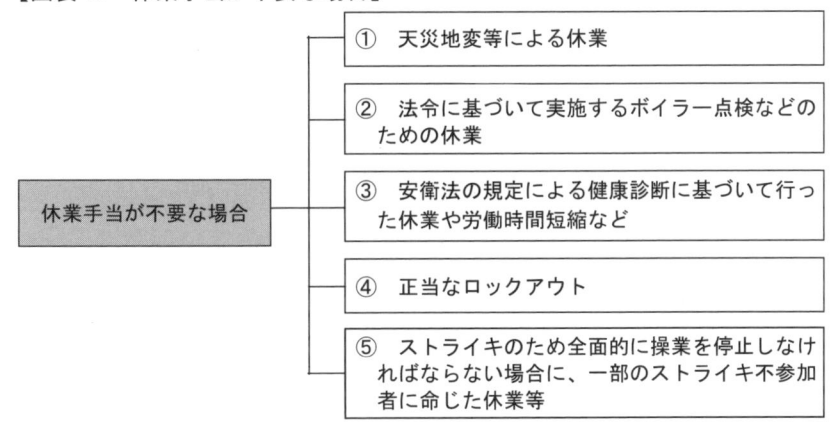

休業手当が不要な場合
① 天災地変等による休業
② 法令に基づいて実施するボイラー点検などのための休業
③ 安衛法の規定による健康診断に基づいて行った休業や労働時間短縮など
④ 正当なロックアウト
⑤ ストライキのため全面的に操業を停止しなければならない場合に、一部のストライキ不参加者に命じた休業等

このため、天災地変については、労働者から賃金を請求されても賃金と休業手当のいずれも支払う必要がありません。

♣休業手当が必要な場合（使用者の責に帰すべき事由に該当するケース）は

使用者の責に帰すべき事由に該当するか否かについては、使用者が通常の経営者としてなし得る最善をつくしたか、使用者が通常なすべきあらゆる手段を講じたか等が判断基準になります。

図表44のようなケースでは、使用者の責に帰すべき事由に該当するものとして休業手当の支払いが必要になります。

【図表44　休業手当が必要な場合】

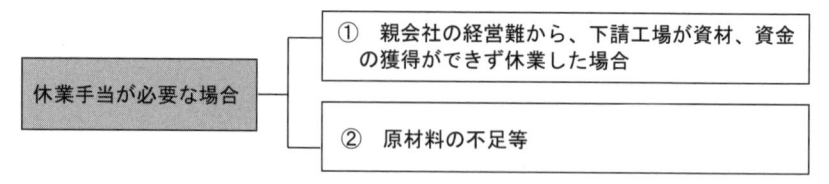

休業手当が必要な場合	① 親会社の経営難から、下請工場が資材、資金の獲得ができず休業した場合
	② 原材料の不足等

♣派遣労働者の休業手当は

派遣労働者についての休業手当は、派遣元の使用者について判断されます。

派遣先が天災地変等の不可抗力によって操業できないために、派遣されている労働者をその派遣先で就業させることができない場合では、必ずしも使用者の責に帰すべき事由に該当しないとはいえません。

派遣元使用者が他に派遣する可能性もふくめて、使用者の責に帰すべき事由に該当しないかどうかを判断することになります。

♣1日の一部を労働したときの休業手当は

休業については、丸一日休業する場合に限らず、1日のうちで一部の時間を休業する場合もあります。

一部休業の場合であっても休業手当は1日の単位で支払額を算定します。そのため、実際に就業した時間に支払われる賃金が平均賃金100分の60に相当する金額に満たなければ、その差額だけを支払うことになります。

反対に1日の9割を勤務し、残り1割だけ休業したような場合では、勤務した9割分の賃金で平均賃金の100分の60を超えています。このため、休業した1割の時間に対する賃金と休業手当の支払いは不要になります。

【図表45　休業手当の計算例】

> 平均賃金が10,000円の労働者が使用者の責に帰すべき事由により1日の一部休業した場合
> 　就業時間の一部労働に支払われた賃金4,000円のとき支払うべき休業手当
> 　　10,000×60%－4,000＝2,000円となります。

　休業手当は、労基法上の賃金に該当します。実際の支払いは、休業日における賃金計算期間に対する支給日に支払うことになります。

♣平均賃金というのは
　平均賃金とは図表46のとおりです。

【図表46　平均賃金とは】

> ❶平均賃金とは
> 　労基法で平均賃金とは、これを算定すべき事由の発生した日（賃金締切日がある場合は、原則として、直前の賃金締切日から起算）以前3か月間にその労働者に対し支払われた賃金の総額を、その期間の総日数で除した金額をいいます。
> 　平均賃金は、解雇予告手当、休業手当、年次有給休暇中の賃金、災害補償（休業補償、障害補償、遺族補償、葬祭料、打切補償、分割補償）、減給制裁の制限の算定基礎として用いられます。
> 　それぞれの場合の算定事由発生日は次のとおりです。
> （算定事由発生日）
> （1）　解雇予告手当⇒解雇を通知した日
> （2）　休業手当⇒休業した日、2日以上の期間にわたるときは最初の日
> （3）　年次有給休暇中の賃金⇒年次有給休暇を与えた日、2日以上の期間にわたるときは最初の日
> （4）　災害補償⇒死傷の原因となった事故の発生した日、または診断によって疾病の発生が確定した日
> （5）　減給制裁の制限⇒減給制裁の意思表示が相手方に到達した日
>
> ❷平均賃金から除外するもの（労基法12条）
> 　平均賃金の算定において、該当する期間がある場合、その日数とその期間中の賃金の両方から控除する場合と、期間中の賃金のみから控除する場合があります。
> （算定期間中の総日数と賃金の総額の両方から控除するもの）
> （1）　業務上負傷し、または疾病にかかり療養のため休業した期間
> 　　　通勤災害による療養のための休業期間の日数とその期間中の賃金は控除しません。
> （2）　産前産後の女性が労基法65条の規定（産前6週間、多胎妊娠の場合は14週間および産後8週間）によって休業した期間
> （3）　使用者の責めに帰すべき事由によって休業した期間
> （4）　育児休業または介護休業した期間
> （5）　試みの試用期間

（6） 労働争議により正当な罷業もしくは怠業しまたは正当な作業所閉鎖のため休業した期間

（算定期間中の賃金の総額のみから控除するもの）
（1） 臨時に支払われた賃金
　　　　例：私傷病手当、加療見舞金、退職手当等
（2） 3箇月を超える期間ごとに支払われる賃金
　　　　例：年2回の賞与
（3） 通貨以外のもので支払われた賃金で一定の範囲に属さないもの
　　　（法令または労働協約の定め以外に基づいて支払われる実物給与）

❸平均賃金の最低保障（労基法12条）
　平均賃金の金額には最低保障があり、次の金額を下回ってはなりません。
（1） 賃金が、労働した日・時間によって算定され、または出来高払制その他の請負制によって定められた場合は、賃金の総額をその期間中に労働した日数で除した金額の100分の60
（2） 賃金の一部が、月、週その他一定の期間によって定められている場合は、その部分の総額をその期間の総日数で除した金額と上記（1）との合算額

♣地震による直接的な被害を受けていないときは

　地震により直接的な被害を受けて休業を余儀なくされる場合には「使用者の責に帰すべき事由による休業」には当たらないため、休業手当の支払いは必要ありません。

　しかし東日本大震災では、「地震による直接被害を受けない企業において、取引先や鉄道・道路が被害を受け、原材料の仕入、製品の納入等が不可能となったことにより労働者を休業させる場合、「使用者の責に帰すべき事由」による休業に当たるか」といった問題がありました。

　この場合について、厚生労働省発表の「東日本大震災に伴う労働基準法等に関するQ&A（第3版）では、「今回の地震より、事業場の施設・設備は直接的な被害を受けていない場合には、原則として「使用者の責に帰すべき事由」による休業に該当すると考えられます。ただし、休業について、①その原因が事業の外部より発生した事故であること、②事業主が通常の経営者として最大の注意を尽くしてもなお避けることのできない事故であることの2つの要件を満たす場合には、例外的に「使用者の責に帰すべき事由」による休業には該当しないと考えられます。

　具体的には、取引先への依存の程度、輸送経路の状況、他の代替手段の可能性、災害発生からの期間、使用者としての休業回避のための具体的努力等を総合的に勘案し、判断する必要がある」としています。個別の事案は、上記の①、②が要件となっているかで判断が分かれることになります。

Q22 計画停電による休業で賃金支払いを請求されたときは

Answer Point

♣計画停電による時間帯は、休業手当の支払いは不要です。

♣計画停電の前後の時間帯は、原則として休業手当の支払いが必要ですが、ケースによっては不要になることがあります。

♣ 計画停電による休業の取扱いは

　平成23年3月の東日本大震災による東京電力の電力供給設備の被害により、地域ごとの計画停電が行われました。

　この場合における休業については、通達では計画停電の時間帯における事業場に電力が供給されないことを理由とする休業については、原則として労基法26条の使用者の責めに帰すべき事由による休業には該当しない（昭26.10.11基発第696号）ことになっています。このため、計画停電時に休業する場合は、賃金と休業手当の支払いをする必要はありません。

♣ 計画停電の前後の時間帯の休業の取扱いは

　計画停電の時間帯以外に休業せざるを得ない場合の休業手当の支払いは、それぞれのケースにより判断します。

　原則的には休業手当の支払いが必要ですが、例えば工場のように機械の始動までに数十分かかるような場合に、始業から1時間後から計画停電が予定されていれば、現実的にはその1時間も含めて休業せざるを得ません。

　このように真にやむを得ない理由がある場合は、休業手当の支払いをせずに休業することができます。

【図表47　計画停電以外の時間帯に関する通達】

> 　計画停電の時間帯以外の時間帯の休業は、原則として労基法26条の使用者の責に帰すべき事由による休業に該当すること。ただし、計画停電が実施される日において、計画停電の時間帯以外の時間帯を含めて休業とする場合であって、他の手段の可能性、使用者としての休業回避のための具体的努力等を総合的に勘案し、計画停電の時間帯のみを休業とすることが企業の経営上著しく不適当と認められるときには、計画停電の時間帯以外の時間帯を含めて原則として労基法26条の使用者の責に帰すべき事由による休業には該当しないこと（平23.3.15基監発0315第1号）

♣平成23年東日本大震災の休業に関するQ＆A

地震に伴う休業に関する取扱いについて平成23年東日本大震災の休業に関するQ＆A（厚生労働省より）を引用すると、図表48のとおりです。

【図表48　平成23年東日本大震災の休業に関するQ＆A】

Q1　今回の被災により、事業の休止などを余儀なくされ、やむを得ず休業とする場合にどのようなことに心がければよいのでしょうか。

A　今回の被災により、事業の休止などを余儀なくされた場合において、労働者を休業させるときには、労使がよく話し合って労働者の不利益を回避するように努力することが大切であるとともに、休業を余儀なくされた場合の支援策も活用し、労働者の保護を図るようお願いいたします。

Q2　従来、労働契約や労働協約、就業規則、労使慣行に基づき、使用者の責に帰すべき休業のみならず、天災地変等の不可抗力による休業について休業中の時間についての賃金、手当等を支払うこととしている企業が、今般の計画停電に伴う休業について、休業中の時間についての賃金、手当等を支払わないとすることは、適法なのでしょうか。

A　労働契約や労働協約、就業規則、労使慣行に基づき従来支払われてきた賃金、手当等を、今般の計画停電に伴う休業については支払わないとすることは、労働条件の不利益変更に該当します。
　このため、労働者との合意など、労働契約や労働協約、就業規則等のそれぞれについての適法な変更手続をとらずに、賃金、手当等の取扱いを変更する（支払わないこととする）ことはできません。
　なお、企業側の都合で休業させた場合には、労働者に休業手当を支払う必要があり、それについてQ4～Q7において、最低労働条件として労基法26条に基づく休業手当にかかる取扱いを示したものでありますが、労働契約や労働協約、就業規則、労使慣行に基づく賃金、手当等の取扱いを示したものではありません。

Q3　今回の地震のために、休業を実施しようと思います。この休業に伴い、休業についての手当を支払う場合、雇用調整助成金や中小企業緊急雇用安定助成金を受給することはできますか。実施した休業が労基法26条の「使用者の責に帰すべき事由による休業」に該当するか否かでその扱いは異なるのですか。また、計画停電の実施に伴う休業の場合は、どうでしょうか。

A　雇用調整助成金および中小企業緊急雇用安定助成金は、休業等を実施することにより労働者の雇用の維持を図った事業主に休業手当等の一部を助成するものです。
　今回の地震に伴う経済上の理由により事業活動が縮小した場合は、雇用調整助成金および中小企業緊急雇用安定助成金が利用できます。

① 残業代等をめぐるトラブル防止の対処法は

「経済上の理由」の具体的な例としては、交通手段の途絶により原材料の入手や製品の搬出ができない、損壊した設備等の早期の修復が不可能である、等のほか、計画停電の実施を受けて事業活動が縮小した場合も助成対象になります。

　本助成金は、労基法26条に定める使用者の責に帰すべき事由による休業に該当するか否かにかかわらず、事業主が休業についての手当を支払う場合には助成対象となり得ます。このことは、計画停電に伴う休業であっても同様です。助成金を受給するには、休業等実施計画届を提出するなど、支給要件を満たす必要がありますので、詳しくは、最寄りのハローワークにお問い合わせいただくか、厚生労働省のホームページをご覧ください。

Q4　今回の地震で、事業場の施設・設備が直接的な被害を受け労働者を休業させる場合、労基法6条の「使用者の責に帰すべき事由」による休業に当たるでしょうか。

A　労基法26条では、使用者の責に帰すべき事由による休業の場合には、使用者は、休業期間中の休業手当（平均賃金の100分の60以上）を支払わなければならないとされています。ただし、天災事変等の不可抗力の場合は、使用者の責に帰すべき事由に当たらず、使用者に休業手当の支払義務はありません。

　ここでいう不可抗力とは、(1)その原因が事業の外部より発生した事故であること、(2)事業主が通常の経営者として最大の注意を尽くしてもなお避けることのできない事故であることの2つの要件を満たすものでなければならないと解されています。

　今回の地震で、事業場の施設・設備が直接的な被害を受け、その結果、労働者を休業させる場合は、休業の原因が事業主の関与の範囲外のものであり、事業主が通常の経営者として最大の注意を尽くしてもなお避けることのできない事故に該当すると考えられますので、原則として使用者の責に帰すべき事由による休業には該当しないと考えられます。

　なお、Q2・A及びQ3・Aもご覧ください。

Q5　今回の地震により、事業場の施設・設備は直接的な被害を受けていませんが、取引先や鉄道・道路が被害を受け、原材料の仕入、製品の納入等が不可能となったことにより労働者を休業させる場合、「使用者の責に帰すべき事由」による休業に当たるでしょうか。

A　今回の地震により、事業場の施設・設備は直接的な被害を受けていない場合には、原則として「使用者の責に帰すべき事由」による休業に該当すると考えられます。

　ただし、休業について、(1)その原因が事業の外部より発生した事故であること、(2)事業主が通常の経営者として最大の注意を尽くしてもなお避けることのできない事故であることの2つの要件を満たす場合には、例外的に「使用者の責に帰すべき事由」による休業には該当しないと考えられます。

　具体的には、取引先への依存の程度、輸送経路の状況、他の代替手段の可能性、災害発生からの期間、使用者としての休業回避のための具体的努力等を総合的に勘案し、判断する必要があると考えられます。なお、Q2・A及びQ3・Aもご覧ください。

Q6 今回の地震に伴って計画停電が実施され、停電の時間中を休業とする場合、労基法26条の休業手当を支払う必要はあるのでしょうか。

A 今回の地震に伴って、電力会社において実施することとされている地域ごとの計画停電に関しては、事業場に電力が供給されないことを理由として、計画停電の時間帯、すなわち電力が供給されない時間帯を休業とする場合は、原則として、労基法26条に定める使用者の責に帰すべき事由による休業には該当せず、休業手当を支払わなくても労基法違反にならないと考えられます。
なお、Q2・A及びQ3・Aもご覧ください。

Q7 今回の地震に伴って計画停電が実施される場合、計画停電の時間帯以外の時間帯を含めて1日全部を休業とする場合、労基法26条の休業手当を支払う必要はあるのでしょうか。

A 計画停電の時間帯を休業とすることについては、Q6の回答のとおり、原則として、労基法26条に定める使用者の責に帰すべき事由による休業には該当しないと考えられますが、計画停電の時間帯以外の時間帯については、原則として労基法26条に定める使用者の責に帰すべき事由による休業に該当すると考えられます。
ただし、他の手段の可能性、使用者としての休業回避のための具体的努力等を総合的に勘案し、計画停電の時間帯のみを休業とすることが企業の経営上著しく不適当と認められる場合には、計画停電の時間帯以外の時間帯を含めて、原則として労基法26条の使用者の責に帰すべき事由による休業には該当せず、休業手当を支払わなくても労基法違反とはならないと考えられます。
なお、Q2・A及びQ3・Aもご覧ください。

♣節電対に伴う事業活動縮小による休業は

　東日本大震災よる電力不足の影響により、7月から9月の期間においては、企業にも節電対策が求められています。節電対策を実施することに伴う事業活動の縮小によって所定労働日を休業とした場合の休業手当支払義務について、厚生労働省がまとめた「節電に向けた労働時間の見直し等に関するQ&A」において、次のように記載されています。

　「休業が使用者の責に帰すべき事由によるものであるか否かは個別に判断されるものですが、夏期の節電対策に伴う休業については、節電対策が求められることは想定されていること、所定休日の見直し、秋期への事業活動の振替等の対応が考えられること等から、原則として使用者の責に帰すべき事由による休業に該当し、休業手当の支払いが必要と考えられます」。

　ここでのポイントは節電対策については、①あらかじめ想定されていたこと、②夏期以外の時期に労働日を振り替える対応ができることになります。

Q23　1年間育児休業をしていた従業員の年次有給休暇は

Answer Point

♧育児休業中や休業復帰後の従業員にも、年次有給休暇は発生します。

♧年次有給休暇を育児休業期間中に取得させる必要はありません。

♣年次有給休暇の発生要件は

年次有給休暇とは、①雇入れの日から起算して6か月間継続勤務し、②全労働日の8割以上を出勤した場合に、継続勤務した年数に応じて一定日数の年次有給休暇を付与しなければなりません（労基法39条。図表49参照）。

【図表49　年次有給休暇の付与日数】

継続勤務年数（年）	0.5	1.5	2.5	3.5	4.5	5.5	6.5
年次有給休暇（日）	10	11	12	14	16	18	20

♣算定の基準となる継続勤務とは

継続勤務とは、労働契約が存続している期間（在籍期間）を指します。労働契約が存続しているかは、形式だけでなく実態で判断します。

例えば、定年後の再雇用により引き続き勤務する場合は、契約書を新たに締結していても実質的には労働契約が継続していると考えられるため、勤続年数は通算します（昭63.3.14基発150号）。

よって、入社から6か月間を在籍することで、前述の①の条件は満たされることになります。

♣算定の基準となる全労働日というのは

全労働日とは、労働契約上で労働する義務のある日を指し、労働契約や就業規則等で定める休日を除いたすべての日（1年の暦日－年間休日数）になります。

例えば、年間休日が110日の会社は、365日－110日＝255日が全労

働日になります。

ただし、「使用者の責に帰すべき事由による休業の場合」や「ストライキやロックアウトの期間」は、それぞれ全労働日に含めません（昭33.2.13基発90号、昭63.3.14基発150号）。

慶弔休暇や生理休暇等については、法令による定めはないものの、就業規則等の定めにより正当な手続を経て取得した休暇ですから、欠勤と同様に取り扱うのは適当ではありません。

これらの休暇は、全労働日から除外することが望ましいでしょう。

♣算定の基準となる出勤日というのは

出勤日とは、全労働日のうち遅刻・早退のあった日を含めて実際に就労した日のことです。

ただし、「業務上の傷病による療養のために休業した期間」「育児休業・介護休業の期間」「産前産後休業の期間」「年次有給休暇を取得した日」については出勤したものとみなします（労基法39条8項、昭22.9.13基発17号、平6.3.31基発181号）。

上記の全労働日に占める出勤日の割合が8割以上となることで、前述の年次有給休暇の発生要件のうち、②の条件も満たされることになります。

このように、①の継続勤務に関する要件と、②の出勤率に関する要件が満たされることで、年次有給休暇が法定の基準に基づき発生することになります。

♣育児休業中や復帰後の取扱いは

育児休業期間中は在籍しており、また、休業期間中は出勤したものとみなされます。

そのため、育児休業中や復帰後であっても、休業期間中を出勤扱いにしたうえで、出勤率が8割以上であれば新たな年次有給休暇を付与しなければなりません。

なお、年次有給休暇とは、労働日の労働義務を免除するため、もともと労働義務の免除されている育児休業期間中に年次有給休暇を取得させる必要はありません。

ただし、育児休業の申出前に年次有給休暇の請求や計画付与があった場合は、その日については年次有給休暇の取得が優先され、所要の賃金を支払うことになります（平3.12.20基発712号）。

Q24 パートから年次有給休暇の請求があったときは

Answer Point

♣ パートでも6か月以上継続勤務した場合は、年次有給休暇が発生します。
♣ 所定労働時間が週30時間未満のパートは、原則より少ない年次有給休暇日数が発生する「比例付与」の対象になります。

♣ パートに年次有給休暇は発生するか

年次有給休暇は、正社員にのみ付与されるものではありません。このため法律で定める継続勤務期間と出勤率の要件を満たす限り、アルバイトやパートなど所定労働時間の短い従業員も対象となります（Q23参照）。

1回の雇用期間が1か月や3か月といった期間の定めのある労働契約を結んでいるアルバイトやパートでも、労働契約の更新によって6か月以上継続勤務したときは、年次有給休暇を付与しなければなりません。

また、契約の更新に際して、従前の契約期間と新たな契約期間の間に数日の空白期間を加えたとしても、実質的に労働関係が継続していると判断できる場合は、勤続年数が通算されるので留意が必要です。

♣ パートの年次有給休暇の日数は

パートの年次有給休暇は、勤続年数に応じて正社員と同じ日数が発生します。

ただし、週の所定労働時間が30時間未満のパートについては、週または1年間の所定労働日数によって付与すべき年次有給休暇の日数が決まる「比例付与」の対象となります。

比例付与とは、所定労働時間が週30時間未満のパートに対して、通常の付与基準とは別に、週または年間の所定労働日数に応じて段階的に日数が減少する基準が設けられていることを指します（労基則24条の3）。

具体的には図表50のとおりですが、週の所定労働日数が4日未満で、かつ週の所定労働時間が30時間未満のパートについては、付与日時点の所定労働日数によって通常より少ない日数になっていることがわかります。

【図表50　パートの年次有給休暇の付与日数】

短時間労働者の週所定労働時間数	短時間労働者の週所定労働日数	1年間の所定労働日数（週以外の期間によって労働日数を定めている場合）	継続勤務期間に応じた年次有給休暇の日数						
			6か月	1年6か月	2年6か月	3年6か月	4年6か月	5年6か月	6年6か月
週30時間以上			10	11	12	14	16	18	20
週30時間未満	5日以上	217日以上							
	4日	169〜216日	7	8	9	10	12	13	15
	3日	121〜168日	5	6	6	8	9	10	11
	2日	73〜120日	3	4	4	5	6	6	7
	1日	48〜72日	1	2	2	2	3	3	3

♣年次有給休暇の管理は重要

　入社半年後から1年ごとに発生する年次有給休暇の管理は、従業員数が多くなるほど煩雑になります。特に、アルバイトやパートの場合は、それぞれ異なる入社日に応じて、年次有給休暇の付与分や時効による消滅分の管理が必要となることから、新しく付与すべき日数や2年の時効を経て消滅する日数について、それぞれの従業員ごとに見直していく必要があります。

　毎月アルバイトやパートの入社がある企業では、毎月この作業を行う必要があることから、しっかりとした管理表を作成して、各月の使用日数を管理するだけでなく、付与や消滅の管理も漏れなく行うことが大切です。

　正社員の場合は、就業規則に統一した基準日を設けて一斉に付与する一斉付与方式を取ることで管理負担を減らすこともできますが、短期間での入退社が多いパートについては適用が困難なケースが多いでしょう。

　年次有給休暇の付与忘れや付与日数の間違いによりパートとの信頼関係を損なったり、すでに消化しきっているにもかかわらず請求されるままに年次有給休暇を余計に取得させることのないように、入社日に応じた管理を続けることが重要です。毎月の給与計算のときに、翌月に年次有給休暇を付与すべき者がいないかをあわせて確認していくなど着実なルーティン化が求められます。

　年次有給休暇を与えない場合、労基法119条では6か月以下の懲役または30万円以下の罰金に処することが定められています。

　「パートには年次有給休暇はない」などと虚偽の説明により、年次有給休暇の取得を拒んで無用のトラブルを起こすことのないようにしましょう。

Q25 年次有給休暇の取得時に支払う賃金の計算方法は

Answer Point

♧一般的には年次有給休暇を取得した日の所定労働時間に対する賃金を支給します。

♧シフト等により所定労働時間が一定でないパートについては、平均賃金の計算が必要になる場合があります。

♣年次有給休暇を取得した日の賃金の支払方法は

年次有給休暇を取得した日の賃金は、次のいずれかの方法で支払います（労基法39条7項）。

(1) 所定労働時間を労働した場合の通常の賃金
(2) 平均賃金
(3) 健康保険の標準報酬日額に相当する金額

パートの場合、例えば毎日6時間勤務といったように各労働日の所定労働時間が一定時間である場合は、計算も簡便で労使ともにわかりやすい上記(1)の通常の賃金を支払うことでよいでしょう。

しかし、シフト勤務等で日や週により所定労働時間が異なる場合は、年次有給休暇を取得する日によって賃金額も異なり、不公平感が出ることがあります。こうしたケースでは、(2)の平均賃金を支払うことがよいでしょう。

♣平均賃金というのは

平均賃金とは、年次有給休暇取得日の賃金としてだけでなく、解雇予告手当、休業手当、業務上の傷病や死亡時の災害補償や減給の制裁の制限額の算定にも利用されるものです（労基法12条）。

平均賃金は、次の(1)原則の算定方法、(2)最低保証額の算定方法、のいずれかで計算し、高いほうの金額を適用します。

(1) 原則の算定方法

| 算定すべき事由の発生した日以前3か月間に支払われた賃金総額 | ÷ | 3か月間の総日数（総暦日数） |

(2)最低保証額の算定方法(日給、時給、出来高払制その他の請負制の賃金)

| 算定すべき事由の発生した日以前3か月間に支払われた賃金総額 | ÷ | 3か月間の総労働日数 | × | 60% |

この「算定すべき事由の発生した日以前3か月間」については、賃金締切日がある場合には、直前の賃金締切日から起算します。

【図表51 平均賃金の算出例】

例えば、月末締めの会社で3月~5月に時給1,000円で24日間、168時間を勤務し、3か月の給与総額が168,000円のパートの平均賃金は、次のように求められます。

①原則の算定方法
168,000円(3か月の総額)÷ 92日(3~5月の暦日数)
　　　　　　　　　　　　　＝1,826円(50銭未満切捨て、50銭以上切上げ)

②最低保証額の算定方法
168,000円 ÷ 24日(実際の勤務日数)× 60% = 4,200円

①と②の金額を比較すると、最低保証額である②の金額が高いので、4,200円が平均賃金となります。

平均賃金の計算の際は、その期間中の賃金は、賞与等を除き、残業代や通勤手当などの手当類も原則としてすべて含まれます。

このため、上記の算定対象となる3か月間に残業代が多い月が含まれている場合は、必然的に平均賃金も高くなります。

♣健康保険の標準報酬日額を利用するときは

社会保険に加入している従業員であれば、労使協定を結ぶことで健康保険の標準報酬日額を基準に賃金を支払うこともできます。

標準報酬日額とは、社会保険の保険料算出の基礎となる標準報酬月額を30で除した額です。

ただし、社会保険に加入していないアルバイト・パートには適用ができず、また、正社員は月給制がほとんどなので標準報酬日額の適用はかえって給与計算が煩雑になるだけでメリットがありません。

しかし、現在、政府内で検討されているアルバイト・パートの社会保険の加入基準の見直しが実現し、社会保険に加入するアルバイト・パートが増えた場合は、シフトによる平均賃金を計算することよりも簡便のため、採用する会社が出てくる可能性があります。

Q26 シフト制パートから年次有給休暇の請求があったときは

Answer Point

♧ 年次有給休暇は、パートやアルバイトなど雇用契約の種類や形態を問わずに発生します。

♧ シフト等により所定労働時間が一定でないパートについては、平均の所定労働日数・時間によって、付与すべき日数を算定します。

♧ 勤務シフトを利用した変形労働時間制を採用している場合、変形期間の開始前にシフトを示すことが必要です。

♣ シフト制パートの年次有給休暇の付与日数は

シフト制による勤務のため、週の勤務日数や各日の勤務時間が一定でないパートへの年次有給休暇は、付与すべき日数をどのように決めればよいでしょうか。

週の所定労働日数が変則的な場合は、「週以外の期間によって所定労働日数が定められている労働者」に該当します（Q24参照）。

シフト制のパートの場合、直近1年間の所定労働日数を図表52の「1年間の所定労働日数」にあてはめて付与すべき日数を判断します。

なお、入社6か月経過時の最初の付与の際には、図表52の「1年間の所定労働日数」欄の日数を半分にして付与すべき日数を算定します。

期間中の週平均所定労働時間数が30時間を超えている場合は、比例付与ではなく、通常の労働者と同じ日数を付与します。

♣ 年次有給休暇取得時の賃金は

一般的には、年次有給休暇を取得したときに支払うべき給与として使用しているのは、当日の所定労働時間を働いた場合の通常の賃金です。

しかし、シフト制のパートのように日によって所定労働時間が大きく異なる場合は、有給休暇を取得する日の所定労働時間の長短によって、支払われる賃金額が異なることになります。

このため、不公平感が生じたり、有給休暇を取得する日が所定労働時間の長い日に偏ることでシフトが機能しなくなるなどの悪影響も懸念されます。

【図表52　1か月単位の変形労働時間制の就業規則規定例】

就業規則第29条
　会社は業務上の必要がある部門および従業員について、1か月単位の変形労働時間制を採用することがある。
2　1か月単位の変形労働時間制を適用する従業員の所定労働時間は、1か月を平均して1週間40時間以内とする。
3　各日の始業および終業の時刻を次のとおりとする。

	所定労働時間	始業時間	終業時間	休憩時間
Aシフト	10時間	午前9時30分	午後9時30分	2時間
Bシフト	7時間	午後1時30分	午後9時30分	1時間
Cシフト	3時間	午後4時	午後7時	なし

4　前項の所定労働時間、始業・終業の時刻は、毎月1日を起算日として、勤務カレンダーによって決定し、2週間前までに従業員に配布する。

　そこで、平均賃金による算定方法をとることで、こうした弊害を緩和することができます。平均賃金の算定の方法はQ25を参照してください。

♣勤務シフトの作成は変形労働時間制の原則を守る

　シフト制による勤務形態にしている場合、1か月単位や1年単位の変形労働時間制を採用していることがあります。
　変形労働時間制は、1か月や1年といった一定の期間を平均して法定労働時間に収めることで、特定の日や週の所定労働時間を法定労働時間よりも長くできる制度です。
　これをシフト制で利用する場合は、変形期間が始まる前にシフト勤務表を提示することが必要です。
　ところが、実際には変形期間と合わないシフトを組んでいたり、提示が遅れたりすることがあります。これでは、変形労働時間制として認められなくなります。
　また、いつ、どれだけ勤務するかがわからなければ、生活設計もできず、年次有給休暇の消化にも支障をきたします。
　従業員の定着率や士気にも悪影響を及ぼしますので、シフト表は期日までに作成・提示することを守りましょう。

Q27 3年前の年次有給休暇を取得したいといわれたときは

Answer Point

♧ 年次有給休暇は、付与日から2年間で時効により権利が消滅します。

♧ 翌年に繰り越された年次有給休暇がある場合、本年に付与された有給休暇とどちらから取得するかを定めておくとトラブルの防止になります。

♧ 未消化のまま時効を迎える年次有給休暇のうち、一定の範囲を特別の傷病休暇等として積み増す制度を設けている会社もあります。

♣年次有給休暇には時効がある

年次有給休暇は、付与日から起算して2年間で時効により権利が消滅します（労基法115条）。

つまり、今年度に付与された年次有給休暇のうち、未取得分は翌年度に限り繰り越されますが、さらに未消化のまま付与日から2年を経過した場合は時効により権利が消滅するのです。

このため、仮に私傷病等によりすでに年次有給休暇を消化しきったなどを理由に、3年前に付与された未消化の年次有給休暇を思い出して請求されたとしても、すでに時効により消滅していることを説明したうえで、欠勤や休職等の取扱いをします。

♣繰越し分と当年付与分のいずれから取得するか

前年度から繰り越された未消化分の年次有給休暇と、当年度に新たに付与された年次有給休暇がある場合、いずれから消化するか、その順番を事前に決めておかないと、結果として会社と従業員が想定する年休の残日数に違いが生じることからトラブルに発展することがあります。

この消化方法については法令による定めがないため、労使合意により基準を定めるか、就業規則等に、明確に定めることが求められます。

なお、特に定めがされていない場合は、繰越し分から消化をしていくのが一般的でしょう。

【図表53　年次有給休暇の消化方法の就業規則規定例】

就業規則第38条
　勤続年数に応じ、前年の所定労働日の8割以上を出勤した従業員に対して以下の表に掲げる年次有給休暇を付与する。

勤続年数	6か月	1年6か月	2年6か月	3年6か月	4年6か月	5年6か月	6年6か月以上
有給休暇日数	10日	11日	12日	14日	16日	18日	20日

2　発生後1年以内に使用できなかった年次有給休暇は、翌年度に限り繰り越されるものとする。
3　繰り越された年次有給休暇と、新しく付与された年次有給休暇がある場合、新しく付与されたものから順次消化していくものとする。
4～7　（略）
8　会社は、時効により消滅する年次有給休暇のうち、年2日を限度に「傷病特別休暇」として積み立てるものとする。傷病特別休暇は、積立の上限を10日とし、私傷病による長期欠勤の際に年次有給休暇の残日数が7日間を切った場合に利用できる特別の有給休暇とする。

♣年次有給休暇の時効分の活用は

　現在、年次有給休暇の取得率は、平均で47.1％となっています（平成22年厚生労働省就労条件総合調査）。
　取得率が伸びない原因の1つに、約3分の2もの労働者が年次有給休暇の取得について「みんなに迷惑がかかるから」「後で多忙になるから」などの理由でためらいを感じていることが調査で明らかになっています。
　こうした中で、時効により消滅していく年次有給休暇についての有効利用の工夫として「傷病特別休暇」の利用が考えられます。
　会社任意の制度として、時効により権利が消滅する年次有給休暇を一定の日数の範囲で、私傷病による長期欠勤の場合などに利用できる特別休暇として取り置く制度を設けているところがあります。
　この制度のメリットは、時効により消滅してしまう有給休暇を活用して、有給休暇の消化率の差による不公平感をなくし、また福利厚生策として従業員に将来に対する安心感を与えるところにあります。
　このように傷病特別休暇への切替制度を設けるときは、例えば「私傷病等によって年休の残日数が7日間を切った場合に利用できる」など、利用に関する要件を就業規則等に定めることが必要です。

Q28 法定の基準を上回る会社独自の年次有給休暇の時効は

Answer Point

♣ 法定外の休暇の取扱いは、会社が自由に定めることができます。
♣ 休暇制度は、就業規則等に明記しましょう。

♣法定外の休暇というのは

　法律で定められた休暇には、年次有給休暇のほかに、産前産後休暇、生理休暇、妊産婦の通院休暇、育児休業、子の看護休暇、介護休業、介護休暇などがあり、このうち年次有給休暇のみ文字どおり有給とすることが義務づけられています。

　これに対して、会社により独自に、慶弔休暇、病気休暇、リフレッシュ休暇、ボランティア休暇など法定外の休暇制度を設けている会社も多くあります。これらの休暇は、一般に「特別休暇」と呼ばれており、休暇の要件や有給・無給の別などは、会社が自由に設定してよいことになっています。

　また、年次有給休暇を労基法で定める基準よりも早く付与したり、付与日数を多くしている会社もあります。

♣法律を上回る基準で付与された休暇の時効は

　法律を上回る基準で付与された休暇については、時効も会社が自由に定めることができます。例えば、年次有給休暇を、入社6か月後に法定の10日を超えて15日を付与する場合に、上積みされた5日間分は1年の時効としてもかまいません。

　また、入社6か月後に付与されるべき10日の年次有給休暇のうち、入社日に5日を付与し、残り5日を入社6か月後に付与しているケースもあります。この場合、時効は付与された時点から起算しますので、入社時に付与された5日間は入社日から2年間で時効になります（平6.5.31基発330号）。

♣制度の詳細は就業規則等に定める

　休暇は、重要な労働条件の1つであり、また就業規則の絶対的必要記載事項になっています（労基法89条）。

就業規則の整備が義務づけられていない10名未満の事業所においても、制度を設ける以上は、取得できる要件、日数、時効、有給・無給の別などについて明文化しておかないと、事案ごとに取扱いが異なることでかえってトラブルにつながりかねません。このため、文章で取扱いを明確にしておくことが大切です。

また、休暇は従業員にとって注目度の高い労働条件でもあります。

単純に日数を増やせばよいのではなく、自社の価値観を踏まえて、従業員の生活を支援する休暇制度を取り入れることは、優秀な人材の確保と定着を図る人事戦略として必要です。

従業員が喜ぶポイントを押さえた独自の休暇制度を取り入れることは、在籍社員の満足度を向上させることによる求心力のアップや、採用におけるアピールポイントとしての効果をもたらすでしょう。

【図表54 休暇制度の就業規則規定例】

```
就業規則第44条
    従業員が次の事由により休暇を申請した場合は、次のとおり特別休暇を与える。
    ただし、日数には第24条に定める休日を含むものとする。なお、義理の兄弟姉
妹および義理の祖父母は適用外とする。
    (1) 本人が結婚するとき・・・・・・・継続して5日
    (2) 子女が結婚するとき・・・・・・・継続して2日
    (3) 兄弟姉妹が結婚するとき・・・・・1日
    (4) 妻が出産するとき・・・・・・・・出産日を含め産後2週間以内に2日
    (5) 父母、配偶者または子が死亡したとき
        ① 本人が喪主の場合・・・・・・・継続して5日
        ② それ以外の場合・・・・・・・・継続して3日
    (6) 祖父母、配偶者の父母、兄弟姉妹（義兄弟は除く）が死亡したとき
        ① 本人が喪主の場合・・・・・・・継続して5日
        ② それ以外の場合・・・・・・・・継続して3日
2   特別休暇は有給とする。
3   特別休暇の支給申請は以下の期間に行わなければならない。
    (1) 第1項(1)～(4)の特別休暇・・・特別休暇取得予定日の1か月以上前に申請
        すること。(4)については、その出産予定日から1か月以上前に出産予定日を特
        別休暇取得日として仮に申請しなければならない。
    (2) 第1項(5)(6)の特別休暇・・・事由が発生した場合、速やかに会社に申請す
        ること。原則として2日以内とする
4   会社が特別休暇を認める期間は以下のとおりとする。
    (1) 第1項(1)～(3)の特別休暇・・入籍の日以後、3か月以内とする
    (2) 第1項(4)の特別休暇　・・・・出産日を含め産後2週間以内とする
    (3) 第1項(5)(6)の特別休暇・・・葬儀の日の前後それぞれ1週間の期間内とする
5   第1項(5)(6)の特別休暇を申請する場合は、葬儀場の住所、電話番号および喪
    主の氏名を事前に会社に連絡しなければならない。
6   特別休暇は、その事由があった日（もしくはその前後）に取得しなければならず、
    これを後日に振り替えるなどして事由と関連しない日に取得することは認めない。
```

Q29 年次有給休暇を時間単位で請求されたときは

Answer Point

♧ 労使協定を結んで時間単位の年次有給休暇制度を取り入れた場合、年5日を限度として時間単位で年次有給休暇を与えることができます。

♧ 休業法で定める子の看護休暇などを時間単位での取得を認める企業はありますが、制度上の設置は任意であり義務づけられていません。

♣時間単位の年次有給休暇というのは

年次有給休暇は、従業員の心身の疲労回復を目的としており、原則「1日」を単位として取得するものです。しかし、従業員のライフスタイルの変化等により休暇に対するニーズが多様化する中、平成22年4月施行の改正労基法により、年次有給休暇は5日を限度に時間単位で取得できるようになりました。労使協定には、図表55の項目を定めます。労基署への届出は不要です。

♣時間単位の年次有給休暇を取得したときの時間外労働は

年次有給休暇を時間単位で取得した日に残業があった場合の割増賃金はいつから発生するでしょうか。労基法は、労働時間のカウントを実労働時間によって行います。1日の所定労働時間が8時間の従業員が、4時間の時間単位年休を取得した日に4時間の残業をしても、実際の労働時間は8時間ですので、残業の4時間に対して割増賃金は必要ありません。ただし、4時間の時間単位年休については、通常の賃金の支払いが必要になります。

なお、就業規則等に「所定の終業時刻以降の勤務については残業として割増賃金を支払う」旨を定めている場合は、割増賃金が必要になります。

♣時間単位の年次有給休暇を取り入れるか

休業法で定める子の看護休暇などを時間単位で取得させる企業はありますが、時間単位年休は、当年度に付与されたうち数時間の未消化分が残った場合に翌年度にそのまま時間単位で繰り越されるなど管理が煩雑になるため、導入している企業は実際には少数にとどまっています。

【図表55 労使協定の項目】

項　目	説　明
①対象従業員の範囲	対象従業員を全員ではなく一定範囲に限定することは、時間単位の取得が「事業の正常な運営を妨げる場合」に限られます。例えば、生産工場のライン業務に従事する者についてライン稼働を正常に行うため対象外とできます。 しかし、「取得は育児に限る」など、休暇取得の目的や理由で対象者を限定することはできません。
②時間単位年休として与える日数	5日以内で年間の上限日数を定めます。前年度からの繰越分がある場合は、繰り越した日数も含めて年間5日が上限となります。
③時間単位年休1日の労働時間数	1日の年次有給休暇を時間に換算する場合、所定労働時間が基本ですが、所定労働時間に分単位の端数がある場合は1時間単位に切り上げて換算します。 例えば、1日の所定労働時間が7.5時間の場合は切り上げて8時間になり、8時間分の時間単位年休をとると有給休暇を1日消化したことになります。 なお、日によって所定労働時間が異なる場合は、1年間での1日あたりの平均所定労働時間数で定めます。 【所定労働時間に分単位がある場合の時間単位有給休暇の計算方法】 1日の所定労働時間 ＝ 7時間30分 | 1 | 1 | 1 | 1 | 1 | 1 | 1 | 0.5 | → 切上げが必要 時間単位年休に換算するときの1日の所定労働時間 ＝ 8時間 | 1 | 1 | 1 | 1 | 1 | 1 | 1 | 1 |
④時間単位年休の単位	時間単位年休を1時間以外の単位（2時間単位など）で取得させる場合にはその旨を定めます。

♣時間単位年休は従業員の権利か

従業員が時間単位年休制度の導入を要求してきた場合、会社にとって要求を真摯に検討することは必要でしょうが、必ず応じなければいけない義務はありません。

労基法では、会社が時間単位年休の制度を取り入れた場合に、従業員が時間単位年休の請求ができることを定めているのみで、従業員に対して時間単位年休の権利を付与したものではないからです。

また、労使合意があっても5日を超える時間単位年休の付与は、本来暦日で付与されるべき年次有給休暇の基準を下回っていると考えられることから違法と判断されるので注意が必要です。

Q30 連続して40日間の年次有給休暇を請求されたときは

Answer Point

♣長期にわたる連続した年次有給休暇取得が事業の正常な運営を妨げる場合は、会社は時季変更権を行使できます。

♣退職する従業員から年次有給休暇の取得を請求されたときは、退職後に休暇取得ができないため時季変更権の行使はできません。

♣年次有給休暇の時季変更権というのは

年次有給休暇は、従業員に休暇取得の日を指定して請求する権利があります（時季指定権）。

これに対して、休暇の取得が事業の正常な運営を妨げる場合は、会社が別の日に変更をさせることが認められています（時季変更権。労基法39条）。

このことから40日間もの長期にわたる連続した年次有給休暇の取得を認める必要はありません。

ただし、時季変更権が行使できる「事業の正常な運営を妨げる場合」とは、「事業の規模、社員が職場における配置、担当業務の内容・性質、作業の繁閑、代行者の配置の難易、時季を同じくして年休を請求する者の人数等、諸般の事情を考慮して合理的に決すべきもの（大阪地判昭33.4.10）」とされています。

このため、シフトの工夫により代替要員の確保ができたり、代替要員の確保難が恒常的な人手不足による場合は、時季変更権の行使はできません。

♣年次有給休暇の請求時期を定める

従業員が年次有給休暇の請求（時季指定）をする期限について法律上の定めはありませんが、急な請求には対応が困難なケースも多いでしょう。

勤務割の変更を踏まえて前々日までの請求を定めた就業規則の規定を有効とした裁判例（最一小判昭57.3.18）もあり、労使で話し合い、合理的な範囲で請求の期限を定めることによりトラブルの防止が期待できます。

なお、私傷病による当日の欠勤申請などについて、事後的に年休の取得と

して会社が独自に認めることは構いませんが、運用上のバラツキがないように規定をすることが望ましいといえます。

【図表56　年次有給休暇の請求時期の就業規則規定例】

就業規則第38条
　勤続年数に応じ、前年の所定労働日の8割以上を出勤した従業員に対して以下の表に掲げる年次有給休暇を付与する。

勤続年数	6か月	1年6か月	2年6か月	3年6か月	4年6か月	5年6か月	6年6か月以上
有給休暇日数	10日	11日	12日	14日	16日	18日	20日

※2、3、6項省略
4　従業員は年次有給休暇を取得しようとするときは、休暇日の1週間前までに所定の用紙にて請求するものとする。ただし会社は、事業の正常な運営を妨げると判断したときは、従業員の指定した時季を変更することがある。
5　3日以上連続の年次有給休暇を取得しようとするときは、休暇日予定日の2週間以上前に所属長に申し出て、休暇中の業務の引き継ぎや対応について相談を行い、休暇中の業務に支障がでないようにしなければならない。
7　従業員が急な事由により欠勤した場合には、会社がやむを得ない事由であると認めた場合に限り、欠勤日を年次有給休暇取得日に振り替えることができるものとする。

♣**退職する従業員の年次有給休暇請求に対する時季変更権行使は**

　退職する従業員から「退職する前に残りの年次有給休暇をすべて消化したい」と請求されることがあります。

　概ね1か月前の退職の申出が一般的な現状では、請求どおりに認めると、引継ぎに必要な実勤務日数の確保もままならなくなることで会社が対応に苦慮する事例が少なくありません。

　従業員からすると、退職後は年次有給休暇の取得ができなくなります。

　このため、会社が時期変更権を行使したことにより、退職日までに年次有給休暇を取得できなくなるときは、会社が引継ぎに必要な期間を実際に勤務させるため等を理由とした時季変更権は行使できません。

　ただし、退職日までに余裕があり、会社が時期変更権を行使しても、従業員が請求する年次有給休暇を退職日までに取得できるのであれば、時期変更権が行使できると考えられます。

　なお、こうした事態を避けるための方法はQ31を参照してください。

Q31 退職日までに年次有給休暇をすべて取得したいといわれたときは

Answer Point

♣退職する従業員からの年次有給休暇の請求に時季変更権の行使はできません。

♣このような事態を招かないために、日頃から対策を講じておくことが重要です。

♣ 退職する従業員からの年次有給休暇請求があったときは

　退職する従業員から「退職前に今まで消化できずに残っている年次有給休暇をまとめて消化したい」という請求をされて、会社があわてる事例がままあります。

　Q27でも述べたように、年次有給休暇の取得率の平均が5割に満たない現状では、勤続年数の長い従業員ほど大量の年次有給休暇が未消化のまま残っていることが考えられます。

　こうしたケースでは、たとえ一般的な就業規則の規定に則って会社が1か月前に退職の申出を受けたとしても、実際の退職日までは未消化の年次有給休暇を取得するだけで終わってしまうことから、会社が求める引継ぎに必要な実際の勤務日数すら確保できない事態がありえるのです。

　一方で、在職中は業務繁忙等を理由に年次有給休暇を取得できなかった従業員ほど、その後の転身準備等に必要な期間の確保を目的として、退職時くらいはまとまった休みが欲しいと思うのは自然な心理ともいえます。

　しかし、退職日までのほとんどを年次有給休暇の消化にあてて、引継ぎすら満足にしないまま退職をする従業員がいたのでは、業務に支障をきたし、退職者の業務をフォローする従業員への負荷が職場の雰囲気を悪化させる恐れがあります。

　また、退職時に未消化の年次有給休暇をすべて取得した従業員が発生すると、それ以降に退職する従業員も同じように年次有給休暇を取得しきってから退職していく傾向にあるようです。

　これでは、会社の正常な事業運営が保てなくなる恐れもあります。

　こうした事態に陥らないよう、会社は図表57のような対策を日頃から講じておくことが重要です。

【図表57　退職する従業員からの年次有給休暇請求対策】

項　目	説　明
①退職申出の期限を定めて周知しておく	従業員からの退職申出は、民法上は原則として２週間前の申出でよいことになっています（民法627条1項）。 　しかし、後任の手当や引継ぎ等を踏まえて１～３か月前といった申出期限を就業規則等に定めてあるのが一般的です。急な退職の申出による支障がないよう、手続方法を周知しておくことが大切です。 就業規則第52条 　従業員が自己の都合で退職する場合は、少なくとも１か月前までに退職願いを提出しなければならない。 ２　退職をする者は、退職の日まで従前の業務に従事するとともに、所属長の指示に従い、必要事項の引継ぎを完全に行わなければならない。この規定に違反した場合は、懲戒の対象とする。
②年休の計画的付与を活用する	労使協定を結ぶことにより、年休のうち５日を超える部分を計画的に付与することができます。これを「年休の計画的付与」といいます。 　事業所一斉、グループ別や個人別など、業務の都合に合わせてスケジュールを組み、夏季休暇や年末年始休暇などにあてることで消化率を上げることにより、退職時に過大な残日数が生じにくくなります。
③引継ぎを完了しない退職を退職金の減額事由に含める	退職金制度がある場合、退職時の引継ぎを完了せずに退職をした場合を退職金の減額事由に定めることで抑止的効果が期待できます。 　ただし、実際に減額が有効となるかは、業務への支障の程度と減額のバランスが合理的な範囲にあることが必要です。
④未消化分の年休を買い取る	相当程度の残日数がありながら退職日まで十分な期間がない場合など、引継期間を確保するために未消化となる有給休暇を買い取ることも検討できます（Q33参照）。 　有給休暇の買取額に法律上の定めはないので、会社と退職する従業員との間での話合いにより決定することになります。
⑤従業員教育を充実し、職場の連帯感を高めておく	そもそも退職時に十分な引継ぎを行い、後顧の憂いなく会社を退職することは社会人として最低限の常識です。 　また、職場に連帯感があれば、自分の引継ぎの不徹底でこれまで共に働いてきた仲間に迷惑はかけられないという気持ちが先に立つでしょう。 　従業員教育を充実し、また、職場のよい環境を維持発展させることが最大の予防策かもしれません。

② 年次有給休暇その他のトラブルの対処法は

Q32 年次有給休暇を取得したいので退職日をずらしたいといわれたときは

Answer Point

♣退職の意思表示を受けて退職日を確定する前に、年次有給休暇を消化できるように退職日を設定することは可能です。

♣すでに退職日が確定した従業員からの「やはり年休消化を完全にできるよう退職日を延ばしてほしい」という申出については、原則として応じる必要はありません。

♣退職日が確定する前の取扱いは

　従業員から書面または口頭で退職の意思表示を受けた場合、一般に会社が当初は慰留に努め、なお本人の意思が堅いことを確認してから、引継ぎ等を踏まえた退職日の確定をするでしょう。

　この際、互いに円満な退職とするために、引継ぎに必要な期間を従業員が実際に勤務したうえで、未消化の年次有給休暇を取得できるように退職日を設定することがあります。

　しかし、例えば未消化の年次有給休暇が40日もの残日数としてある場合、すべてを取得するにはおよそ2か月もの期間が必要になります。会社にとっては、期間中の給与や社会保険料の負担、在籍中の従業員が不祥事を起こした場合の社会的責任等に関するリスクがあります。

　また、従業員にとっても年次有給休暇を取得している期間が転職先への入社日を超える場合は、一時的な兼業状態が生じることによる雇用保険や社会保険の変則的な取扱いが必要になったり（重複して資格取得はできないので入社日と資格取得日にずれが生じることがあります）、転職先の会社の規定によっては兼業禁止義務違反や秘密漏えいへの懸念などが生じる可能性があります。

　こうした状況から、退職の事情によっては年次有給休暇のために退職日を先延ばしにするのではなく、残日数を買い取ることで代替措置とするなどケースに応じた対応が望まれます。

　買取額の設定については、法令等による規定はなく、労使間の合意によります。1日あたり5,000円や10,000円といった定額とすることも可能です

し、通常の賃金と同額とすることももちろん可能です。

　仮に通常の賃金と同額としても、会社にとっては単に退職日を先延ばしにすることと比較して支給額は変わらず、前述の給与や社会保険料の負担、管理上のリスクを回避することができます。

　また、年次有給休暇の買取り分を退職金として支給する場合には、従業員にとっても買取額は退職所得として税制上優遇されるうえ、雇用保険料の対象にもなりません。また、転職先が決まっている場合には、前述のような転職先における雇用・社会保険等の手続上の面倒もなく、スムーズに移行できるといったメリットがあります。

♣退職日が確定した後の取扱いは

　退職日が一旦確定している従業員から、事後的に年次有給休暇を取得するために退職日を延ばしたいといった希望が出たとしても、会社はそれに応じる義務はありません。

　年次有給休暇の残日数の完全取得を保障することや残日数の買取りについて、本来、会社は法的に何らの義務も負っていないためです。

　しかし、従業員の退職に際して、会社が年次有給休暇の残日数を完全取得できるように退職日を設定したり、消化しきれない残日数の買取りを恒常的に行っている場合は、労使慣行として一定の保護の対象と判断されることがあります。

　そもそも、退職日の設定については年次有給休暇の残日数のみで定めるべきものではありません。

　退職の意思表示をした従業員との雇用関係を無用に長く続けるよりも、退職が会社側、従業員側のいずれの都合によるものかを条件判断の軸として、業務に支障を生じない適切な範囲で収まるよう双方の合意を模索するのがよいでしょう。

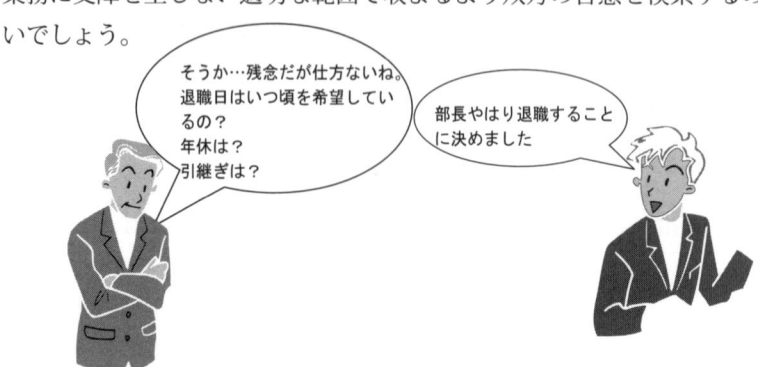

そうか…残念だが仕方ないね。
退職日はいつ頃を希望しているの？
年休は？
引継ぎは？

部長やはり退職することに決めました

Q33 退職する従業員から年次有給休暇の買取りを請求されたときは

Answer Point

♣年次有給休暇の買取りは本来禁止されています。
♣退職時の残日数を買い取ることは例外的に認められていますが、会社の義務ではありません。
♣年次有給休暇の買取りを恒常的に続けることは、労使慣行として一定の保護を受ける従業員の権利と判断される可能性があります。

♣年次有給休暇の買取りというのは

　年次有給休暇を事前に買い上げることを約束して付与する日数を減らしたり、請求された日数を与えないことは労基法違反になります（昭30.11.30基収4718号）。
　しかし、退職時や2年間の時効により権利が消滅した未消化の年次有給休暇を買い上げることについては、そのことが従業員の年次有給休暇取得への抑制効果をもたらさない限り違法性はないと解されています。

♣退職する従業員から未消化の年次有給休暇の買取りを請求されたときは

　退職する従業員から、未消化の年次有給休暇の買取りを請求されたとしても、会社が応じる義務はありません。
　設定された退職日までに未消化の年次有給休暇が残ったとしても単なる権利の消滅に過ぎないからです。
　ただし、退職日の設定にあたり、引継ぎのために必要な勤務日数を確保するうえで、本人の年次有給休暇の消化希望との兼ね合いで会社が残日数の買取りを提案することもあります。
　例えば、在職中に多忙等を背景として年次有給休暇取得が満足にできなかった従業員ほど、転職先が決まっている場合などに次の就職への準備等を兼ねて「辞めるときくらい年次有給休暇を消化したい」という強い思いを持っているものです。
　このような事例が生じたときは、会社が必要に応じて年次有給休暇の買取りの提案をすることも検討する余地があります。

【図表58　年次有給休暇の買取り】

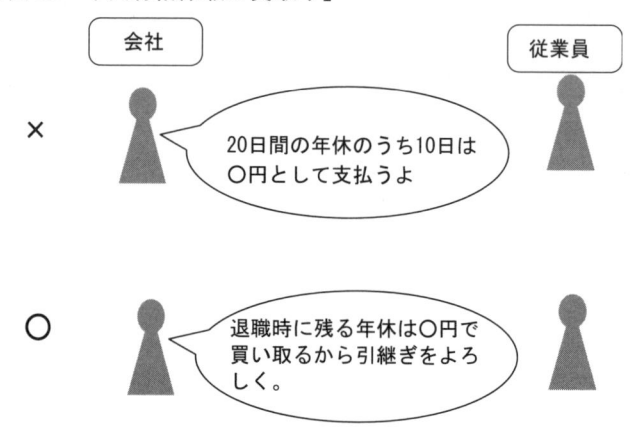

会社　　　　　　　　従業員

× 　　　20日間の年休のうち10日は〇円として支払うよ

〇 　　　退職時に残る年休は〇円で買い取るから引継ぎをよろしく。

♣年次有給休暇の買取りを制度として認められないためには

　前述のようにあくまで例外的な処置としてではなく、「退職する従業員から請求があれば年次有給休暇の残日数を買い取る」という従業員まかせの対応を会社が安易に続けていると、一種の労使慣行として判断されることがあります。

　そして、一旦労使慣行と判断されると、残日数の買取りについては従業員の権利である一定の保護を受けるべき会社の制度としてみなされることになります。

　こうした状態になると、会社の方針変更などにより年次有給休暇の残日数の買取りをやめることが不利益変更と判断され、従業員の同意なしに、会社が一方的に方針変更をすることが困難になることが考えられます。

　さらに、退職時の年次有給休暇の残日数の買取りが慣例となると、従業員にとっては、「たとえ、年次有給休暇を未消化のままためておいても、退職金として受け取ることができる」というインセンティブになり、在職中に「労働による疲労からの回復を図る」という本来の年次有給休暇の趣旨が徹底されずに消化率が低迷することも考えられます。

　年次有給休暇の買取りについては、自動的に行うのではなく、あくまで会社がイニシアチブを持って取り扱うことが大切といえます。

　ちなみに、法定の枠を超えて会社が独自に与えている有給休暇の買取りについては特に制限はありません。就業規則等で特段の定めがない限り、買取りについては会社の判断によるといえます。

Q34 夏休みを年次有給休暇取得とするのはおかしいといわれたときは

Answer Point

♣ 自社の夏休みや年末年始休暇が、「休日」と「休暇」のいずれかをまず確認しましょう。

♣ 「休暇」である場合、労使協定を結ぶことで「年次有給休暇の計画的付与」として取扱うことができます。

♣夏休みは「休日」それとも「休暇」

自社の夏休みが「休日」と「休暇」のいずれであるかを把握している経営者は案外少ないでしょう。

休日とは、「労働義務がない日」のことであり、就業規則や労働契約書に定めてあります。休日数が多いほど、年間の労働日数が減るため残業代等の基礎となる時間単価が高くなります。

休暇とは、「労働日のうち労働義務を免除された日」のことであり、法律で定められた休暇と会社独自の休暇に分かれます（Q28参照）。

♣「休暇」としての取扱いであれば夏休みは法定外の休暇

夏休みが休日であれば、もともと労働義務のない休日に休暇＝労働義務を免除することは理論上ありえません。そのため、夏休みを有給休暇の消化として取り扱うことはできません。しかし、休暇としての取扱いであれば、夏休みは法定外の休暇のため、その取扱いは会社の決定によります。よって、夏休みを年次有給休暇の計画的付与として扱い、年次有給休暇をあてることも可能です。計画的付与の実施には労使で協定を結ぶことが必要になります。

なお、夏休みを休日として扱っていたものを休暇に変更する場合は、労働条件の不利益変更にあたり、従業員の同意が必要になるので注意が必要です。

♣年次有給休暇の計画的付与の要件は

年次有給休暇の計画的付与とは、労働者の過半数を代表する者または過半数労働者を組織する労働組合との協定を結ぶことで実施できます。

この協定の締結により、年次有給休暇を与える時季をあらかじめ定めておき、計画的に消化することになります（労基法39条5項）。

ただし、従業員が個人的な使用をするための年次有給休暇も必要なので、年度ごとに5日までは計画的付与の対象外となり、5日を超える部分のみを計画的に付与できます。なお、労使協定で定めた休暇日については、たとえこれに反対する従業員であっても対象になります。

♣年次有給休暇の計画付与のタイプは

年次有給休暇の計画付与のタイプとしては、①事業場全体での一斉休暇、②班別などの交代制休暇、③計画表による個人別休暇などがありますが、②③の場合には取得漏れが起こらないよう十分な管理が必要です。

【図表59　年次有給休暇の計画的付与の労使協定の例】

年次有給休暇の計画的付与に関する労使協定書

〇〇〇株式会社と労働者代表××××とは、年次有給休暇の計画的付与に関し、以下のとおり協定する。

第1条（年次有給休暇の計画的付与）
　　会社は、この協定の定めるところにより、従業員の有する年次有給休暇のうち、各年度に付与する年次有給休暇のうち5日を超える日数の部分について、従業員に計画的に使用させることができる。
2　年次有給休暇の計画的付与は、全社一斉付与日と個人別付与日を設定する。
3　従業員は、年次有給休暇の計画的付与日に使用する年次有給休暇を、その他の日に振り替えて取得することはできない。
4　年次有給休暇の計画的付与日に、年次有給休暇を当該年度に付与されず、または年次有給休暇を有しない従業員に対し、会社は特別休暇を与えることがある。
第2条（年次有給休暇の計画的付与日）
　　本協定に基づき、年次有給休暇の計画的付与を行う時期は以下のとおりとする。
　①全社一斉付与日
　②個人別付与日　〇月から　〇月の間で　〇日間
　　※あらかじめ部署別に調製をした休暇取得計画表に基づき取得する。
第3条（本制度対象外の従業員の範囲）
　　以下の従業員に対しては、この協定の対象としない。
　①長期欠勤または休職中の者
　②産前産後休業中の者
　③育児休業または介護休業中の者
　④パートタイマーおよびアルバイト
　⑤その他対象外とすることが適当と認められる者
第4条（協議事項）
　　本協定に基づく年次有給休暇の計画的付与を実施するにあたり、運用上の疑義が生じた場合には、その都度会社と従業員代表とで対応を協議し、決定する。
第5条（協定の有効期間）
　　本協定の有効期間は、平成〇年〇月〇日より平成〇年〇月〇日までの1年間とし、会社、労働者代表に異議のない場合には、1年間延長し、以降についても同様とする。

平成〇年〇月〇日

　　　　　　　　　　　　　　使用者職氏名　〇〇〇株式会社
　　　　　　　　　　　　　　代表取締役　　△　△　△　△　　印
　　　　　　　　　　　　　　労働者代表　　×　×　×　×　　印

Q35 出向や転籍のときの年次有給休暇の取扱いは

Answer Point

♣出向（在籍出向）と転籍（移籍出向）は、労働関係が異なることから取扱いも違います。

♣在籍出向は、出向元と出向先での勤務を通算して年次有給休暇を算定します。

♣移籍出向は、在籍出向と異なり、出向元での雇用期間を継続して取り扱う必要はありません。

♣出向（在籍出向）時の年次有給休暇の取扱いは

　出向とは、出向元との雇用契約関係を維持しながら、出向先とも雇用契約を結んでその指揮命令のもとに働く、二重の労働関係を指します。

　出向中は、出向先で勤務をするので、従業員は年次有給休暇を出向先で取得することになります。

　この際、出向時の年次有給休暇の付与日数の基本となる勤続年数は、出向元と出向先での勤務期間を継続して取り扱うものとされています（昭63.3.14基発150号）。

　これにより、出向している従業員は不利益を被ることなく年次有給休暇を取得することができます。

　また、出向期間が終了し、出向元に復帰する際にも、出向元との労働関係は継続しているので、同様に年次有給休暇の取扱いも継続することになります。

♣転籍（移籍出向）時の年次有給休暇の取扱いは

　転籍とは、出向元との雇用契約関係を解消し、出向先との間に新たな雇用契約を結ぶことを指します。

　この場合は、一般の新規採用と同じ取扱いとなり、それまでの出向元における過去の勤務期間を継続して取り扱う必要はありません。

　もちろん、緊密な関係にあるグループ会社間等での転籍の場合など、年次有給休暇の取扱いについては、継続勤務とみなす特約を設けることは可能です。実際にグループ内の事業会社間で頻繁に転籍を行っている会社では、基

本的な労働条件を統一しておき、年次有給休暇を含めて従業員に不利益が生じないよう配慮をしていることが見られます。

♣出向から転籍への変更、企業再編時の取扱いは

出向していた従業員が、その後正式に出向先へ転籍をすることがあります。

この場合、出向元での年次有給休暇を出向先が継続勤務として引き継ぐ必要はありません。

ただし、転籍は本人の同意が原則であることから、実際には特別の取扱いをすることが考えられます。

また、企業再編として、合併や分割、営業譲渡など様々なケースがあります。

こうした場合、形式的には雇用契約に変更が生じているものの実質的な労働関係に変化はないとみられることから、継続勤務として取り扱うものと解されています。

【図表60　出向時と転籍時の有給休暇の取扱いの違い】

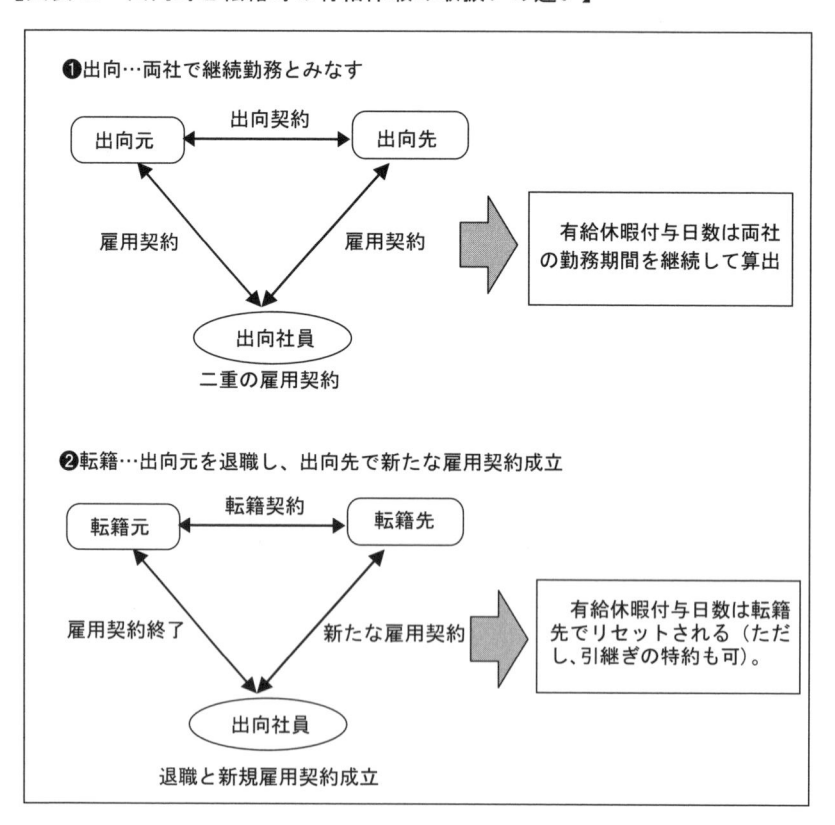

❶出向…両社で継続勤務とみなす

出向元 ←出向契約→ 出向先
雇用契約　雇用契約
出向社員
二重の雇用契約

⇒ 有給休暇付与日数は両社の勤務期間を継続して算出

❷転籍…出向元を退職し、出向先で新たな雇用契約成立

転籍元 ←転籍契約→ 転籍先
雇用契約終了　新たな雇用契約
出向社員
退職と新規雇用契約成立

⇒ 有給休暇付与日数は転籍先でリセットされる（ただし、引継ぎの特約も可）。

② 年次有給休暇その他のトラブルの対処法は

Q36 定年再雇用者から年次有給休暇の引継ぎを請求されたときは

Answer Point

♣ 定年後の再雇用については、雇用関係が継続しているものとみなして年次有給休暇を取り扱う必要があります。

♣ 定年退職時に未消化の残日数があれば引き続き繰り越し、また新たな年次有給休暇は定年前からの継続した勤務年数をもとに付与日数が決まります。

♣ 定年後の再雇用というのは

高齢者雇用安定法は、定年の下限を60歳に定めるとともに、①定年の引上げ、②継続雇用制度の導入、③定年の廃止のいずれかにより、65歳までの雇用確保制度を取り入れることを会社に義務づけています。

3つの方法のうち、多くの会社が継続雇用制度を取り入れており、具体的には再雇用制度として実施しています。

再雇用とは、定年により正社員としては退職の取扱いとなるものの、新たな労働条件のもとに雇用契約を結ぶことにより、ほぼ継続して勤務を続けるものです。

これにより、本人が希望し、労使で定める基準に合致する者は、60歳で定年を迎えた後も働き続けることができるようになりました。

♣ 再雇用時の年次有給休暇の取扱いは

再雇用の場合、定年退職を境に新たな条件のもとに雇用契約を結んで働きます。

多くの場合、待遇を含めた労働条件は大きく変わり、身分についても有期契約の嘱託社員等になるケースが多数を占めています。

しかし、たとえ労働条件や身分の変更はあっても、労働関係が実態として定年退職前から継続していることから、定年退職前に未消化の年次有給休暇の残日数があればそのまま引き継ぐことになります。

また、再雇用後に付与される新たな年次有給休暇も、定年退職前の勤続期間を通算した勤務年数をもとに付与されるべき日数が決められることになります。

【図表 61　身分変更に伴う年次有給休暇の引継ぎ】

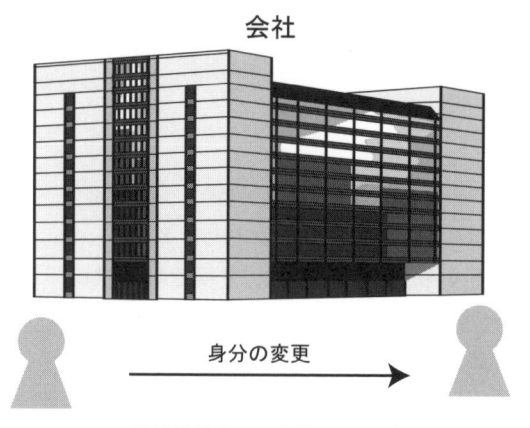

会社

身分の変更 →

継続勤務として年休は引継ぎ

　退職と再雇用の間に相当の期間がある場合は別ですが、年次有給休暇の引継ぎがされないほどの空白期間を設けることは、高齢者雇用安定法に定める継続雇用の取扱いをしていないものとみなされますので、こうしたケースはあまりありません。

　ちなみに、新たな年次有給休暇の付与日数については、新たに付与するときの所定労働時間数と日数により決定します。再雇用後が週30時間未満のパートタイム勤務であれば、比例付与の日数として構いません（Q24参照）。

♣パートから正社員への転換時の取扱いは

　定年退職者の再雇用のように期間の定めのない雇用から有期雇用に変更となる新たな雇用契約を結ぶことにより労働条件や身分が変わっても、年次有給休暇の取扱いにおいては継続勤務としてみることはわかりました。

　反対に、パートから正社員へ登用されるといった有期雇用から期間の定めのない雇用に変更となる場合も、基本的な考え方は定年退職者の再雇用時と同様です。

　年次有給休暇の取扱いに関しては、パートで勤務している期間から継続して勤務しているものとみなされ、パート勤務時に未消化の年次有給休暇があれば正社員への転換以降も引継ぐことになります。

　また、年次有給休暇の付与日数の算定にあたっては、付与すべき時期に正社員となっていれば、パート勤務時の所定労働日数が少なかったとしても法定どおりの通常の日数が付与されることになります。

Q37 結婚3年目の従業員から特別休暇の請求があったときは

Answer Point

♧ 特別休暇は、主に従業員に対する福利厚生措置の1つとして会社が独自に定める法定外の休暇です。

♧ どのような場合に休暇が取得できるか、有給か無給か、時効を定めるかなどの内容は会社が独自に定めることができます。

♧ 休暇は、就業規則の絶対的必要記載事項の1つであり、定めた内容は就業規則に明示して、従業員に周知しなければなりません。

♣ 結婚3年目の従業員から結婚休暇を請求されたときは

あなたの会社では、結婚後3年たった従業員から結婚休暇を請求された場合にどのような取扱いをするでしょうか。

多くの会社では、いまさら3年も前の結婚の休暇を請求されても困るという対応になるでしょう。

しかし、「結婚当時に請求をしたが、業務が立て込んでいるからという理由で延期されて、そのままになっていた」といった特別の事情があると判断が難しくなります。

慶弔休暇のように会社独自の特別休暇制度を設けている会社は非常に多くあります。

従業員にとってはうれしいことですが、取得事由と日数は決まっていても、休暇取得時の給与支払いの有無や方法、時効などについての定めが不明瞭になっていることが少なくありません。

そのため、上記のように会社が従業員のためを思って導入した特別休暇制度が思わぬトラブルにつながる可能性があるのです。

♣ 休暇は従業員の関心が高い労働条件は

休暇は、従業員の関心が高い労働条件の1つです。それだけに従業員がその内容をきちんと理解できるよう具体的な取り決めが必要です。

会社独自の制度が社員のためにきちんと運用されるよう図表62のポイントをきちんと定めておきましょう。☞就業規則第44条参照。

【図表62　特別休暇の運用ポイント】

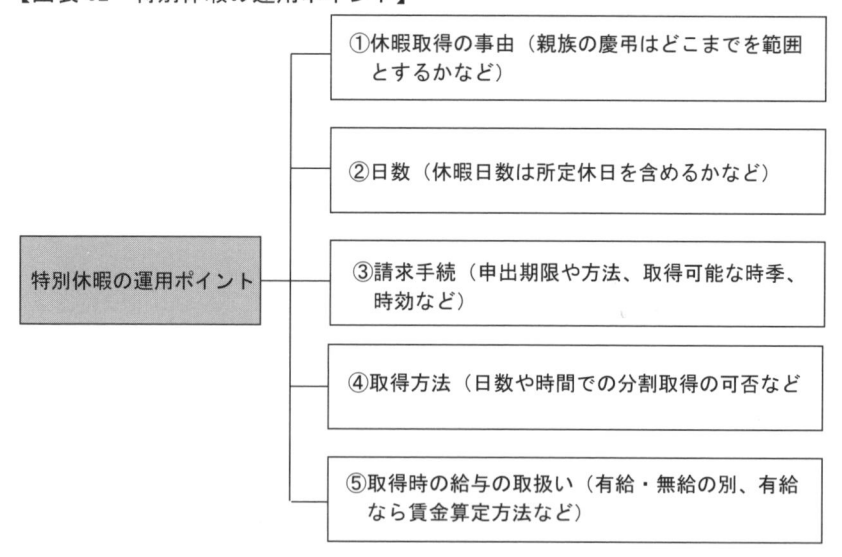

特別休暇の運用ポイント
- ①休暇取得の事由（親族の慶弔はどこまでを範囲とするかなど）
- ②日数（休暇日数は所定休日を含めるかなど）
- ③請求手続（申出期限や方法、取得可能な時季、時効など）
- ④取得方法（日数や時間での分割取得の可否など）
- ⑤取得時の給与の取扱い（有給・無給の別、有給なら賃金算定方法など）

♣特別休暇を単なるコストとしてとらえるのは古い

「年次有給休暇を始めとして、産前産後休業、育児・介護休業、子の看護休暇、介護休暇などなど法律で決められた様々な休暇があるのに、これ以上会社独自で休暇を取りそろえてもムダなコストだ」ととらえる経営者の方もいるでしょう。

それでは、実際に休暇の取得率はどうでしょうか。

例えば、年次有給休暇の取得率は企業規模を問わず50％に満たない状況であり、男性の育児休業にいたってはわずか2％程度にとどまっています。

これらの原因は様々ですが、総じていえば「職場の雰囲気や業務の状況など、休暇を取りにくい環境」が共通にあげられます。

自社の従業員のニーズを見極めて、それに合うような休暇制度を設けることは、既存の従業員に対してだけでなく、今後入社してくる将来の従業員に対するアピールになります。

気になるコストについても、例えば取得率が低い年次有給休暇を堂々とまとめて請求できる機会を特別休暇として設けることであれば追加費用も発生しません。また、Q31で述べたような退職時に過大な未消化の年次有給休暇を抱えることによるリスクへの対策にもなります。

こうした工夫を通して、従業員の士気を高め、優秀な従業員の採用や定着につなげることは、これからの時代に重要な人事戦略の1つといえます。

Q38 近隣でインフルエンザが流行したときの対応は

Answer Point

♣労働者が新型インフルエンザに感染したため休業させる場合は、賃金の支払いは不要です。
♣労働者に発熱などの症状があるため休業させる場合は、その状況によっては休業手当の支払いが必要になります。
♣感染者の近くで仕事をしていた労働者や同居する家族が感染した労働者を休業させる場合も原則として休業手当の支払いが必要です。

♣インフルエンザ感染についての厚生労働省の見解は

　従業員本人がインフルエンザに感染した場合の取扱いについて、厚生労働省では、休業した場合の賃金や労基法26条の休業手当の必要性は個別事案ごとに諸事情を総合的に勘案すべきものとしています。

♣労働者が新型インフルエンザに感染したため休業させるときは

　新型インフルエンザに感染しており、医師等の指導により労働者が休業する場合は、一般的には「使用者の責に帰すべき事由による休業」に該当しないと考えられますので、休業手当を支払う必要はありません。
　しかし、医師による指導等の範囲を超えて（外出自粛期間経過後など）休業させる場合は、一般的に「使用者の責に帰すべき事由による休業」にあたり、休業手当を支払う必要があります。

♣労働者に発熱などの症状があるため休業させるときは

　新型インフルエンザかどうかわからない時点で、発熱などの症状があるため労働者が自主的に休む場合は、通常の病欠と同様に取り扱えば足ります。
　また、本人から年次有給休暇を申請して休暇を取得する場合はその活用等が考えられます。
　一方、例えば熱が37度以上あることなど一定の症状があることのみをもって一律に労働者を休ませる措置をとる場合のように、使用者の自主的な判断で休業させる場合は、一般的には「使用者の責に帰すべき事由による休業」

にあたり、休業手当を支払う必要があります。

♣周辺で感染者が発生した労働者を休業させるときは
　感染者の近くで仕事をしていた労働者などの濃厚接触者でも、インフルエンザの症状がない場合は職務の継続が可能です。
　職務の継続が可能である労働者について、予防や感染の可能性があるからといって使用者の自主的判断で休業させる場合には、一般的に「使用者の責に帰すべき事由による休業」にあたり、休業手当を支払う必要があります。
　なお、大規模な集団感染が疑われるケースなどで保健所等の指導により休業させる場合については、一般的には「使用者の責に帰すべき事由による休業」には該当しないと考えられますので、休業手当を支払う必要はありません。

♣使用者の責に帰すべき事由による休業に該当するケースは
　休業手当を支払う必要がないとされるいずれのケースでも、自宅勤務などの方法により労働者を業務に従事させることが可能であり、これを十分検討する等休業の回避について通常使用者として行うべき最善の努力を尽くしていないと判断される場合には、「使用者の責に帰すべき事由による休業」に該当します。
　この場合は、休業手当の支払いが必要になりますので注意が必要です。

♣安衛法による就業禁止は
　安衛法では、病者の就業禁止を規定しています。
　「事業者は、伝染性の疾病その他の疾病で、厚生労働省令で定めるものにかかつた労働者については、厚生労働省令で定めるところにより、その就業を禁止しなければならない」（安衛法68条）。
　厚生労働省省令で定めるものとは、次の3つをいいます。
(1)　病毒伝ぱのおそれのある伝染性の疾病にかかった者
(2)　心臓、腎臓、肺等の疾病で労働のため病勢が著しく増悪するおそれのあるものにかかった者
(3)　前各号に準ずる疾病で厚生労働大臣が定めるものにかかつた者
　ただし、第1号に掲げる者について伝染予防の措置をした場合は、この限りでない（安衛則61条）。
　これは労働者が安全と健康を確保するためのものです。

Q39 自宅待機の従業員から賃金を請求されたときは

Answer Point

♧ 就業規則上の懲戒処分を下すまでの調査期間としての自宅待機は、原則として賃金の支払いが必要です。

♧ 懲戒処分としての出勤停止は、就業規則上の根拠があれば賃金を支払う必要はありません。

♧ 新卒者や中途採用者を会社の都合により入社日から自宅待機させるときは、休業手当の支払いが必要です。

♣懲戒処分を下すまでの調査期間としての自宅待機

就業規則上の懲戒処分を下すまでの調査期間に自宅待機をさせるときは、休業手当を支払う必要があるのでしょうか。

この自宅待機命令は、使用者の都合（使用者の責に帰すべき事由）で発せられるものである以上、原則として賃金を支払う必要があります。

賃金支払いが不要といえる自宅待機とは、当該労働者を就労させないことにつき、不正行為の再発、証拠いん滅のおそれなどの緊急かつ合理的な理由が存する程度の理由が必要であるとされています（名古屋地判平 3.7.22）。

自宅待機の場合は、懲戒処分までの調査期間といえども使用者の責に帰すべき事由にあたると考えられます。

また、自宅待機自体が業務命令にあたり、必要に応じていつでも出社できる状態で待機させていることになりますので、賃金支払義務が発生します。

なお、この場合の賃金の支払いは休業手当の支払いで足ります。

♣懲戒処分としての出勤停止は

懲戒処分としての出勤停止は、就業規則の制裁事項に出勤停止があり、その期間について賃金を支払わないものとされていれば、それは懲戒処分としての扱いですから、出勤停止期間について賃金を支払わないことに特段の問題はありません。

もちろん、出勤停止に相当する程度の企業秩序違反にあたる行為に対しての処分である必要はいうまでもありません。

また、懲戒処分の疑いがある従業員を自宅待機させ、結果的にその事実が

あったのであれば、自宅待機自体が出勤停止の懲戒処分であったとも考えることができます。

ただし、この従業員を同じ事案でさらにほかの懲戒処分に処することは、二重処分の疑いがありますので注意が必要です。

【図表63　出勤停止の就業規則規定例】

> 就業規則第61条
> 　この就業規則および関連する諸規程の禁止・制限事項に抵触する従業員は以下のいずれかの懲戒を行う。
> 　(3)出勤停止　始末書を取り15日を限度として出勤の停止を命じ、その期間の賃金は支払わない。

♣入社日から会社の都合により自宅待機（休業させる）ときは

会社の都合により新卒者、中途入社者について入社予定日から自宅待機させるときはどうでしょうか。

採用内定は、一般的には入社時期を就労の始期として約束し、一定の事由による解約権を留保した労働契約が成立したものとされています（最二小判昭54.7.20）（Q60参照）。

労働契約がすでに成立している以上、入社予定日から自宅待機させる場合は、労基法26条の休業手当の支払いが必要となります。

このときの休業手当を支払う平均賃金の算定事由発生日は、自宅待機の開始日つまり入社日が算定事由発生日になります。

算定事由発生日の前に賃金がありませんので、このときの平均賃金は都道府県労働局長が定めます。

通達では、「雇入れの日に平均賃金を算定すべき事由が発生した場合には、当該労働者に対し一定額の賃金があらかじめ定められている場合には、その額により推定し、定められていない場合にはその日に、当該事業場において同一の業務に従事した労働者の1人平均の賃金額より推計すること」となっています（昭22.9.13基発17号）。

実際に東日本大震災による影響で、入社日から自宅待機をさた企業もあります。

このような場合、上記通達に従い休業手当の支払いを行うことになるわけですが、平均賃金の算定にあたっては入社前にあらかじめ定められていた賃金の6割を休業手当として一定期間支払い、自宅待機をさせているケースがあります。

Q40 従業員がセクハラを訴えてきたときは

Answer Point

♣職場におけるセクシャルハラスメントについては、2つの形態があり、それらは均等法で定められています。

♣セクシャルハラスメントに対する会社の使用者責任を認めて、損害賠償請求の対象とした例もあります。

♣セクシャルハラスメントというのは

職場におけるセクシャルハラスメント（セクハラ）について、均等法では次の2つの行為をセクハラと定義しています。

(1) 職場において行われる性的な言動に対する労働者の対応により、労働条件について不利益を受けること
(2) 職場において行われる性的な言動により、労働者の就業環境が害されること

♣性的な言動というのは

性的な言動とは、性的な内容の発言や性的な行動を指します。

【図表64　性的な内容の言動】

項　目	説　明
①性的な内容の発言	性的な事実関係を尋ねること、意図的に性的な内容の情報（噂）を流布すること、性的な冗談やからかい、食事やデートへの執拗な誘い、個人的な性的体験談を話すことなど。
②性的な行動	性的な関係を強要すること、身体へ必要なく接触すること、わいせつ図画（ヌードポスター等）の配布・掲示することのほか、強制わいせつ行為、強姦など。
③性的な言動の行為者	事業主、上司、同僚に限らず、取引先、顧客、患者や学校における生徒等もセクハラの行為者になり得るものである。 また、異性に対するものだけではなく、女性従業員が女性従業員に対して行う場合や、男性従業員が男性従業員に対して行う場合についても含まれる。

♣ セクシャルハラスメントで争われた裁判例は

セクハラに該当するか否かの一般的な判断基準は、言動の内容・回数・性格・意識・場所・抗議後の対応と態様、相互の職場での地位等の総合的相関関係で決まります。

判例では「職場において、男性の上司が部下の女性に対し、その地位を利用して、女性の意に反する性的言動に出た場合、これがすべて違法と評価されるのではなく、その行為、態様、行為者である男性の職務上の地位、年齢、婚姻有無、両者のそれまでの関係、当該言動の行われた場所、その言動の反復・継続性、被害女性の対応等を総合的にみて、社会的見地から不相当とされる程度のものである場合には、性的自由ないし性的自己決定権等の人格権を侵害するものとして違法となる」(名古屋高金沢支判平8.10.30)としています。

♣ セクシャルハラスメントが認定された場合の使用者責任は

セクハラを放置すると使用者に賠償責任が課せられることもあります。

例えば、セクハラ被害者が再三にわたり使用者に改善要求していたにもかかわらず、適切な対応を怠ったため被害が継続していると判断され、使用者責任に基づく損害賠償請求を認めた例もあります。

【図表65　セクハラによる使用者責任を認めた判例】

> 再三の訴えにも関わらず、事実の確定が困難として、性的嫌がらせおよびいじめに対する直接的な特段の改善措置を取らず業務全体の改善により対応しようとした結果、いじめ行為を放置することとなったものであり、X男の選任・監督について相当の注意をしたとまでは認められない。（神戸地判平9.7.29）

♣ 厚生労働省による事業主が雇用管理上講ずべき指針の内容は

職場におけるセクハラを防止するために、事業主が雇用管理上講ずべき措置として、厚生労働大臣の指針により図表66の9つの措置項目が定められています（平成18年厚生労働省告示第615号より抜粋）。

♣ セクシャルハラスメントにかかわる事業主方針の明確化

セクハラに対する雇用管理上講ずべき必要な措置として、事業主の方針の明確化およびその周知・啓発が定められています。

方針を定め、労働者に周知・啓発していると認められる例としては、次の(1)から(3)のようになります。

【図表 66　事業主が雇用管理上講ずべき措置】

項　目	9つの措置項目
❶事業主の方針の明確化とその周知・啓発	①職場におけるセクシュアルハラスメントの内容・セクシュアルハラスメントがあってはならない旨の方針を明確化し、管理・監督者を含む労働者に周知・啓発すること。
	②セクシュアルハラスメントの行為者については、厳正に対処する旨の方針・対処の内容を就業規則等の文書に規定し、管理・監督者を含む労働者に周知・啓発すること。→就業規則第19条参照
❷相談（苦情を含む）に応じ、適切に対応するために必要な体制の整備	③相談窓口をあらかじめ定めること。
	④相談窓口担当者が、内容や状況に応じ適切に対応できるようにすること。また、広く相談に対応すること。
❸職場におけるセクシュアルハラスメントに係る事後の迅速かつ適切な対応	⑤事実関係を迅速かつ正確に確認すること。
	⑥事実確認ができた場合は、行為者及び被害者に対する措置を適正に行うこと。
	⑦再発防止に向けた措置を講ずること。（事実が確認できなかった場合も同様）
❺❶から❸までの措置と併せて講ずべき措置	⑧相談者・行為者等のプライバシーを保護するために必要な措置を講じ、周知すること。
	⑨相談したこと、事実関係の確認に協力したこと等を理由として不利益な取扱いを行ってはならない旨を定め、労働者に周知・啓発すること。

(1)　就業規則その他の職場における服務規律等を定めた文書において、あってはならない旨の方針を規定し、内容と併せ、労働者に周知・啓発すること。
(2)　社内報、パンフレット、社内ホームページ等広報・啓発のための資料等に内容およびあってはならない旨の方針を記載し、配布等すること。
(3)　内容およびあってはならない旨の方針を労働者に対して周知・啓発するための研修、講習等を実施すること。

Q41 うつ病の従業員が労災だと訴えてきたときは

Answer Point

♧精神障害の労災認定件数は毎年増加しています。
♧うつ病など精神障害が労災として認定されるためには、労働者への業務上の負荷がどの程度あった（業務起因性）のかを判断します。

♣**精神障害の労災認定件数は**

近年は、業務に起因する心理的負荷が原因で精神障害になったとして労災申請を行うケースが増えています。

図表67の数値は、平成年17度の請求件数656件、支給決定数127件と比較して倍増しています（厚生労働省「平成21年度における脳・心臓疾患及び精神障害等に係る労災補償状況について」）。

【図表67　平成21年度精神障害等事案の労災申請の状況】

①請求件数	1136件で、前年度に比べ209件（22.5％）増加。
②支給決定件数	234件であり、前年度に比べ35件（13.0％）減少。
③年齢別	請求件数、支給決定件数ともに30～39歳が最多。

♣**精神障害の労災の認定は**

精神障害の発病は、業務上の心理的負荷や業務外の心理的負荷、精神障害の既往病歴等の個体側要因などが複雑に関係して発病するといわれています。

業務上の心理的負荷とは、事故や災害の体験、仕事上の失敗、過重な責任の発生、仕事の量・質の変化などをいいます。

労災申請に際しては、業務外の心理的負荷、個体側要因も含め、それらどの要因によって発病したといえるのかを調査します。

♣**精神障害の業務起因性の判断基準は**

労災として認められるためには、業務上の疾病として認定される必要があります。精神障害の業務起因性の判断基準は、図表68のすべてを満たすこ

とが要件となります(平成 11 年 9 月 15 日 労働省労働基準局補償課職業病認定対策室心理的負荷による精神障害等に係る業務上外の判断指針について)。

【図表 68　精神障害の業務起因性の判断基準】

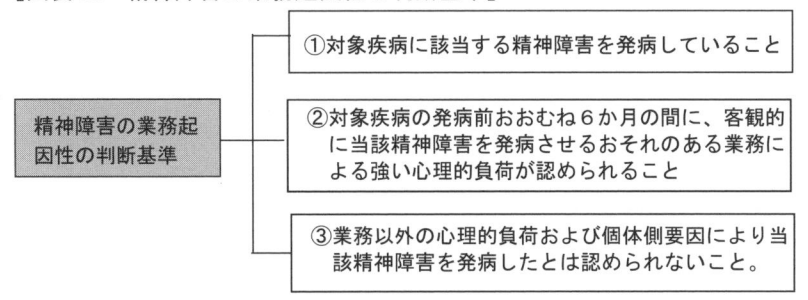

精神障害の業務起因性の判断基準
- ①対象疾病に該当する精神障害を発病していること
- ②対象疾病の発病前おおむね 6 か月の間に、客観的に当該精神障害を発病させるおそれのある業務による強い心理的負荷が認められること
- ③業務以外の心理的負荷および個体側要因により当該精神障害を発病したとは認められないこと。

【図表 69　脳・心臓疾患の業務心因性の判断のフローチャート】

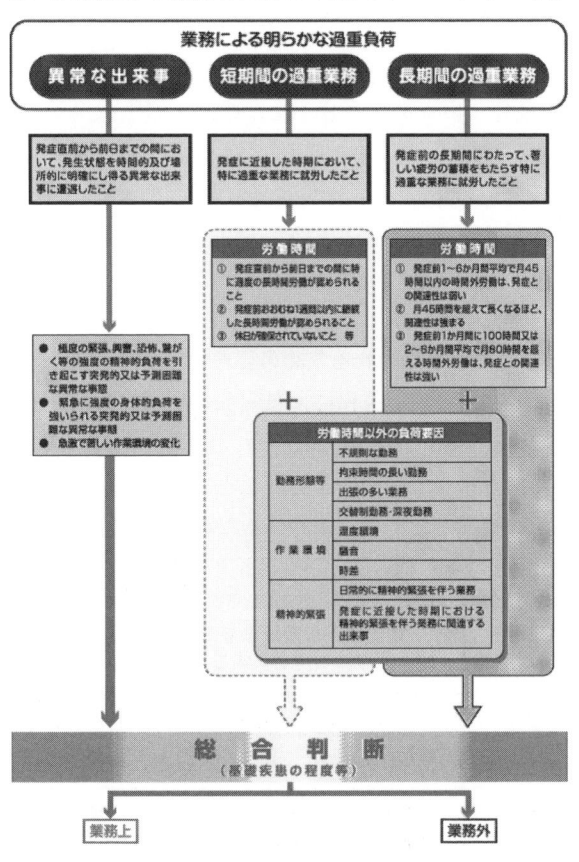

業務による明らかな過重負荷

異常な出来事
発症直前から前日までの間において、発生状態を時間的及び場所的に明確にし得る異常な出来事に遭遇したこと

- ● 極度の緊張、興奮、恐怖、驚がく等の強度の精神的負荷を引き起こす突発的又は予測困難な異常な事態
- ● 緊急に強度の身体的負荷を強いられる突発的又は予測困難な異常な事態
- ● 急激で著しい作業環境の変化

短期間の過重業務
発症に近接した時期において、特に過重な業務に就労したこと

労働時間
① 発症直前から前日までの間に特に過度の長時間労働が認められること
② 発症前おおむね 1 週間以内に継続した長時間労働が認められること
③ 休日が確保されていないこと　等

長期間の過重業務
発症前の長期間にわたって、著しい疲労の蓄積をもたらす特に過重な業務に就労したこと

労働時間
① 発症前 1〜6 か月間平均で月 45 時間以内の時間外労働は、発症との関連性は弱い
② 月 45 時間を超えて長くなるほど、関連性は強まる
③ 発症前 1 か月間に 100 時間又は 2〜6 か月間平均で月 80 時間を超える時間外労働は、発症との関連性は強い

労働時間以外の負荷要因
勤務形態等	不規則な勤務
	拘束時間の長い勤務
	出張の多い業務
	交替制勤務・深夜勤務
作業環境	温度環境
	騒音
	時差
精神的緊張	日常的に精神的緊張を伴う業務
	発症に近接した時期における精神的緊張を伴う業務に関連する出来事

総合判断
(基礎疾患の程度等)

→ 業務上　／　業務外

(出所:厚生労働省「脳・心臓疾患の労災認定」より)

Q42　遺族が過労死だと訴えてきたときは

Answer Point

♧ 業務による過重負担が明らかな脳・心臓疾患で一定の基準を満たしている場合には、過労死として労災認定されます。

♧ 業務起因性が認められる場合には、使用者が安全配慮義務違反として損害賠償責任を負うこともあります。

♣脳・心臓疾患と過労死について

　脳・心臓疾患による死亡についてはこれまで加齢や食生活、生活環境によるもの、あるいは遺伝によるものとして扱われてきました。

　しかし、電通事件（東京地判平8.3.28）を機に厚生労働省も過労死の労災認定基準を定め、以後申請件数、認定件数が急激に増加するようになりました。

　仕事が原因で発症して死に至る場合を「過労死」と呼ぶようになり、社会的な問題として取り上げられるようになっています。

♣業務上の疾病として取り扱われるための要件は

　労災としての認定要件は、「業務による明らかな過重負荷を受けたことにより発症した脳・心臓疾患は、業務上の疾病」として取り扱うとしています。

　そのために図表70の3つの要件を定めています。

【図表70　業務上の疾病として取り扱われるための要件】

要件項目	説明
①異常な出来事	発症直前から前日までの間において、発生状態を時間的に明確にし得る異常な出来事に遭遇したこと
②短期間の過重業務	発症に近隣した時期において、特に過重な業務に就労したこと
③長期間の過重業務	発症前の長期間にわたって著しい疲労の蓄積をもたらす特に過重な業務に就労したこと

♣ 脳・心臓疾患が過労死と認定されたときの使用者責任は

　脳・心臓疾患の死亡や自殺が労災と認定された場合は、事業主が安全配慮義務違反を問われる可能性もあります。

　労働者の死亡や自殺が予見可能であったとされる場合、使用者が安全配慮義務を果たしていないと判断され、安全配慮義務違反による損害賠償の責任が及びます。

　判例でも、「ソフトウェア開発の業務に従事していた労働者が、脳幹部出血により死亡した事件で遺族が会社に対し、原因は過重な業務に従事したことによる過労死であり、同社には安全配慮義務を尽くさなかった債務不履行がある」として損害賠償を求め、3,200万円の損害賠償責任を認めています（最判平12.10.13）。

♣ 過労死を防止するためには

　労働者の遺族から過労死であったと訴えられ、損害賠償責任が会社に認められた場合、賠償額は会社経営を揺るがす莫大な金額になりかねません。

　事業主として労働者の過労死や障害を防ぐためには、労働者の安全配慮を確保する必要があります。

　安全配慮義務とは「労働者が労務提供のために設置する場所、設備、若しくは器具等を使用しまたは使用者の指示のもと労務を提供する過程において、労働者の生命および身体等を危険から保護するよう配慮すべき義務」（川義事件最 昭59.4.10）とされています。

　また契約法では、使用者は労働契約に伴い、労働者が生命、身体等の安全を確保しつつ労働することができるよう、必要な配慮をするものとする（契約法5条）として、労働者への安全配慮を義務づけています。

　過労死等の防止のためには、安衛法に規定されている定期健康診断の実施から始まり診断の結果、異常の所見がある者については、健康診断の結果についての医師等からの意見聴取、労働時間の短縮、深夜業の回数の減少等その他必要に応じ就業規則場所の変更、作業の転換、保健指導を受けさせることは法令に基づく最低限の義務です。

　安衛法は最低限の義務ですので、安全配慮義務を履行するためには、危険を予知しかつその結果を回避するために安全対策を講じる必要があります。

　特に長時間労働については、会社全体で時間外労働の削減などの取組みが必要となるでしょう。

Q43　退職と解雇の違いは

Answer Point

♣ 退職と解雇は、どちらも雇用契約が終了しますが、その意味は大きく違います。
♣ 退職は、大きく分けて２種類、解雇は３種類あります。
♣ 解雇は、一定の制約があり、慎重に行う必要があります。

♣ 退職と解雇の違いは

　会社と従業員の間には、労働することを内容とする契約（労働契約）が存在しています。この労働契約は退職や解雇によって終了します。

　退職であっても解雇であっても、労働契約が終了することに変わりはないのですが、この２つは大きく違います。従業員の自発的な意思による自己都合退職や定年退職などの場合は、トラブルになることはあまりないでしょう。

　しかし、解雇は会社が一方的に契約を解除することですので、従業員は突然生活の基盤である収入が途絶えてしまいます。

　このため、解雇の有効性をめぐってトラブルになるケースが増えています。

♣ 民法の規定をみると

　そもそも民法の規定によれば、会社でも従業員でも任意に労働契約を終了させることができます。つまり、従業員に退職の自由があるように、会社側にも解雇の自由が存在するのです（図表71）。

【図表71　民法の規定】

> 民法626条
> 　雇用の期間が５年を超え、または雇用が当事者の一方もしくは第三者の終身の間継続すべきときは、当事者の一方は、５年を経過した後、いつでも契約の解除をすることができる。
>
> 民法627条
> 　当事者が雇用の期間を定めなかったときは、各当事者は、いつでも解約の申入れをすることができる。
>
> 民法628条
> 　当事者が雇用の期間を定めた場合であっても、やむを得ない事由があるときは、各当事者は直ちに契約の解除をすることができる。

しかし、日本のように終身雇用制度を前提としてきた社会では、会社側の解雇権を一方的に認めてしまうと、退職後の人生に大きな影響を与えてしまいます。

そのため、会社の解雇権は契約法やこれまでの判例により、一定の制約を受けるものと考えられてきました。

つまり、事実上、「退職は自由、解雇は不自由」になっています。

♣退職の種類は

ひとくちに退職といっても、図表72のとおり、定年や死亡などの「自然退職」と、従業員の自発的な契約の解除となる「任意退職」に分かれます。

【図表72　退職の種類】

区　分	例
❶自然退職	①定年に達したことによる退職 ②契約期間の満了による退職 ③休職期間が満了しても復職できないことによる退職 ④従業員から役員に就任したことによる退職 ⑤死亡による退職
❷任意退職	①転職などを目的とした従業員の自発的な意思による退職 ②希望退職の募集や退職勧奨に応じた場合の退職

ただし、「❶②契約期間の満了による退職」は契約状況によっては事実上解雇と見なされる場合があります（Q51参照）。

また、「❶③休職期間の満了による退職」は、会社によっては自然退職ではなく、解雇に規定しているケースがあります。

解雇に規定している場合は、解雇予告等の制約がでてきます（Q52参照）。

なお、「❷②退職勧奨に応じた場合の退職」は事実上、解雇のようですが、最終的に従業員の同意を得て雇用契約を終了させますので、「任意退職」の区分に入ります。

ただし、雇用保険上の取扱いは希望退職の募集のときも含めて、解雇と同じ「会社都合」となります（Q45参照）。

♣解雇の種類は

解雇には、①従業員側にその主たる原因がある場合、②会社側にその原因がある解雇があり、一般的には図表73の3つに分類できます。

【図表73　解雇の種類】

種類	解雇の原因	説　明
①普通解雇	どちらでもない	天災などで事業が継続できなくなった場合
	従業員側	傷病などにより業務にたえられない場合
		勤務成績や能力が著しく不良な場合
②懲戒解雇	従業員側	重大な規律違反をしたことによる解雇
③整理解雇	会社側	経営の悪化による人員整理を目的とする解雇

♣解雇の要件は

労働契約を会社が一方的に解除する「解雇」については、会社の解雇の自由を認めつつも、図表74のような制約があります。

【図表74　解雇の要件】

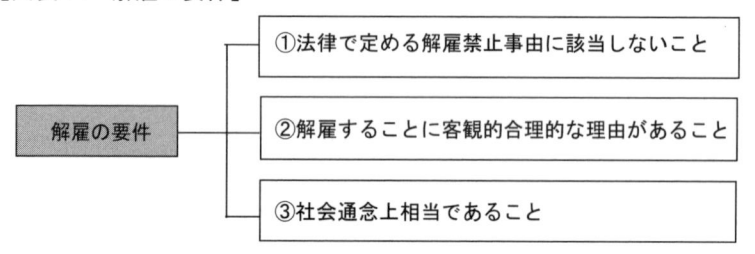

解雇の要件
- ①法律で定める解雇禁止事由に該当しないこと
- ②解雇することに客観的合理的な理由があること
- ③社会通念上相当であること

これらは、これまで最高裁判決で確立されていた「解雇権濫用法理」が平成20年に契約法16条として明文化されました。

これらの要件を満たさない解雇は、権利を濫用したものとして無効になります。また、解雇をする場合は、前提条件として、就業規則や雇用契約にあらかじめ要件を定めておき、その事由に該当しなければなりません。解雇事由は「限定列挙」と考えられていますので、該当しないケースでは解雇無効と判断されます（Q47参照）。

近年では、解雇された従業員が有効性を争うケースが多く見られ、判例では解雇が認められるためのハードルは極めて高くなっています。

解雇無効となると、判決までの間の賃金保証をして、復職させることが原則となります。会社が復職を望まないのであれば、あらためて合意退職をしてもらうための解決金を支払うことになります。このほかにも、弁護士費用などが必要ですので、会社が負担すべき金額はケタ違いになります。また、解決までの時間や労力の負担も非常に大きなものです。このため、解雇は最終手段とし、実施する場合も慎重を期して行うことが求められます。

Q44 自分で辞めたはずの退職者が解雇だといいだしたときは

Answer Point

♧退職の意思確認は口頭で済ませず、退職届を受け取りましょう。

♧受け取れないときは、メールや離職証明書で確認しておきましょう。

♣自分で退職したはずなのに

自分から退職したはずの従業員が、退職後に実は解雇だといって労基署に訴え出ることがあります。

会社はまったく解雇したり、辞めるようにすすめた覚えはないにもかかわらずです。

これは、退職届を提出させずに口頭で済ませたことによって起こります。

♣退職届を受け取っていないときは

退職届は、本人が退職をしたという最大の証明書です。

これがなければ、たとえ本人の言っていることが言いがかりに近くとも、自己都合退職を証明するのは困難になります。

特に上司が「辞めてもいいんだよ」などと軽い気持ちで口にしていれば、解雇通告と受け止められる可能性もあります。どんなにそのような意思がなかったとしてもです。

本人がこれを盾にとった場合、会社がその言葉は発していない、あるいは解雇通知ではなく、本人の将来を見据えた助言の範囲だと証明するのは時間も労力も必要になります。

退職届があれば、本人の意思表示は明白です。可能性があるとすれば、「無理やり書かされた」と訴えることですが、強制されたことを退職者が証明するのは困難です。少なくとも、退職勧奨と判断されても、解雇とされることはないでしょう。

♣退職届を提出しないときは

もし、退職届をどうしても提出しない場合は、メールや雇用保険の離職証

明書で本人の意思を残しておきます。

　メールならば、例えば、「〇月×日付自己都合退職でいいですね？」などと送信し、本人から「結構です」などの返事を受け取っていれば、これは退職の意思確認ができたことになります。

　また、雇用保険の離職証明書には、右下に会社が記入した離職理由に異議がある・なしを本人が署名・捺印する欄があります。この欄は、従業員がすでに退職していて署名・捺印を受けるのが困難な場合、会社の印で代用できます。しかし、本来は退職前に本人から署名・捺印をしてもらうものです。

　退職届に比べると意思表示としては弱いですが、意思表示が何も残らないよりはよいでしょう。

　なお、離職証明書の本人の署名・捺印欄は、事業主控となるページにはありません。退職届を受け取っていない場合は、公共職業安定所に提出するページか本人へ渡す雇用保険被保険者離職票－2のページをコピーしておきましょう。

【図表75　口頭ではなく、退職届を受け取る】

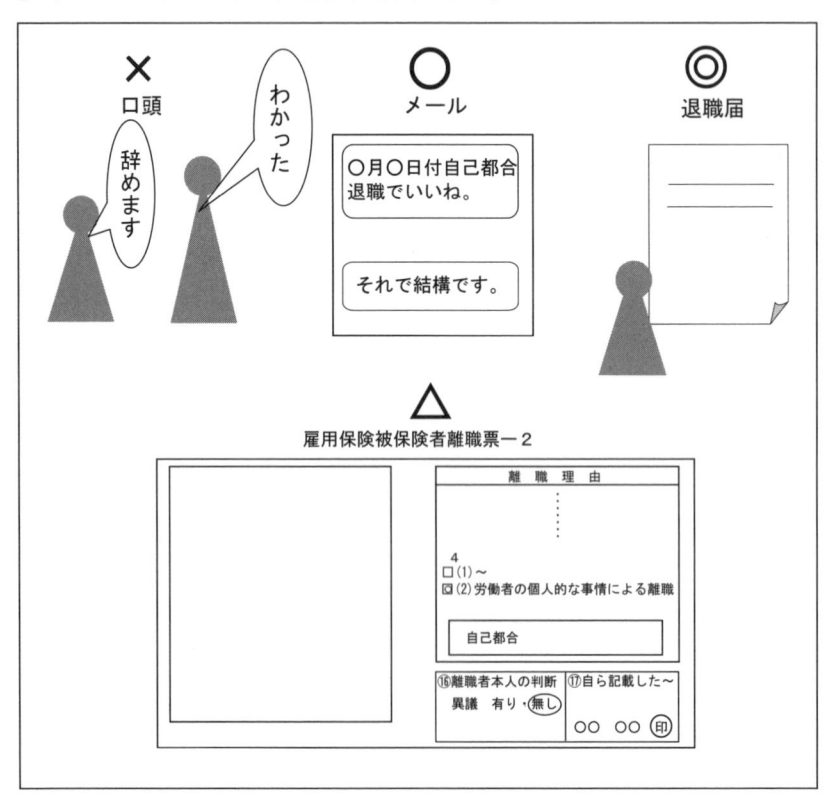

③ 退職・解雇をめぐるトラブルの対処法は

Q45 退職をすすめた従業員が解雇だといいだしたときは

Answer Point

♧退職勧奨を実行するときは慎重に行いましょう。
♧退職勧奨に応じるか否かは従業員の自由です。
♧退職勧奨で合意したら、書面で残しておきましょう。

♣退職勧奨と解雇の違いは

　退職勧奨は、文字どおり会社が従業員に対して会社を退職することをすすめて、従業員がそれを受け入れたことによって成立します。
　この「会社を退職することをすすめて」が一歩間違えると「会社を辞めなさい」につながります。「会社を辞めなさい」だと解雇になります。
　この境目ははっきりしていません。通常、退職を勧奨するときは口頭で行ないますので、言葉のあやで少し厳しい言葉が発せられることもあります。
　この言葉が解雇通知をしたと捉えられることもあるのです。
　退職勧奨をするときは、言葉を慎重に選ばなければなりません。

♣退職勧奨で注意する点は

　退職勧奨自体は、雇用契約の合意解約の申入れですから、違法ではありません。また、対象者の選定は使用者の裁量の範囲と考えられます。
　しかし、すべての退職勧奨が認められるわけではありません。
　実際に2～3年間にわたり退職勧奨を続け、3～4か月の間に10回以上の出頭を命じたり、長いときには2時間に及ぶ説得をしたケースでは、違法な退職勧奨として、損害賠償が命じられました（最一小判昭55.7.10）。
　また、女性に対して妊娠を理由として退職勧奨を行ったケースでは、そもそも女性が婚姻・妊娠・出産を理由に退職すると定めたり、解雇したりすることを禁じた均等法8条（当時）の趣旨に反するので、違法であるとの判決もあります（大阪地堺支判平14.3.13）。
　後者のように対象者の選定が違法な場合はいうまでもありませんが、そのほかの場合でも退職を強要してはいけません。会社が行う退職勧奨はあくまでも申し入れに過ぎず、その退職勧奨を受諾するか否かは従業員の意思決定に任されています。

退職勧奨を実施するときはこれを絶対に忘れてはいけません。

【図表76　退職勧奨を行うときに注意する点】

①対象者が明確に拒否している場合は、特別な事情がないのに退職勧奨を続けないこと
②退職勧奨の回数を多くても全5回程度にとどめること
③1時間以上に及ぶような退職勧奨をしたり、あまりにも多くの人で1人に対して退職勧奨をしないこと（多くても2人程度）
④侮蔑的な言葉をかけたり、応じない場合に懲戒処分などの不利益になるなど、退職を強要したと受け止められる言動は慎むこと
⑤窓のない小部屋など監禁と受け止められるような場所で行わないこと

♣退職勧奨に応じてもらったときは

　退職願の代わりに退職勧奨同意書や雇用契約合意解約書などの書面を提出してもらいます。退職勧奨はともすれば解雇通知があったと受け取られやすいので、書面がないと後々のトラブルにつながります。
　なお、退職勧奨による退職は、雇用保険では解雇と同じ会社都合の扱いとなります。

♣退職勧奨を拒否されたときは

　退職勧奨を拒否されたからといって、業務上の必要性がない嫌がらせ目的の配置転換をしたり、降格などの懲戒処分をすることは違法です（大阪地判平12.8.28）。
　ただし、退職勧奨の理由となった事案が懲戒処分に値するものであり、正規の手続を踏んだ懲戒処分を行うことは違法ではありません。

【図表77　退職勧奨同意書の例】

```
                 退職勧奨同意書

                              平成　年　月　日
  株式会社
  代表取締役　　　　殿

                         氏名　　　　　　　印

    私は、この度平成　年　月　日に申し渡された退職勧奨に同意し、
  平成　年　月　日付で退職いたします。なお、特別退職慰労金　　円
  を受け取り、今後この件に関して一切異議申し立てはいたしません。

                                          以　上
```

Q46　退職願を撤回したいといわれたときは

Answer Point

♧退職願と退職届でその意味が大きく違います。
♧退職願は会社が承諾するまで、それを撤回することができます。
♧退職届をいったん提出すると、撤回には会社の同意が必要です。

♣退職願の取消しはできるか

　退職願をいったん提出した従業員が、退職日の前にやはり退職を取り消したいといってきた場合はどうなるでしょうか。

　退職願は、雇用契約の合意解約を従業員から会社に申し込んだと考えられ、提出しただけでは合意解約は成立していません。

　合意解約が成立するまでの間は、会社側に特別な事情がある場合を除き、従業員が退職を撤回することができるのです。

♣合意解約の成立時期は

　それでは、合意解約はいつ成立するのでしょうか。

　合意解約は、従業員からの申込みを会社が承諾したときに成立します。

　会社の承諾は、代表取締役の承諾まで求められているのでなく、使用者（人事部長など）の了承が会社の承諾とみなされます。

　また、「会社に不測の損害を与えるような段階になってからの撤回は信義に反し無効である」という判例もあります（宮崎地判昭47.9.25）。

　すでに退職願を提出した従業員の補充要員を採用したなどの場合は、実質的に会社が承諾したのと同じことになります。

　一旦合意解約が成立すると、これを撤回するには、あらためて双方の合意が必要です。

♣退職届のときは

　退職願と同じようですが、退職を決意した従業員が会社に提出する文書に退職届があります。

退職届は、従業員が一方的に雇用契約の解約を通知したことになります。

この場合は一方的な通知ですから、会社が承諾するか否かは関係ありません。

もちろん、会社が退職を慰留することはあるかもしれませんが、退職届を提出したときに解約は成立しています。

そのため、退職届を提出したときは、それを撤回するには会社の同意が必要になります。これは、退職願で合意解約が成立した後、つまり退職願を会社が承諾した後に、退職を撤回しようとする場合も同じです。

このような場合は、撤回を認めるか否かは会社に決定権があります。

退職届と退職願はあまり深く考えないで使用しているケースが多くみられますが、その意味合いは大きく異なるのです。

【図表78　退職届と退職願】

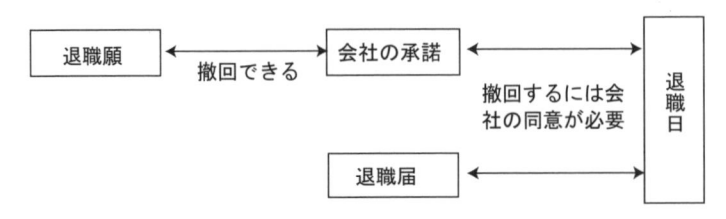

```
┌─────────┐  撤回できる  ┌─────────┐
│ 退職願  │ ←─────────→ │会社の承諾│
└─────────┘              └─────────┘  ┐
                                       │ 撤回するには会  ┌──────┐
                                       │ 社の同意が必要  │退職日│
                         ┌─────────┐  │                 └──────┘
                         │ 退職届  │ ←┘
                         └─────────┘
```

♣退職日の変更は

ところで、退職願を提出した従業員から退職日を変更したいといわれたときはどうなるでしょうか。

最初に提出した退職願や退職届の退職日より前に変更したいといわれたときは、合意解約の成立のいかんにかかわらず変更できます。

したがって、従業員は退職日を前に変更することができますが、会社が退職日の繰上げを希望する場合は、従業員の同意が必要になります。

これは、最初に提出した退職願の合意解約がいったん成立しても、そこまでの雇用契約の解約をあらためて希望していることになるからです。

反対に、退職願の退職日より後に変更したいといわれたときは、合意解約の成立の有無が重要になります。

退職届の提出後や、退職願の合意解約が成立した後であれば、退職願の撤回と同じように、退職日を後ろに変更するには会社の同意が必要になります。

退職願を会社が退職を承諾する前であれば、合意解約がまだ成立していませんから、退職願をいったん撤回し、あらためて退職願を提出した場合と同じであり、退職日を後ろに変更することが可能です。

Q47　成績不振の従業員を解雇するときは

Answer Point

♧就業規則の解雇事由に該当しない場合は解雇できません。
♧成績不振だけが理由であれば、簡単に解雇はできません。
♧解雇が妥当であることを立証する責任は会社にあり、解雇権濫用になる場合があります。

♣ 解雇権濫用法理というのは

　成績不振の従業員を解雇するには、就業規則の解雇事由に該当する項目があることが前提です。これは、就業規則の解雇事由は限定列挙であり、この事由に該当しない場合は解雇できないと考えられているためです。

　そのため、就業規則の解雇事由には通常考えられる解雇事由を列挙するだけでなく、最後に準拠規定を設けておくことが通例です。

【図表79　就業規則の解雇事由規定例】

```
就業規則第53条
　従業員が次の各号のいずれかに該当した場合は、解雇する。
　(1) 精神または身体の障害により、業務に耐えられないと認められるとき、または完全な労務の提供ができないとき
　(2) 勤務成績または勤務態度が著しく不良で、改善の見込みがないとき
　(3) 勤務意欲が低く、これに伴い、勤務成績、勤務態度その他の業務能率全般が不良で、改善の見込みがないとき
　(4) 特定の地位、職種または一定の能力の発揮を条件として雇入れられた者で、その能力および適格性が欠けると認められるとき
　(5) 事業の縮小または廃止、その他事業の運営上やむを得ない事情により、従業員の減員が必要になったとき
　(6) 懲戒解雇に該当する事由があるとき
　(7) 天災事変その他やむを得ない事由により、事業の継続が不可能となったとき、あるいは雇用を維持することができなくなったとき
　(8) その他前各号に準ずるやむを得ない事由があるとき
```

　それでは就業規則に記載があれば、どんな理由でも簡単に解雇できるのでしょうか。契約法は、「解雇は、客観的に合理的な理由を欠き、社会通念上相当であると認められない場合は、その権利を濫用したものとして、無効とする」と定めています。

　この契約法は、昭和50年の最高裁の判例として確立された解雇権濫用法理を法律上明文化したものです（最二小判昭50.4.25）。したがって、就業規則の解雇事由に該当していても無条件で解雇できるわけではありません。

♣正当な解雇と認めてもらえる要件は

　それでは、成績不振の従業員は、「客観的に合理的な理由を欠き、社会通念上相当として是認される」ケースにあたるのでしょうか。

　これは裁判所が個別の事案ごとに判断するため、どの程度のレベルなら認められるといえるものではありませんが、数々の裁判例が出されている整理解雇の4要件に準じて考えるのがよいでしょう（東高判昭54.10.29 ほか）。

【図表80　整理解雇の4要件】

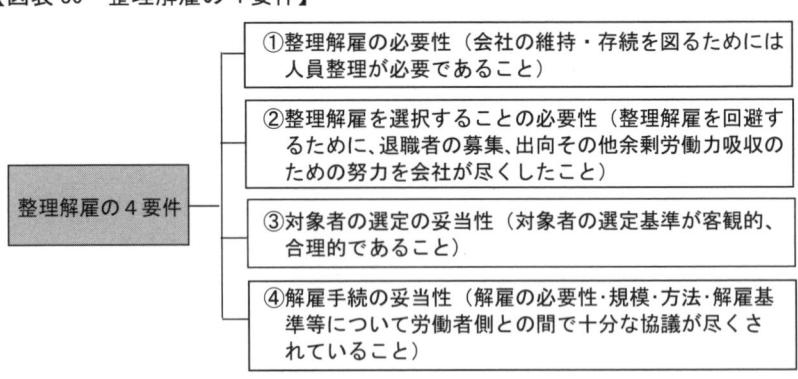

```
                  ┌─────────────────────────────────────────────┐
                  │①整理解雇の必要性（会社の維持・存続を図るためには │
                  │　人員整理が必要であること）                   │
                  ├─────────────────────────────────────────────┤
                  │②整理解雇を選択することの必要性（整理解雇を回避す │
整理解雇の4要件 ──┤　るために、退職者の募集、出向その他余剰労働力吸収 │
                  │　のための努力を会社が尽くしたこと）           │
                  ├─────────────────────────────────────────────┤
                  │③対象者の選定の妥当性（対象者の選定基準が客観的、 │
                  │　合理的であること）                           │
                  ├─────────────────────────────────────────────┤
                  │④解雇手続の妥当性（解雇の必要性・規模・方法・解雇基 │
                  │　準等について労働者側との間で十分な協議が尽くさ │
                  │　れていること）                               │
                  └─────────────────────────────────────────────┘
```

♣成績不振を理由に解雇するときは

　これを踏まえると、成績不振を理由に解雇するには、相当の程度でないと、解雇権濫用と判断される可能性があります。

(1)　単なる成績不良ではなく、企業経営や企業運営に現に支障をきたし、あるいは重大な損害を与えるおそれがあること

(2)　改善のため注意し、反省を促したり、再教育をしたにもかかわらず改善しないなど、今後も改善の見込みがないこと

(3)　配置転換や降格などを考慮することができないこと

　なお、これらの理由が妥当であり、解雇権濫用にあたらないことを主張立証する責任は会社側にあります。

♣特殊な雇用契約があるときは

　ヘッドハンティングで一定以上の水準を期待されて入社してきた従業員に対してはどうでしょうか。

　この場合は、一般の社員を成績不振で解雇するのとは多少異なり、当初の目的を達成できなければ、特別な事情がない限り契約違反で解雇することができると考えられます。

Q48　横領していた従業員を解雇するときは

Answer Point

♣横領の悪質性、程度により実行できる処分の軽重が異なります。
♣処分には、懲戒解雇（2種類）、普通解雇、その他の処分の4種類があります。
♣処分とは別に、横領の損害は弁償することが原則です。

♣横領＝懲戒解雇ではない

　一般的には従業員が横領をすれば懲戒解雇になりますし、おそらくほとんどの会社では就業規則の懲戒解雇の条文にこの内容が記載されていると思います。
　しかし、ちょっと待ってください。
　横領といっても会社のボールペンを持って帰った場合から、金融業の従業員が数千万円を会社の口座から自分の口座に移した場合など、その程度は大きく違います。
　横領だからといって、すべて懲戒解雇ができるのではありません。

♣懲戒解雇と普通解雇の違いは

　ここで、懲戒解雇と普通解雇の違いをみてみましょう。
　懲戒解雇も普通解雇も、労働契約が終了しますので、従業員にとっては、今後の生活の糧を失うことになり、大きな経済的な不利益を受けることにかわりありません。
　懲戒解雇の場合は、それに加え、社会的信用も大きく傷つくことになります。
　また、懲戒解雇にも2種類あります。労基署長の認定を受けた場合には、解雇予告手当を受け取れずに即日解雇されますので、さらに経済的な不利益を受けます。ただし、労基署長の認定は、横領であればすべて受けられるわけではありません。
　したがって、同じ横領であっても、その金銭の多寡や回数、悪質性、反省や弁済の程度などにより、処分に差をつけることが必要です。

【図表81　懲戒処分の種類】

重い ←　処分の軽重　→ 軽い

解雇の種類	懲戒解雇 (労基署長の認定あり)	懲戒解雇 (労基署長の認定なし)	普通解雇	その他の処分 (降格、始末書、 厳重注意など)
経済的損失	損失が極めて大きい	損失が大きい	損失が大きい	損失がある
社会的信用	社会的信用を失う	社会的信用を失う	社内での信用を失う	社内での信用を 多少失う

　企業によっては、就業規則で懲戒解雇を「労基署長の認定を受けて、解雇予告手当は支払わずに即時解雇する」と定めていることがあります。
　これだと労基署長の認定を受けない限り、「懲戒解雇」はできなくなります。

【図表82　正しい規定例】

```
就業規則第61条
　(6)　懲戒解雇：予告期間を設けることなく即時解雇をする。この場合、労基署長
　　の認定を受けた場合は解雇予告手当は支給しない
```

♣労基署長の認定の基準は

　最も重い処分である、労基署長から労働者の責に帰すべき事由がある懲戒解雇であることの認定が受けられるのは、どのような場合でしょうか。
　この認定基準に関する行政解釈では、「極めて軽微なものを除き職場内での盗取、横領、傷害など刑法犯に該当する行為があったとき」は、基本的には認定します。
　また、「一般的に見て極めて軽微な事案であっても、使用者があらかじめ不祥事件の防止について諸種の手段を講じていたことが客観的に認められ、しかもなお労働者が継続的にまたは断続的に盗取、横領、傷害等の刑法犯またはこれに類する行為を行った場合」も認定することになっています。
　しかし、現実には、解雇予告手当の支払いをなくさせるほど悪質か否かを判断しますので、横領であっても認定されないこともあるようです。
　例えば、タクシーやバスの運転手が料金を着服していたような場合は、放置すると企業の存続にかかわるような重大な事案であり、認定を受けられる可能性が高いです。
　しかし、それが1回だけであり、金額も小さく、すでに弁済しているような場合では認定されないこともあります。

反対に、金融機関のように極めて高い金銭に対する倫理観が求められる職種では、1回だけの横領でも認定が受けられる可能性が高くなるでしょう。

認定を受けられない場合でも、解雇予告手当を支払って、懲戒解雇や普通解雇をすることは可能ですが、まさに「泥棒に追い銭」になってしまいます。

ただし、ボールペン1本を持ち帰った場合に解雇するのは、たとえ普通解雇であっても社会通念上相当とはいえないでしょうから、常習犯や他の人を巻き込んでいるような場合以外は一般的には難しいと考えられます。

♣横領により発生した損害は

横領により会社に与えた損失はどうすればよいでしょうか。

損害賠償は処分の軽重とは異なりますので、基本的には全額返済してもらうことになります。

たとえ、懲戒解雇や解雇により、従業員としての身分を失ったとしても、損害賠償の義務から逃れることはできないのです。

なお、損害賠償は本人のみならず、身元保証人に対しても請求することが可能です。

ただし、身元保証人については、「身元保証に関する法律」により、保証期間が定めていない場合は3年間のみ、保証期間を定めていても5年を超える部分は無効になりますので最長5年間しか有効になりません。

いざというときに身元保証契約が無効になっていることがないように注意が必要です。

念のため、就業規則にはこれらを記載しておくのがいいでしょう。

【図表83　就業規則の規定例】

就業規則第9条
　身元保証人は経済的に独立した者で会社が適当と認めた2名とする。
　2　身元保証人の保証期間は5年とする。ただし、会社が必要と認めた場合、その身元保証の期間の更新を求めることがある。

就業規則第57条
　従業員が違反行為などにより会社に損害を与えた場合は、懲戒処分とは別に、従業員に損害を原状に回復させるか、または回復に必要な費用の全部あるいは一部を賠償させることがある。なお、当該損害賠償の責任は、退職後も免れることはできない。
　また、本人より賠償がなされない場合には、身元保証人にその責任を追及することがある。

Q49　痴漢をした従業員を解雇するときは

Answer Point

♧実際に会社の名誉や信用を汚している場合は、懲戒解雇も可能です。
♧軽微な事案の場合は、解雇は困難ですが、社内処分を受けることがあります。

♣就業時間外の行為で懲戒処分は可能か

一般的に痴漢を行った時間は、時間外であることがほとんどです。

業務時間外＝プライベートな時間に起こした痴漢行為で従業員を懲戒解雇することができるでしょうか。

会社の持つ懲戒の権利は、会社の秩序維持の必要性によるものですから、就業時間中の行為に対して効力があると考えるのが一般的です。

しかし、ケースによってはプライベートな時間にもその効力が及びます。例えば、次のようなケースでは、社外での就業時間外の行為でも、会社は懲戒処分を行えます。

(1) 犯罪行為など、社会的に問題のある行為をして、会社の名誉を汚したり、信用を傷つけた場合
(2) 正当な理由もなく会社を誹謗中傷するなど、道義的に問題のある行為をして、会社の名誉を汚したり、信用を傷つけた場合

このため、就業規則に図表84のように定めてあれば、就業時間外の行為であっても程度によっては懲戒解雇になるのです。

【図表84　就業規則の規定例】

> 就業規則第63条
> 従業員が次のいずれかに該当するときは、懲戒解雇とする。
> (3) 就業時間内外を問わず、刑罰法令に触れる行為をし、会社の名誉信用を失わせた場合
> (4) 正当な理由もなく会社を誹謗中傷するなど、会社の名誉信用を失わせる行為をした場合

♣社外で痴漢を働いたときは

それでは、社外で痴漢を働いた場合はどうでしょうか。痴漢は確かに刑罰

法令に触れる行為です。

　これが新聞沙汰になってクライアントからの信用が失われるようなことになれば、十分に懲戒解雇となるでしょう。

　また、痴漢と呼べないような行為に及び、婦女暴行罪等で起訴されるような悪質な場合や、複数回におよび痴漢行為を働いていたことが明らかになったような場合は、同様に懲戒解雇にふさわしい事案といえます。

　ただし、懲戒解雇とするには、事件の原因や暴行の態様などを総合的に勘案して、重大な秩序違反と認められることが必要です。

　プライベートで酔っ払って軽度の痴漢行為を働き、被害者と穏便に示談が成立しており、具体的に業務に支障をきたすことはなかった場合などでは懲戒解雇はもちろん、普通解雇も妥当ではないと判断されることもあります。

　ただし、会社による処分がまったくできないのではなく、例えば管理職であれば、資質が不適当と判断され、降格処分を受けることは十分にありえます。

♣業務時間外の行為での懲戒解雇の要件は

　痴漢行為は被害者に心理的な被害を与えることになり、決して軽微な犯罪行為とはいえません。ここでの「軽微な」とは、殺人などの重大犯罪と比較しての表現です。

　ここ数年、痴漢が結果的に冤罪であったケースもメディアで報じられています。従業員が痴漢でつかまったからといって、会社は早急に結論を出すのではなく、慎重に対応を検討することをおすすめします。

【図表85　業務時間外の行為での懲戒解雇の要件】

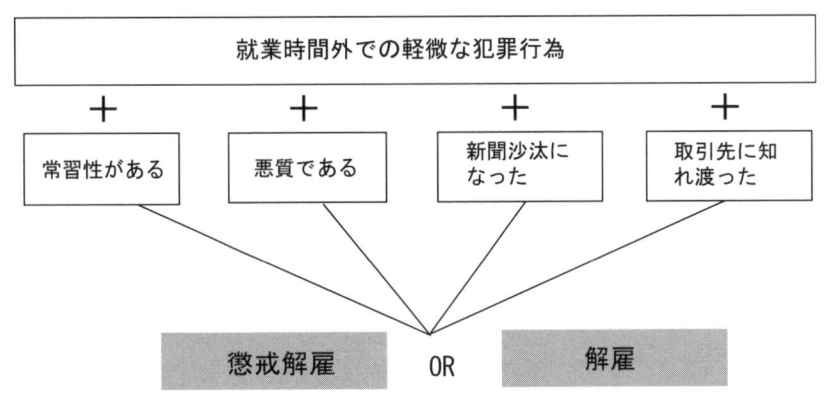

```
          就業時間外での軽微な犯罪行為
     ＋         ＋         ＋         ＋
┌─────────┐ ┌─────────┐ ┌─────────┐ ┌─────────┐
│常習性がある│ │悪質である│ │新聞沙汰に│ │取引先に知│
│          │ │          │ │なった    │ │れ渡った  │
└─────────┘ └─────────┘ └─────────┘ └─────────┘
            ↘        ↓    ↓        ↙
         ┌────────┐  OR  ┌────────┐
         │懲戒解雇│       │ 解雇  │
         └────────┘       └────────┘
```

Q50 交通事故で実刑になった従業員を解雇するときは

Answer Point

♣悪質な交通事故の場合は懲戒解雇にすることもできます。
♣普通解雇と懲戒解雇で処分するタイミングが異なります。

♣交通事故と懲戒解雇

　交通事故に限らず実刑判決が下された場合、たとえそれが勤務時間外の行為であったとしても、服役中に労働することは不可能です。
　この場合、労働者は会社との雇用契約を果たせないことになります。
　また、「労使間の信頼関係を喪失せしめるもの」であり、解雇予告除外の認定基準に該当します。実刑判決が出ていれば、労基署長の認定を受けて、懲戒解雇処分とすることもできるでしょう。
　さらに、就業時間内に交通事故を起こした場合は除外認定のハードルが多少低くなります。ただし、過重労働による居眠り運転が原因で交通事故を起こしたなど特別な事情がある場合は、この限りではありません。
　しかし、実刑判決が下されるまでは、相当の期間が必要ですので、それまで会社が処分を待つのは現実的ではありません。

♣普通解雇にするタイミングは

　通常、飲酒運転などの重過失による交通事故を起こした場合は、警察に拘留されることになります。
　まず、考えられるのは、この段階で普通解雇として、30日以上後の日付で解雇予告をすることです。この場合は、解雇を通知する必要がありますので、会社が本人に接見するか、もしくは弁護士経由で通知しなければなりません。なお、解雇日までは警察に拘留されている期間を含めて就業できない日は欠勤として給与を控除します。
　ただし、解雇するには就業規則の解雇事由に該当しなければなりません。また、交通事故の悪質性や重大性、これまでの本人の勤務態度や懲罰履歴なども判断材料となるでしょう。
　近年では飲酒運転等に対する厳罰化がすすんでおり、それに伴って就業規則の解雇事由にこれらを記載することも増えています。解雇事由に記載があ

れば必ず解雇できるわけではありませんが、少なくとも就業規則は整備しておいたほうがよいでしょう（図表86）。

【図表86　就業規則の規定例】

> 就業規則第15条
> 　従業員は次の事項を特に遵守しなければならない。
> （8）酒気を帯びて勤務に服したり、就業時間内外を問わず酒気を帯びて自動車を運転しないこと。なお、飲酒運転をした場合は、第61条に定める懲戒処分または第53条に定める解雇処分の対象とする。

♣懲戒解雇にするタイミングは

　どうしても労基署長の解雇予告除外認定を受けて、懲戒解雇をする場合は起訴が1つの目安になります。

　起訴は判決とは異なり、まだ被疑者の段階です。

　除外認定は、本人が起訴事実を認めているか否か、勤務時間内外、重大性や悪質性の程度などを総合的に勘案して判断されますので、必ずしも起訴の有無で決まるわけではありません。

　しかし、起訴は検察官が嫌疑ありと判断しているのですから、除外認定の有力な材料となります。

　なお、除外認定を受けるときは、社内で懲戒解雇処分を決定した後、本人に通知する前に労基署で手続を行います。

【図表87　解雇予告除外認定手続の流れ】

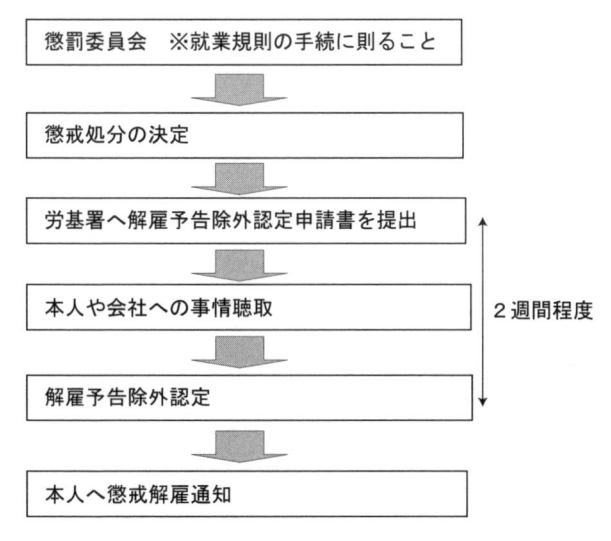

```
懲罰委員会　※就業規則の手続に則ること
　　↓
懲戒処分の決定
　　↓
労基署へ解雇予告除外認定申請書を提出 ┐
　　↓                                │
本人や会社への事情聴取                │ 2週間程度
　　↓                                │
解雇予告除外認定                      ┘
　　↓
本人へ懲戒解雇通知
```

Q51 契約満了の従業員を退職させるときは

Answer Point

♧これまでの契約更新の内容によっては、契約満了にならない場合があります。
♧有期雇用契約の場合は、雇用契約書に更新の有無を明示しなければなりません。
♧雇止め基準に該当する場合はあらかじめ更新しないことを伝えなければなりません。

♣契約満了で契約を終了できないときは

　雇用契約で期間の定めがある場合、契約を更新せずに退職してもらうときはどうしたらよいでしょうか。

　契約期間の満了は会社と本人との約束の期間が終了するのですから、契約が更新されない限り、そこで終了することが原則です。

　しかし、雇用契約を更新することが明らかになっている場合は、実質的には契約期間の定めがないのに等しいので、この場合は契約満了とは見なされません。

　また、入社当初は雇用契約を結び、その後は雇用契約が結ばれていない場合や契約が途切れ途切れになっている場合、あるいは更新時に新しい雇用契約開始日までに更新がきちんとされていないような場合でも、同じように契約期間の定めがないに等しいと判断されます。

　契約期間の定めがないに等しい場合は、契約満了とはみなされませんから、会社から雇用契約の終了を申し出て、本人と合意できない場合は、「解雇」としてその妥当性が判断されることになります（Q43参照）。

【図表88　有期労働契約者の契約満了に関する主な判断基準】

判断要素	具体例
①業務の客観的内容	・従事する仕事の種類、内容、勤務の形態が正社員とどの程度異なっているか
②契約上の地位の性格	・ポストや臨時性がどの程度あるか ・労働条件が正社員とどの程度異なっているか

③主観的態様	・労働者に継続雇用を期待させるような言動があったか
④更新手続、実態	・反復更新の有無や回数、勤続年数など ・契約更新時に時期や手続が厳格であったか
⑤他の労働者の更新状況	・同様の地位の労働者に対する契約の満了の実績など
⑥その他	・有期労働契約を締結した経緯 ・勤続年数や年齢などの上限の設定はあったか

♣契約更新の有無は契約書に明示する

　契約期間の定めがある雇用契約のトラブルの防止や解決を図るため、厚生労働省では、労基法14条2項に基づき、「有期労働契約の締結、更新及び雇止めに関する基準」を策定しています。

　この基準によれば、有期契約の場合は、契約の締結時にその契約の更新の有無を明示する必要があり、また契約更新が不確実な場合はその判断基準も明示する必要があります。

　この明示とは、書面により明示することが望ましいものとされています。

【図表89　書面で明示すべき労働条件】

全労働者に雇入時に書面の交付が必要な項目（労基則5条）
①労働契約の期間
②就業の場所及び従事すべき業務に関する事項
③始業・終業の時刻
④所定労働時間を超える労働の有無
⑤休憩時間
⑥休日
⑦休暇
⑧交替制労働における就業時転換に関する事項
⑨賃金の決定・計算方法
⑩賃金の支払いの方法
⑪賃金の締切り・支払いの時期
⑫退職に関する事項

＋

有期契約労働者に特有の契約ごとに書面による明示が望ましい事項
①契約更新の有無
②契約更新が不確実な場合はその判断の基準

＋

パートに特有の契約ごとに書面交付などが必要な項目（パートタイム労働法6条）
①昇給の有無
②退職手当の有無
③賞与の有無

♣雇止めというのは

　また、同じく「有期労働契約の締結、更新及び雇止めに関する基準」によると、「今回の雇用契約が最後です」などのように雇用契約を更新しないことを明示している場合を除き、図表90のケースに該当する労働者との雇用契約を更新しない場合は少なくとも契約期間満了の30日前までに、契約更新をしないことを予告しなければなりません。

　これは、有期契約で更新している労働者といっても、長期または複数回にわたって契約を更新していると、「また更新してもらえるだろう」という期待権が生じると考えられるからです。

　また、「今回の雇用契約が最後」と明示してある契約を毎回締結しているにもかかわらず更新を繰り返している場合にも、この文言自体は名目に過ぎず、事実上は更新の期待権が生じていると考えられます。

　これらのケースでは、雇止めであっても実質的には解雇と同じく取り扱われ、解雇に関する法理が類推適用されることになります。

【図表90　30日以上前に契約更新しないことを予告する義務がある労働契約】

①有期労働契約が3回以上更新されている場合

②1年以下の契約期間の労働契約が更新または反復更新され、最初に労働契約を締結してから継続して通算1年を超える場合

③1年を超える契約期間の労働契約を締結している場合

⇒ 労働契約を更新しないことが雇用契約書に明示してあれば予告はいらない

　雇止めの予告後や雇止め後に労働者から雇止めの理由について証明書の請求があった場合には、会社は書面で明示しなければなりません。

　この理由は単に「契約期間の満了」とはできません。

　「前回の契約更新時に本契約を更新しないことが合意されていたため」「担当していた業務が終了・中止したため」「業務を遂行する能力が十分ではないと認められるため」などの具体的な理由を記載する必要があります。

　なお、有期労働契約の締結にあたっては、①必要以上に短い期間を定めて、その労働契約を反復更新しないように配慮すること（契約法17条）、②契約を1回以上更新し、かつ1年を超えて継続雇用している有期労働契約者との契約を更新する場合は、契約の実態や労働者の希望に応じて、労基法14条の範囲（原則3年）で契約期間をできる限り長くするように努める義務があります。

Q52 病気で長期欠勤をしている従業員を解雇するときは

Answer Point

♣休職規定と解雇通知のタイミングを図りましょう。
♣休職期間や復職の規定は時代に合わせて見直しましょう。
♣業務上傷病の場合は原則として解雇できません。

♣ **病気による長期欠勤は普通解雇**

　病気で長期欠勤をしている従業員は、雇用契約を履行できません。
　しかし、正当な理由がありますから、労基署長の認定を受けて、解雇予告制度の適用を除外するのは困難です。

【図表91　解雇予告除外認定基準】

解雇予告除外認定基準
・原則として2週間以上正当な理由なく無断欠勤し、出勤の督促に応じない場合

　したがって、解雇する場合は普通解雇として30日以上前に予告するか、解雇予告手当を支払うことになります。
　この解雇が正当であるか否かは、病状や復帰までの見込期間、これまでの他の従業員に対する対応等を勘案して総合判断することになります。
　30日以上後の日を予告して解雇する場合、予告から退職日まで勤務できない日があれば、その日は欠勤として給与を支給しなくても差し支えありません。

♣ **休職規定の考え方は**

　多くの企業では、病気で長期欠勤をする従業員に対して、休職規定を設けています。
　休職は、定めることが義務づけられているものではなく、会社が解雇権を留保していると考えられますが、規定として設けていれば、従業員も休職する権利が発生します。
　したがって、休職規定がある場合には、休職させずに、あるいは休職中の解雇は無効になります。
　よく見かける休職規定に図表92のような規定があります。

【図表92　よく見かける休職に関する規定】

```
第○○条
1．従業員が業務外の傷病により、継続して3か月欠勤したときは休職とする。
2．休職期間は次の通りとする。
  （1）結核性疾患による場合　　　　3年
  （2）その他の疾患による場合　勤続3年未満　　1年6か月以内
  （3）　　　〃　　　　　　　勤続10年未満　2年以内
  （4）　　　〃　　　　　　　勤続10年以上　2年6か月以内
```

　この内容ですと、最初3か月の欠勤も含めて、1年9か月から2年9か月もの間、勤務しなくてもよくなってしまいます。中小企業では、休職期間を満了後に復職できたとしても、すでに補充の要員を採用しており、復職者に担当させる業務がないこともあります。休職規定は、会社の実態にあわせた適切な期間を設定しましょう。☞就業規則第45条参照

♣休職と復職を繰り返すときは

　近年では、メンタルヘルスに関する疾患による休職が急増しています。この傷病が厄介なのは、①症状が数値で測れないこと、②好不調の波があるため、断続的に療養が必要になるケースが多いこと、の2つにあります。

　このため、先ほどのような休職規定だと、継続して3か月間欠勤しないので休職にもならず、ずるずると出勤欠勤を繰り返すケースもあるようです。

　また、休職したとしても、復職時に病状が回復しているか否かを判断することが困難になるケースもあるようです。

　主治医からの復職可能の診断も、自己申告に偏よったり、本人の担当職務を勘案せずに一般的な判断で記載されることもあるようです。

　このため、休職や復職の規定は慎重に作成する必要があります。

♣復職ができないときの取扱いは

　メンタルヘルスに限らず、休職したあと復職できないときはどうなるでしょうか。

　これも休職規定の定めにしたがうことになりますが、特段の規定がなければ普通解雇として解雇することになります。

　したがって、休職満了の日に「復職できないなら解雇します。」と通知すれば、その時点で解雇予告制度が適用されます。

　これを防止するには、休職満了の30日以上前に予告するか、「休職満了時に復職できなければ退職とする」規定を作成しておくことが必要です。

【図表93　就業規則による休職規定の定め方例】

第47条　休職期間満了前に、休職事由が消滅した場合で、会社が復職可能と認めた場合は復職させ勤務を命ずる。
　　２　第45条第１号および第２号（療養休職）の者が、休職期間満了前に復職を申し出たときは、会社が指定する医師の診断をもとに、復職の当否を会社が決定する。
　　３　会社は、休職前に従事していた業務以外の業務への復職を命ずることがある。
　　４　休職者が復職した月の給与は、復職日から日割計算で支給する。
第48条　第47条の定めに従い復職した場合で、復職後12か月以内に同一または関連する傷病あるいは類似の症状により休職をする場合は、前後の休職期間を通算する。
第49条　休職期間満了までに休職事由が消滅しない場合は、休職期間満了をもって自然退職とする。

♣業務上の傷病のときは

　病気が業務上の傷病による場合は、療養のために休業している期間とその後30日間は解雇できません（労基法19条）。この場合の療養期間とは、労基法や労働者災害補償保険法の対象となる療養期間を指しており、治癒（完治または症状が固定すること）後の通院の期間は含まれません。

　また、通勤災害の場合は、労働者災害補償保険の補償対象となりますが、業務上の傷病ではありませんので、これも解雇制限には含まれません。

　例えば、すでに解雇予告をされている従業員が解雇日までの間に業務上の傷病により休業した場合は、解雇制限にかかりますので当初予告した解雇日で解雇することができなくなります。ただし、解雇予告の効力が中断されるだけですので、休業期間が長期にわたり解雇予告として効力を失うものと認められる場合を除き、治癒した日に改めて予告する必要はなく、業務上の傷病による休業終了30日後に解雇になります（昭26.6.25基収2609）。

　なお、①天災事変その他やむを得ない事由のために事業の継続が不可能になった場合で労基署長の認定を受けたとき、②療養開始後３年を経過しても治癒しない場合に、平均賃金の1,200日分の打切補償を支払ったときは、この限りではありません（労基法81条）。☞就業規則第55条参照

【図表94　業務上の傷病による療養休業】

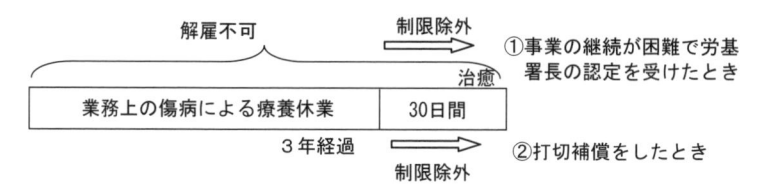

業務上の傷病による療養休業｜30日間（治癒後）→制限除外　①事業の継続が困難で労基署長の認定を受けたとき
３年経過→制限除外　②打切補償をしたとき

Q53　育児休業をする従業員を解雇するときは

Answer Point

♣妊娠、出産、育児休業等を理由とした解雇はできません。
♣解雇ばかりか、不利益な取扱いをすることもできません。
♣ただし、それ以外の正当な理由のある解雇は、この期間でも可能です。

♣育児休業中の解雇は

　育児休業の申出や育児休業をした従業員を解雇することは、休業法10条により「事業主は、労働者が育児休業申出をし、または育児休業をしたことを理由として、当該労働者に対して解雇その他不利益な取扱いをしてはならない」と禁じられています。
　したがって、育児休業をすることを理由に従業員を解雇することはできません。
　また、育児休業に限らず、妊娠や出産を理由に解雇することも、均等法9条で禁止されています。
　すなわち、女性労働者が婚姻し、妊娠し、出産、産前・産後の休業等厚生労働省令で定める事由を理由とする解雇その他不利益取扱いの禁止とともに、女性労働者の妊娠中や産後1年以内にされた解雇は、会社が妊娠等を理由とする解雇でないことを証明しない限り無効とされます。
　ただし、これらの規定は、産休中と産後30日間を除き、育児休業や妊娠、出産以外の正当な理由で解雇することまで禁じているものではありません。
　したがって、妊娠中や育児休業中であっても、業務上の横領が発覚したり、能力が著しく劣っており改善の見込みがない場合など、解雇権濫用法理に照らしても妥当な解雇であり、通常の労働者であっても解雇となる事由に該当したのであれば、解雇することができます。
　なお、産前6週間（多胎妊娠の場合は14週間）産後8週間の産前産後休暇の期間およびその後30日間については、天災事変その他やむを得ない事由のために事業の継続が不可能になった場合で労基署長の認定を受けたときを除き、たとえ妊娠や出産以外の理由であっても解雇することはできません（労基法19条1項）。

③ 退職・解雇をめぐるトラブルの対処法は

【図表95　妊娠、育児休業と解雇の関係】

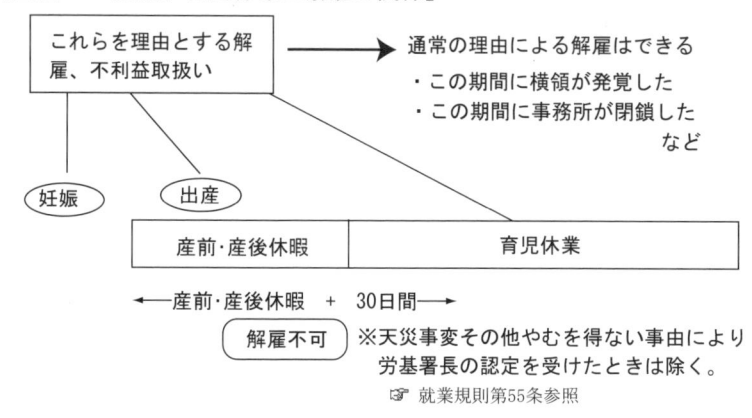

```
┌──────────────┐       ┌→ 通常の理由による解雇はできる
│これを理由とする解│──────┤  ・この期間に横領が発覚した
│雇、不利益取扱い │       │  ・この期間に事務所が閉鎖した
└──────────────┘       │                           など
    │       │
  ┌─┴─┐  ┌─┴─┐
  │妊娠│  │出産│
  └───┘  └───┘
          ┌──────────┬────────────────┐
          │産前・産後休暇│   育児休業      │
          └──────────┴────────────────┘
        ←─産前・産後休暇 ＋ 30日間─→
                 ┌──────┐  ※天災事変その他やむを得ない事由により
                 │解雇不可│   労基署長の認定を受けたときは除く。
                 └──────┘
```

☞ 就業規則第55条参照

♣禁止されている不利益取扱いというのは

　それでは、不利益な取扱いとはどのようなことをいうのでしょうか。

　妊娠や育児休業中に現に勤務できなかった日や時間の給与を支給しないことは、「ノーワークノーペイ」の原則からして問題はありません。

　しかし、これらの休業日数や時間以上の控除をすること、昇給で不利益な取扱いをすることは禁止されています。

　賞与も同様であり、査定期間中に休業があれば、その期間を休業として除外した出勤率を乗じることはできますが、休業があったことにより査定を減じることは違法になります。

　例えば、6か月の賞与査定期間中に2か月間の休業があった場合、賞与を6分の4にすることは問題ありませんが、半分にするのは休業の日数を超えて減額していますので違法になります。

　また、退職金や勤続給の勤続年数から休業日数分を除くことも問題はありません。しかし、年齢給を設けている場合は、休業の有無にかかわらず昇給させなければなりません。特に入社年齢を卒業年次で見なしている会社は、注意が必要です。

　昇格も同様です。昇格時期が勤続年数で運用されているのであれば、休業期間分、昇格を遅らすことはできますが、休業があったことを理由として昇格を遅らすことはできません。つまり、1年間休業した場合は、翌年の昇格グループの中に含めて検討することになります。

　なお、有給休暇の出勤率の算定においては、産前産後休暇と育児休業の期間は出勤したことにして計算することになります（Q23参照）。

Q54 従業員が副業でインターネット販売を行っていたときは

Answer Point

♧ 副業の程度が業務に支障がない範囲であれば、解雇はできません。
♧ ただし、就業規則に定めがあれば懲戒処分とすることができます。

♣ **副業はすべて禁止できるか**

多くの企業では、就業規則で副業を禁止したり、許可制にしています。

しかし、この規定は憲法で定める就業の自由を侵すものではないか、あるいは所定労働時間外に労働者が何を行おうと自由であり、就業規則の効力は及ばないのではないかとの見方もあります。

本来、副業を禁止する規定は、労務提供上の支障や企業秩序への悪影響を防止するために設けられています。また、以前はたとえ自宅でやく副業といっても、内職のように時間と労力が必要なものがほとんどでした。しかし、近年では、インターネット普及により趣味と区別のつかない副業も可能になっています。また、ワークシェアリングや不況による残業の削減などによる賃金の目減りに対処するため、生活のためにやむを得ず副業を行う人も増えているようです。

判例でもあるように、副業も程度によりますので、就業規則では許可制にするのが望ましいと考えられます。

【図表96 副業の許可制を肯定する判例】

① 就業規則で兼業を全面的に禁止することは、特別な場合を除き、合理性を欠く。
② 労働者が就業時間外の時間を疲労回復のための適度な休養に用いることは、次の労働日における誠実な労務提供のための基礎的条件をなすものである。
③ 兼業の内容によっては企業の経営秩序を害し、あるいは企業の対外的信用、体面が傷つけられる場合もあり得るので、従業員の兼業の諾否について、会社の承諾を要する規定を就業規則に定めることは不当とは言い難い。(東地判昭57.11.19)

それでは、副業でインターネット販売をしていた場合はどうでしょうか。取り扱っていた商品や程度にもよりますが、一般的な商品を月に1～2回程度インターネット販売をしていた程度であれば、それだけをもって解雇す

るのは難しいようです。

　副業禁止により解雇が有効であると考えられるのは、図表97のような場合です。

【図表97　副業禁止が有効とされる例】

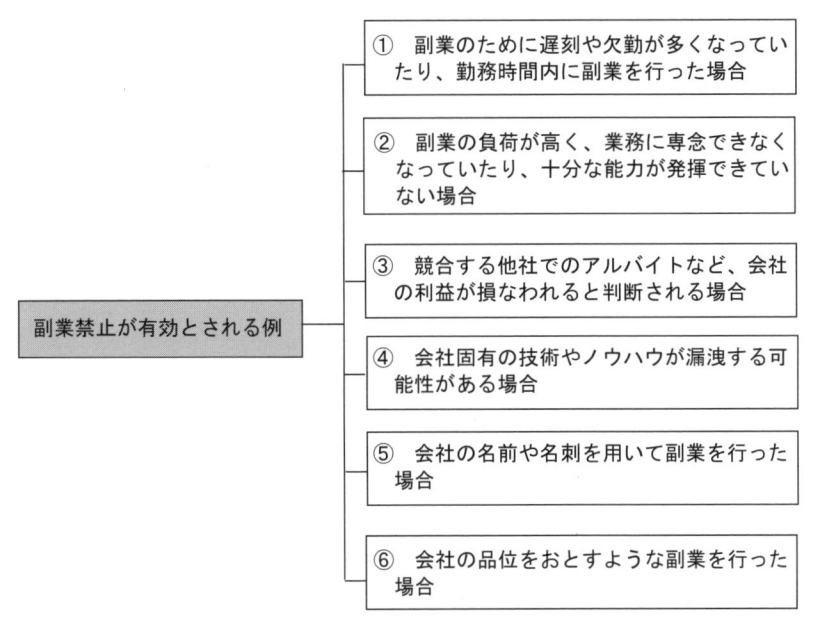

副業禁止が有効とされる例
- ① 副業のために遅刻や欠勤が多くなっていたり、勤務時間内に副業を行った場合
- ② 副業の負荷が高く、業務に専念できなくなっていたり、十分な能力が発揮できていない場合
- ③ 競合する他社でのアルバイトなど、会社の利益が損なわれると判断される場合
- ④ 会社固有の技術やノウハウが漏洩する可能性がある場合
- ⑤ 会社の名前や名刺を用いて副業を行った場合
- ⑥ 会社の品位をおとすような副業を行った場合

　これらの事例にあたらないとしても、就業規則に許可制の規定があるのであれば、無許可で副業を行うことは企業秩序に違反しています。

　そのため、解雇にはならないまでも、企業秩序違反として、その他の懲戒処分を受けることは十分に考えられます。また、懲戒処分を受けたにもかかわらず、なお無許可で継続するようであれば、さらに重い処分が課せられることになります。

　就業規則も時代に合わせて、副業を一律に禁止するのではなく、見直す必要があるようです。

【図表98　就業規則の規定例】

> 就業規則第15条
> 　従業員は次の事項を特に遵守しなければならない。
> 　（10）　従業員が他の会社への就職、役員への就任、あるいは自ら事業を営む計画がある場合は、事前に会社に報告を行い、会社の許可を得ること。会社は、企業秩序・企業利益および従業員の完全な労務の提供の可否などの観点から、望ましくないと判断した場合は、それらを禁止することがある。

Q55 懲戒解雇した従業員が解雇予告手当を請求してきたときは

Answer Point

♧懲戒解雇でも解雇予告手当は原則として必要です。
♧労基署長の認定があれば、解雇予告手当の支払いは不要です。
♧労基署長の認定は、懲戒解雇の中でも悪質な事案に限られます。

♣懲戒解雇と解雇予告手当

　不祥事を起こして懲戒解雇した従業員には、解雇予告手当を支払う必要があるのでしょうか。
　多くの会社の就業規則では、懲戒解雇は即日で解雇することになっています。これが懲戒解雇ではなく、普通解雇であれば、会社は平均賃金の30日分の解雇予告手当を支払う必要があります。
　しかし、労基法では、懲戒解雇の場合でも原則的には解雇予告手当の支払いが必要となります。それでも不祥事を起こして懲戒解雇をされたのに、通常の解雇と同じ解雇予告手当を支払うのはどうも納得がいきません。

♣解雇予告手当がいらないときは

　労基法では、このような場合に解雇予告の例外措置を認めています（労基法20条①ただし書後段・③、労基則7条）。
　つまり、懲戒解雇の理由が妥当であり、労基署長の認定を受けられれば、解雇予告手当を支払わずに即時解雇できるのです。
　これを「解雇予告除外認定」といいます。

♣労基署長の認定が受けられるというのは

　それでは、どのような場合に除外認定が受けられるのでしょうか。
　解釈例規によると、労働者の責に帰すべき事由とは、労働者の故意や過失、またはこれと同視すべき事由をいい、この判定にあたっては、労働者の地位、職責、勤続年数、勤務状況などを総合的に判断し、解雇予告の必要がないほど重大または悪質で、会社に解雇予告をさせることが均衡を失するようなも

のに限って認定すべきものとされています（図表99）。

したがって、解雇予告除外制度と就業規則の懲戒解雇は別次元の話になります。

例えば、会社内で横領したとしても、横領額が数十万円であれば、すでに横領した額を弁済していたり、会社の管理が十分ではなかったなどの理由で除外認定がされないこともあります（Q48参照）。

もちろん、横領であれば懲戒解雇は有効になることが一般的ですが、解雇予告手当の支払いを免除するまでは悪質ではないと判断されるのです。

【図表99 「労働者の責に帰すべき事由」として認定すべき事例】

（1）	原則として極めて軽微なものを除き、事業場内における盗取、横領、傷害等刑法犯に該当する行為のあった場合。 　また、一般的にみて「極めて軽微」な事案であっても、使用者があらかじめ不祥事件の防止について諸種の手段を講じていたことが客観的に認められ、しかもなお労働者が継続的にまたは断続的に盗取、横領、傷害等の刑法犯またはこれに類する行為を行った場合、あるいは事業場外で行われた盗取、横領、傷害等刑法犯に該当する行為であっても、それが著しく当該事業場の名誉もしくは信用を失ついするもの、取引関係に悪影響を与えるものまたは労使間の信頼関係を喪失せしめるものと認められる場合。
（2）	賭博、風紀紊乱等により職場規律を乱し、他の労働者に悪影響を及ぼす場合。 　また、これらの行為が事業場外で行われた場合であっても、それが著しく当該事業場の名誉もしくは信用を失ついするもの、取引関係に悪影響を与えるものまたは労使間の信頼関係を喪失せしめるものと認められる場合。
（3）	雇入れの際の採用条件の要素となるような経歴を詐称した場合および雇入れの際、使用者の行う調査に対し、不採用の原因となるような経歴を詐称した場合。
（4）	他の事業場へ転職した場合。
（5）	原則として2週間以上正当な理由なく無断欠勤し、出勤の督促に応じない場合。
（6）	出勤不良または出欠常ならず、数回にわたって注意を受けても改めない場合。
\multicolumn{2}{l}{　上記の如くであるが、認定にあたっては、必ずしも右の個々の例示に拘泥することなく総合的かつ実質的に判断すること。 　なお、就業規則等に規定されている懲戒解雇事由についてもこれに拘束されることはないこと。 （昭23.11.11基発1637号、昭31.3.1基発111号）}

Q56 試用期間の従業員が解雇予告手当を請求してきたときは

Answer Point

♣試用期間中は採用後14日以内なら解雇予告はいりません。
♣ただし、採用後14日を過ぎれば、解雇予告手当が必要です。
♣試用期間中の解雇は通常の解雇より広い範囲での解雇が認められます。

♣試用期間というのは

　試用期間は、その名のとおり、採用した従業員が正社員として本採用するにふさわしいかどうかを判断する期間です。この期間は判例上、様々な説がありますが、「解約権留保付労働契約説」が有力です。
　したがって、通常の解雇に比べると広い範囲での解雇の自由が認められています。これは、試用期間の途中でも、試用期間が終了するときでも同じです。

♣試用期間と解雇予告手当の関係は

　それでは、試用期間中の即時解雇は解雇予告手当が必要なのでしょうか。
　労基法では、試用期間中の者については原則として解雇予告制度は適用されないが、14日を超えて引き続き使用されるにいたった場合はこの限りではないと定めています（労基法21条。図表100）。
　つまり、試用期間中であっても、採用してから14日間以内であれば解雇予告なしに即日解雇できますが、採用後14日間を過ぎれば、通常の解雇と同様に30日以上前に予告するか、解雇予告手当を支払う必要があるのです。
　なお、この14日間とは、暦日で数えます。

【図表100　試用期間中の日数の数え方】

（暦日）

採用日	2日目	3日目	4日目	5日目	6日目	7日目	8日目	9日目	10日目	11日目	12日目	13日目	14日目	15日目	16日目	17日目	18日目	19日目	20日目
月	火	水	木	金	土	日	月	火	水	木	金	土	日	月	火	水	木	金	土
解雇予告は不要														解雇予告が必要						

♣試用期間中に懲戒解雇になったときは

それでは、試用期間中の従業員が懲戒解雇になった場合はどうなるでしょうか。

懲戒解雇にあたる場合は、所轄労基署長の認定を受けることができれば、試用期間中であるかどうかは問われず、解雇予告手当を支払うことなく即時解雇できます（Q55参照）。

♣試用期間中はどのような理由で解雇できるか

試用期間中の解雇は、通常の解雇より広い範囲での解雇が認められます。

しかし、解雇である以上は会社がまったく自由に行使できるわけではありません。解雇の理由によっては、解雇権濫用として無効と判断されることもあります。

判例では、試用期間中の解雇について、「企業が当初知ることができず、また知ることが期待できないような事実を、試用期間中の勤務状態により知るに至り、その者を引き続き雇用することが適当でないと判断することに合理性がある場合」に認められるとしています（最高判昭48.12.12）。

なお、要件は通常の解雇に比べて多少広がっているにしても、その要件は限定列挙であることに変わりはないと考えられています（Q43参照）。

そのため、試用期間中の解雇の要件を広げるためには、就業規則に試用期間中の解雇要件を定めておくことが必要です。

【図表101　試用期間中の解雇の規定例】

就業規則第11条
　試用期間中の者が次の各号のいずれかに該当するときは、当該期間の途中もしくは試用期間終了時に本採用せずに解雇する。
(1) 正当な理由のない欠勤・遅刻・早退を繰り返すとき
(2) 勤務態度・業務遂行能力・適性などに問題があり、従業員としての適格性がないと会社が判断したとき
(3) 業務に対する積極性に欠け、改善の見込みがないと認められるとき
(4) 書面、口頭を問わず、入社前に会社に申告した経歴や能力に偽りがあったと認められるとき
(5) 必要書類を提出しないとき
(6) 健康状態が悪いとき（精神の状態を含む）
(7) 当社の従業員としてふさわしくないと認められるとき
(8) 第53条に定める解雇事由または第63条に定める懲戒解雇事由に該当したとき

Q57 アルバイトが解雇予告手当を請求してきたときは

Answer Point

♣ アルバイトでも、一般労働者と同様に解雇予告手当が必要です。
♣ ただし、2か月以内の雇用契約を定めている場合は、最初の契約に限り、解雇予告制度が適用されません。
♣ 労働日数が少ないアルバイトは解雇予告手当の計算の特例があります。

♣ **アルバイトでも解雇予告手当が必要**

アルバイトであっても、解雇予告制度の考え方は、一般の労働者と基本的には同じです。したがって、アルバイトを会社が解雇するときは、30日以上前に予告するか、もしくは即時解雇するときは30日以上の解雇予告手当を支払わなければなりません。

ただし、労基署長の認定を受けて懲戒解雇をしたり(Q55参照)、試用期間中のアルバイトを採用後14日以内に解雇するとき(Q56参照)は、解雇予告制度が除外されます。

【図表102 解雇予告の特例】

解雇予告の必要がない労働者	⇒	解雇予告が必要になる場合
①2か月以内の期間を定めて使用される者	⇒	所定の期間を超えて引き続き使用されるに至った場合
②季節的業務で4か月以内の期間を定めて使用される者	⇒	
③日々雇入れられる者	⇒	1か月を超えて引き続き使用されるに至った場合

♣ **契約期間を定めているときは**

アルバイトであれば、その多くは雇用期間を定めた雇用契約を締結しています。この場合でも、解雇予告は必要でしょうか。

労基法では、2か月以内の期間を定めて使用される者については原則として解雇予告制度は適用されないものとしています。
　したがって、雇用2か月以内の場合は、その途中で解雇しても解雇予告は必要ありません。
　それでは、2か月以内の雇用契約を結び続ければ、実質的には解雇予告がいらなくなるように感じます。しかし、解雇予告がいらないのは、最初の雇用契約に限られます。
　例えば、最初に1か月の雇用契約を締結し、その後もう1か月雇用契約を更新した場合は、最初の1か月だけが解雇予告が適用されないことになります。

♣その他解雇予告が必要ないケースは
　スキー場や海の家などの季節的業務では、4か月以内の雇用契約の場合は同じように解雇予告が必要ありません。しかし、この場合でも契約を更新したときは、解雇予告制度が適用されます。
　また、日雇労働者の場合は当初1か月間は解雇予告制度が適用されません。

♣アルバイトの場合の解雇予告手当の計算方法は
　労働日数が少ないアルバイトの場合は、解雇予告手当を算出するための平均賃金の計算方法にも特例があります（図表103）。

【図表103　労働日数が少ないアルバイトの平均賃金の計算方法】

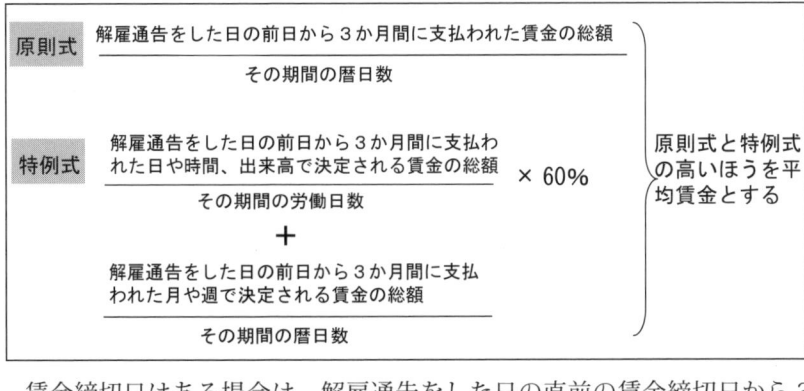

原則式	$\dfrac{\text{解雇通告をした日の前日から3か月間に支払われた賃金の総額}}{\text{その期間の暦日数}}$	
特例式	$\dfrac{\text{解雇通告をした日の前日から3か月間に支払われた日や時間、出来高で決定される賃金の総額}}{\text{その期間の労働日数}} \times 60\%$ $+$ $\dfrac{\text{解雇通告をした日の前日から3か月間に支払われた月や週で決定される賃金の総額}}{\text{その期間の暦日数}}$	原則式と特例式の高いほうを平均賃金とする

　賃金締切日はある場合は、解雇通告をした日の直前の賃金締切日から3か月間の賃金を計算します。
　この特例式は、おおむね週に3日以内の勤務日数のアルバイトに適用されます。

Q58 天災により事業の継続ができなくなったときは

Answer Point

♣労基署長の認定を受けて解雇予告制度の適用を除外することができます。

♣事業の一部ができなくなったり、取引先が被災した場合は原則として解雇予告制度が適用されます。

♣天災事変の場合の解雇予告制度の除外は

　落雷による火災や台風、地震などの天災事変により、事業の継続が困難になり、労働者を解雇せざるを得ない場合はどうでしょうか。

　この場合は、その事由について労基署長の認定を受けて、解雇予告制度の適用除外とすることができます。したがって、労基署長の認定を受けた後であれば、解雇予告手当の支払いなしに即時解雇できます。

♣除外認定を受けられるケースは

　この労基署長の認定は、天災事変のほか、天災事変に準ずる程度の不可抗力によるもので、かつ突発的な事由を意味しています。つまり、経営者として必要な措置をとっても通常いかんともし難いような状況にある場合に限られます。また、事業の継続が困難になるとは、事業の全部または大部分の継続が困難になった場合を指します。

　したがって、取引先が被災し、原材料が入手できずに事業が縮小したような場合は原則として解雇予告の除外認定を受けることはできません。

　また、一定期間後に事業を再開する見込みがあるときは、除外認定を受けられないことがあります。

　ただし、取引先への依存の程度、輸送経路の状況、他の代替手段の可能性、災害発生からの期間を総合的に勘案し、真にやむを得ないと判断された場合は、認定を受けられることもあります。

　これらの除外認定は基本的には事業所単位で判断します。したがって、他の事業所がまったく被害にあっていなくても、除外認定を受けられます。

　しかし、解雇は最終手段ですので、できるだけ他の事業所への配置転換等を考慮するようにしましょう。

Q59 無断欠勤が続いていた従業員が出勤してきたときは

Answer Point

♧消息不明になったとしても雇用契約は継続しています。
♧会社が何もアクションをしなければ、突然出勤してくれば働かせる必要があります。
♧就業規則にみなし退職規定を設けておくことが大切です。

♣突然出勤しなくなった従業員の労働契約は

　突然、無断欠勤し、会社からの電話にも出ない従業員がしばらくして突然出勤してきたときはどうすればよいでしょうか。

　正社員ではごくまれにしか聞きませんが、アルバイトでは１日２日出勤しただけで、その後連絡もなしに出勤しなくケースは多々あるようです。

　これらのケースでは、会社も連絡がつかないのでもう来ないだろうと判断して放っておくことがあります。しかし、どちらからも契約解除をしたわけではないので、このままでは雇用契約は継続していると判断されます。

　そのため数か月間消息不明になってすっかり退職したものと思っていた従業員が突然出勤してくれば、その従業員は労働する権利があることになります。

　このときに、会社が「いまさら何を…」と考えるのはいたし方ありません。

　しかし、ここで「帰れ」と言えば会社が勤務させなかったので休業手当を、「もう来なくていい」と言えば解雇になり、トラブルに発展してしまいます。

　このような事態を防止するためには、無断欠勤をしたときに、会社が何らかのアクションを起こしておくことが大切です。

♣解雇予告制度の除外認定を受けるには

　１つ目の方法は労基署長の除外認定を受けて、懲戒解雇にすることです。

　解雇予告除外認定の基準にも、「原則として２週間以上正当な理由なく無断欠勤し、出勤の督促に応じない場合」がありますので、無断欠勤後２週以上経過していれば、この基準により除外認定を受けることが可能です。

　認定を受けることができれば、本人宛に送付したことが証明できる内容証明などの方法により、図表104の懲戒解雇通知を送付すれば解決です。

【図表104　懲戒解雇通知書の例】

　　　　　　　　　　　　　　　　　　　　　平成　　年　　月　　日

○○　○○　殿
　　　　　　　　　　　　　　　　　　　　株式会社□□
　　　　　　　　　　　　　　　　　　　　代表取締役△△　△△　印

　　　　　　　　　　　　懲戒解雇通知書

　　貴殿は平成○○年○○月○○日より正当な理由がなく無断欠勤しており、当社からの連絡が一切つかない状況が継続している。
　　これは当社就業規則第63条第1号の懲戒事由に該当する。社内で慎重に審議を重ねた結果、本書により本日付けにて懲戒解雇処分に決定したので、その旨通知する。

　　　　　　　　　　　　　　　　　　　　　　　　　　　　以上

♣行方不明でまったく連絡がとれないときは

　問題は、行方不明でまったく連絡がとれない場合です。
　この場合は、懲戒解雇通知を本人に渡すことができません。このようなときには、会社の意思表示を「公示」により行うことができます。これは公示送達と呼ばれます。
　この方法は、会社が裁判所に申し立てを行い、これを受けた裁判所が一定期間通知書を掲示板に掲示するとともに、官報などで公告します。
　官報の公告後、2週間を経過すると、相手方に意思表示が到達したものとして見なされます。

♣除外認定を受けずに解雇するときは

　また、労基署長の認定を受けずに普通解雇をする方法もあります。
　就業規則の解雇事由に記載しておくことはもちろんですが、この場合は、解雇予告制度の適用となりますので、30日以上後の日を指定して解雇する

か、もしくは解雇予告手当を支払うことになります。

　この場合の解雇予告手当は、雇入日から解雇通知までの期間が3か月に満たない場合は、雇入日から解雇通知までの総日数により計算します（労基法12条6項）。

　無断欠勤をして退職したかどうかわからない従業員に解雇予告手当を支払うのは理不尽な気がします。

　しかし、無断欠勤をしてすぐに解雇することはそもそもできません。

　この計算方法では、雇入日から解雇通知までの総日数が増えるので、計算上、解雇予告手当は少額になります。

【図表105　雇入れから間もなく出勤しなかったときの解雇予告手当】

```
4月1日(月)に入社し、5日(金)まで出勤し、以降欠勤
会社は2週間様子を見たが出勤しないので、22日(月)に解雇
　（月給契約20万円　月間平均所定労働日数20日　⇒　日額1万円）
```

$$平均賃金 = \frac{解雇日前日までの給与}{解雇日前日までの暦日数} = \frac{1万円 \times 5日}{21日} = 2,380.96円$$

$$解雇予告手当 = 平均賃金 \times 30日 = 71,429円$$

　なお、この労働者が試用期間中であれば、入社から14日以内（例の場合なら4月14日まで）に解雇する場合は解雇予告手当の支払いをすることなく、即日解雇できます。

　この場合は、労基署長の認定の必要はありません（Q56参照）。

　また、解雇予告手当を支払わずに30日以上後の日を指定して解雇する場合は、その間、出勤しなければ事実上追加の賃金を支払う必要がありません。

　ただし、この間に出勤してくれば、その日の賃金は支払う必要があります。

　普通解雇をする場合は、ケースによりどちらかを選択するわけですが、いずれにせよ解雇通知を本人に行う必要があります。

♣継続した無断欠勤を退職とみなすことは

　もう1つの方法は、本人が会社との雇用契約を継続する意思がないものとして、退職扱いとする方法です。

　これは、無断欠勤を継続した場合は、その初日に本人が契約解除の申し入れをしたとみなして、一定期間これが継続した場合は、自然退職にする旨を就業規則で定めておく方法です。

そもそも、無断欠勤をして、何の連絡もしてこない従業員が最も責を追うべきです。

会社からの連絡がつけば退職の意思確認もできますが、それもかなわない場合はやむを得ません。

この方法は、法的に明文化されているわけではありませんが、就業規則にその旨を定めていれば、十分有効であると考えられます。

この場合の一定期間とは、3つの考え方があります。

(1) 期間の定めのない雇用契約の解除の申入れの原則である2週間（民法627条）
(2) 同じく月給制の場合の賃金計算期間の終了日（民法627条）
(3) 雇用期間の定めのある雇用契約の解除の申入期間である3か月（民法628条）

(2)の月給制の賃金計算期間の終了日は、申入日により、その計算期間の終了日になる場合と、次の計算期間の終了日になる場合があります。

つまり、申入日が計算期間の前半であればその計算期間、後半であれば図表106の計算期間の終了日になります。

【図表106　契約期間の定めのない雇用契約（月給制）の契約解除の申入日と終了日の関係】

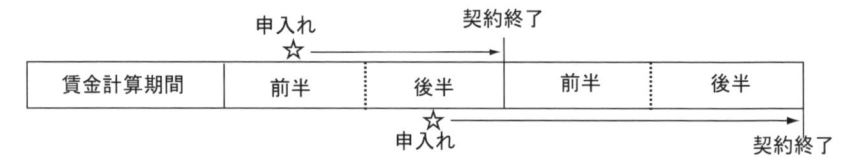

賃金計算期間	前半	後半	前半	後半

申入れ☆→契約終了（前半で申入れの場合、当該計算期間終了）
申入れ☆→契約終了（後半で申入れの場合、次の計算期間終了）

ここでは、(2)と(3)を用いた就業規則の定めを例示します。

【図表107　就業規則の規定例】

> 就業規則第51条
> 　従業員が次の各号のいずれかに該当する場合はその日を退職の日とし、従業員としての身分を失う。
> （2）従業員が無断欠勤を継続し、会社からの連絡がつかず以下に掲げる日を迎えた場合
> 　① 月給制の従業員が賃金計算期間の前半から継続したときは、その計算期間の末日
> 　② 月給制の従業員が賃金計算期間の後半から継続したときは、次の計算期間の末日
> 　③ 時給制または日給制の従業員のときは、3か月間を経過した日

Q60　入社予定者が内定中に妊娠したときは

Answer Point

♧内定はすでに労働契約が成立しているため、内定取消しは一定の理由がないとできません。

♧妊娠を理由とした内定取消しは均等法に反しますので、原則としてできません。

♣内定取消しができるときは

　入社予定者から妊娠したとの連絡があった場合、会社は内定を取り消すことができるのでしょうか。

　そもそも内定は、法的には「始期付解約権留保付労働契約」と解されます。

　つまり、求職者からの応募が労働契約の申込みであり、内定通知がそれに対する承諾にあたります。

　そのため、内定通知（承諾書の提出が義務づけられていればその承諾書の提出）により、入社日がまだ先であっても、労働契約がすでに成立していると考えられます。

　したがって、内定期間中も会社は解雇権濫用法理（Q47参照）の適用を受けると考えるのが通例です。

　内定を取り消すことができるのは、「採用内定当時知ることができず、また知ることが期待できないような事実であって、これを理由として採用内定を取り消すことが解約権留保の趣旨、目的に照らして客観的に合理的と認められ、社会通念上相当と是認することができる」場合に限られます（最裁二小判昭54.7.20）。

　この判例をもとにすると、内定取消しは、図表108のような正当な事由があると判断できる場合になります。

　また、内定者が一般の労働者と違うのは、この期間は労働者ではありませんので、労基法や会社の就業規則は原則として適用されないことです。

　そのため、内定者に就業規則の遵守事項や守秘義務を課したい場合は、入社誓約書や内定通知書の中にこれらの義務があることを明示する必要があります。これらの明示があったにもかかわらず、内定者が違反した場合は内定取消しも有効になると考えられます。

【図表108　内定を取り消すことができるとき】

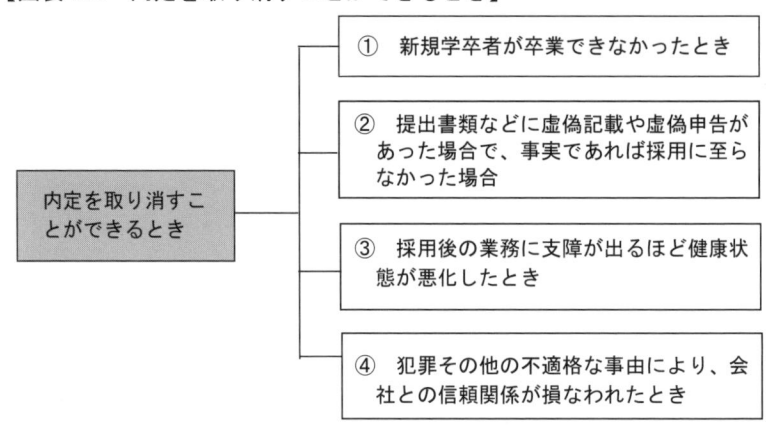

内定を取り消すことができるとき
- ① 新規学卒者が卒業できなかったとき
- ② 提出書類などに虚偽記載や虚偽申告があった場合で、事実であれば採用に至らなかった場合
- ③ 採用後の業務に支障が出るほど健康状態が悪化したとき
- ④ 犯罪その他の不適格な事由により、会社との信頼関係が損なわれたとき

☞就業規則第7条参照。

♣内定者が妊娠したときは

　それでは、妊娠したことを理由とする内定取消しの場合はどうでしょうか。

　たしかに会社にとっては「内定当時知ることができず、また知ることが期待できないような事実」であったかもしれません。

　妊娠していることにより、特に新規学卒者を一括して採用し、集合研修を行うような会社では、入社直後の研修期間や、その後の教育期間の勤務に支障が出る可能性があるため、内定を取り消したいと考えるかもしれません。

　また、中小企業では、これまで妊娠・出産を経て勤務をした方が1人もいない会社もありますので、「まして入社時から…」と考えるかもしれません。

　しかし、そもそも女性労働者を妊娠したことを理由とする解雇その他の不利益な取扱いは禁止されています（均等法9条3項）。

　したがって、妊娠を理由とした解雇は無効であり、内定取消しであっても均等法の趣旨に照らして、違法であるといわざるを得ません。妊娠によって生じた会社側の不都合は仕方ないのです。

　ただし、採用試験中に受験者が妊娠していることを知りながら、内定を得るために事実を隠しており、健康状態は問題ないことを申告しているような場合は必ずしも社会通念上相当ではないとは言えず、内定取消しが認められる可能性もあります。

　また、会社内に妊婦が就業できる職種がまったくないことは考えにくいですが、妊娠したことにより就業できる職種がない場合や、当初から職種を限定して内定を出し、その職種が妊娠した女性には堪えられない業務であるよ

【図表109　応募から入社までの身分の解釈】

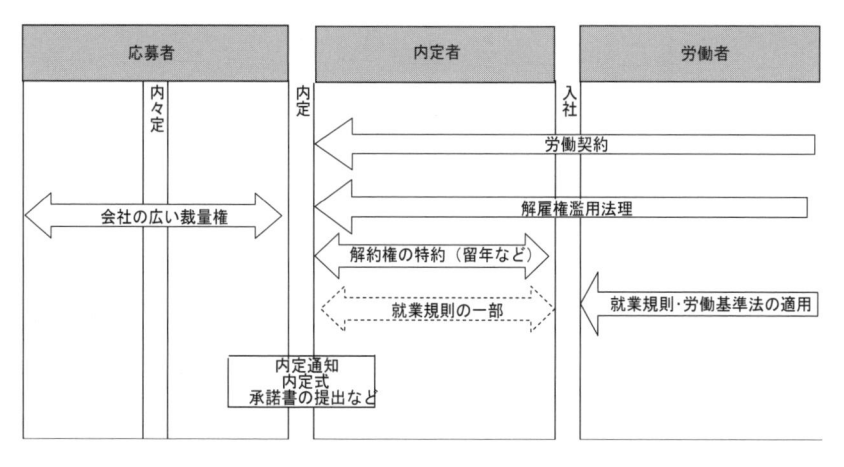

```
応募者              内定者              労働者
      内々定      内定      入社
                    ←──────労働契約──────
                    ←──────解雇権濫用法理──────
←会社の広い裁量権→
                    解約権の特約（留年など）
                    ←─就業規則の一部─→  ←就業規則・労働基準法の適用
                  内定通知
                  内定式
                  承諾書の提出など
```

うな場合は、内定取消しも有効になるでしょう。

♣内定と内々定の違いは

それでは、内々定の場合はどうでしょうか。

どこまでが内々定で、どこからが内定になるかは、法的な根拠がなく、判断に迷うところですが、一般的には、「採用の最終決定は追って連絡します」などの通知を出しており、採用が確定していないことが明確であれば「内々定」と判断されるでしょう。

また、内定者（あるいは内々定者）に入社承諾書の提出や、内定式の参加を義務づけているような場合は、承諾のボールが応募者に投げ返されていますので、承諾書の提出や内定式の参加をもって、両者の労働契約が合意したと考えられます。

したがって、これらの提出または参加の前は「内々定」、この日以降が「内定」と考えられます。

内々定期間は、採用試験の一部であることから、一般的には解雇権濫用法理は適用されず、採用試験に受からなかったことになります。

採用試験の合否については、当然のことながら会社に広い裁量が認められています。

なお、内定取消しをせずに、入社日を変更することも基本的には内定時に締結された労働契約の変更になります。

したがって、入社日の変更も会社が一方的に行うことはできず、内定者との間で合意が成立した場合に限り、有効であると考えられます。

Q61 失業保険のために会社都合にしてほしいと依頼されたときは

Answer Point

♣ 自己都合退職を会社都合として記載することは違法行為です。

♣ 不正が判明した場合、3倍返しになり、会社も連帯責任を問われることがあります。

♣ 退職理由の改ざんは違法行為

　自己都合により退職する従業員から、失業保険が欲しいので「会社都合」扱いにして欲しいとお願いされ、会社も「早く失業保険がもらえるなら」と応じてしまうケースがあるようです。

　しかし、ちょっと待ってください。

　この行為は立派な不正受給であり、しかも会社が不正に加担したことになります。

♣ 失業保険の仕組みは

　そもそも失業給付の仕組みはどうなっているのでしょうか。

　失業保険には、大きく分けて、①解雇などの特定受給資格者、②定年や自己都合などの受給資格者、の2種類の受給資格があります。

　これに加え、平成21年より、③期間満了により退職したり、出産や育児などの正当な理由により退職した特定理由離職者、の区分が設けられました。

　このうち、会社都合と呼ばれるのが①の特定受給資格者です。特定受給資格者は②の受給資格者に比べ、給付の日数が手厚くなっています。

　その反面、会社都合で退職者を出しましたので、会社にとっては一定期間、雇入れ関係の助成金の支給を受けられないなどのペナルティーがあります。

　また、②の受給資格者の中で、定年などの場合を除く自己都合退職の場合は、通常3か月の給付制限期間がありますので、退職後3か月間は失業保険が受けられません。

　③の特定理由離職者は、会社都合ではありませんが、失業者を保護するために特定受給資格者と同等の給付を受けられる制度です。

　これらをまとめると、図表110のようになります。

3　退職・解雇をめぐるトラブルの対処法は

【図表110 失業保険の区分】

区分	主な発生理由	支給日数	給付制限期間	雇用関係助成金
①特定受給資格者	・倒産、解雇、退職勧奨	長い	なし	一定期間不可
	・3年以上継続した雇用期間の満了など			
②受給資格者	・定年	短い	なし	申請可能
	・その他自己都合退職		原則3か月間	
③特定理由離職者	・契約期間の満了	長い	なし	申請可能
	・妊娠、出産、育児、介護など正当な自己都合退職			

注：発生理由は要約です。それぞれ細かい要件がありますので、詳細はハローワークへ確認してください。

♣不正行為を行ったときのペナルティーは

不正受給があったことが発覚すると、それまで不正に受給した金額を返還するだけではなく、納付金が加算されます。

この納付金は、原則として返還額の2倍です。このため、一般的には「3倍返し」と呼ばれます。

会社が離職理由について虚偽記載を行った場合は、受給者とともにこれを連帯して返済することになります。

さらに、悪質度が高ければ、受給者も会社も詐欺罪等で告訴されることもあります。

会社都合による失業保険の給付日数は最長で330日（45歳以上60歳未満、勤続20年以上）、この年齢区分の給付日額の上限は7,505円ですので、およそ250万円受給する可能性があります。これの3倍返しになったとすると、およそ750万円になります。

また会社都合にするため、解雇を退職理由として記載すると、会社が一番避けたい解雇を認めたことになります。

先ほどの金額リスクだけでなく、今度は労働者との後々のトラブルを抱えるリスクもあります。

このように離職理由の改ざんのリスクは非常に大きいです。従業員から頼まれたからといって会社都合にするのは絶対にやめましょう。

Q62 会社の備品を返さないで退職した従業員への対応は

Answer Point

♧会社の貸与品は返還する義務があり、返還しないときは損害賠償も可能です。
♧トラブル防止のため、退職日までに必ず返還してもらいましょう。

♣備品は従業員のものではない

会社の制服や社員証、名刺などの備品を返さない退職者にはどうしたらよいでしょうか。

これらの備品は会社が従業員に貸与しているものであり、従業員に譲渡したわけではありません。当然、退職のときは会社に返却しなければいけません。

♣退職日前に精算をしよう

そもそもこのような問題が起こるのは、退職日までにきちんと精算を行わなかったことにあります。

いったん退職してしまった従業員は、「もう関係ない」とばかりに会社の指示を聞かなくなることも多々耳にします。

退職してしまった従業員に備品を返却させるために、会社ができる最後の手段は横領で告訴したり、あるいは損害賠償請求を起こすことです。

しかし、一般的には返却しない備品は少額であることが多く、結局会社があきらめざるを得なくなります。

このため、従業員の身分であるうちに、貸与品の返却や精算を行うことが大切であり、従業員に周知するためにも就業規則への記載も忘れないようにしましょう。

【図表111　就業規則の規定例】

就業規則第56条
従業員が退職または解雇された場合は、会社からの借入金、借入品、その他健康保険証などを、退職の日までに返納しなければならない。

♣ 返却されない備品の損害賠償は

実際に退職者が貸与品を返却しない場合はどうしたらよいでしょうか。

制服や会社の鍵などの場合、実際の損害額が確定できます。

特に事務所の鍵の場合、返却されないときは、保安上すべての鍵を交換することになるかもしれません。すべての鍵を交換した場合は、その全額を損害賠償として請求できると考えられます。

実際にこのような問題が起こったときは、退職者に対して、返却期限と返却されない場合の損害賠償額を通知することが解決への第一歩です。ほとんどの場合はこれで解決するようです。

ただし、返却しそうにないからといって、損害額を最終給与から控除することは、賃金の全額払いの原則に違反しますので避けたほうがよいでしょう。

また、健康保険証が返却されない場合は、退職後に使用されると後で手間が増えることがあります。

健康保険は、本来は資格喪失後5日以内に手続することになっています（健康保険法施行規則24条）。

健康保険証の回収ができない場合でも、資格喪失手続は回収不能届を提出することで行えます。

返却がされない場合でも手続はすすめるようにしましょう。

♣ 退職金に減額規定を設けることは

一歩進んで予防対策をとる場合は、退職金規定に減額規定を設けることも可能です。

退職金の計算方法自体は、会社が任意に設定することができますので、退職時にきちんと手続を踏めなかった従業員に対して、規定に則り、退職金を減額することは問題ありません。

これも従業員に対して、最後まできちんとけじめをつけて退職させるのに有効であると考えられます。

ただし、退職金も賃金の一部ですので、会社が損害額を一方的に退職金から控除することはできません。

【図表112　退職金規定の規定例】

```
退職金規定第10条
        ～略～
  2　次の各号の一に該当する場合、退職金を5割の範囲で減額することがある。
  （4）会社の指定した期日までに貸与品の返却、金品の精算を行わなかったとき
```

Q63 退職した従業員が賞与を請求してきたときは

Answer Point

♣ 就業規則で定めてあれば、支給日当日に在職している従業員だけを支給対象にできます。
♣ 特殊な雇用契約など退職者にも賞与を支給するケースがあります。

♣ **退職者に賞与を支給する義務はない**

賞与は法律には明確な定義がありませんが、通達では、①定期または臨時に、原則として労働者の勤務成績に応じて支給されるものであって、その支給額が予め予定されていないものをいうこと、②定期的に支給され、かつその支給額が確定しているものは、名称の如何にかかわらず、これを賞与とみなさないこと（昭 55.9.13 発基 17 号）と定義されています。

この賞与でときどきトラブルになるのが、査定期間に在職しており、支給日にはすでに退職している従業員への支給です。

基本的には、賞与の支給基準や方法は会社の裁量に任されていますから、「支給日に在籍していることを支給要件とする」との基準を設けることは差し支えありません。

判例でも、支給日に在籍している者に対してのみ、決算期間を対象とする賞与が支給されている慣行が存在していた場合、この内容には一定の合理性があり、支給日に在籍していなかった者はその受給権を有しない（最一小判昭 57.10.7）とされています。

ただし、トラブルを防止するためにも、慣例ではなく、賃金規定に支給要件を明確に記しておくことが大切です。

【図表 113 賃金規定の賞与支給要件の規定例】

賃金規定第22条
　〜略〜
　3　賞与は、将来の労働への意欲向上策としての意味も込めて支給するため、賞与の査定期間に在籍した者でも、賞与支給日当日に在籍していない者には支給しない。

♣退職者にも賞与の支給が必要なときは

賞与には、一般的には大きく分けて図表114の3種類の性格があります。

【図表114　賞与の性格】

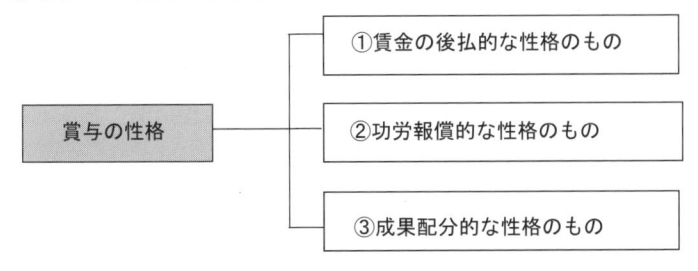

賞与の性格
- ①賃金の後払的な性格のもの
- ②功労報償的な性格のもの
- ③成果配分的な性格のもの

賞与を「①賃金の後払い」や「③成果配分」として支給しているのなら、支給日に在籍している従業員だけを対象にするのは難しいかもしれません。

例えば、年俸制で年俸を16分割し、その16分の2ずつを遅れて夏冬の賞与として支給している場合、在職していないからといって、賞与を全額不支給とするのは不合理です。

また、賞与のすべてが査定期間中の成果配分であるならば、査定期間すべてに在職していた従業員を、支給日に在職していないからといって全額不支給にするのもおかしな話です。

賞与が「②功労報償」であるならば、「これからも頑張ってくれ」という期待を込めて支給していますので、この場合は支給日に在職していない従業員に支給しないのは合理的です。

なお、支給額の決定方法が「③成果配分」であったとしても、「②功労報償」の意味をこめて賞与を支給する場合も同様です。

ただし、会社の事情で支給が遅れたケースでは、「実際の支給日に在職していなくても本来の支給日に在職していれば賞与を支給すべき」との判例もありますので注意が必要です（東高判昭59.8.27）。

特に年俸制で賞与の支給額が確定している場合は、先の通達からも賞与とは見なされません。

年俸は年間を通じて労務を提供することを前提に決定しますので、労務提供期間に応じて賞与を按分計算することは可能です。

しかし、それ以上に支給額を少なくしたり、支給日に在籍しないから不支給にするのは問題です。

年俸制の場合の賞与は、トラブルに発展しやすいので取扱いを就業規則や契約で明記しておくことが望まれます。

Q64 懲戒解雇した従業員が退職金を請求してきたときは

Answer Point

♣ 懲戒解雇になった従業員には退職金を支給しないことができます。

♣ 不支給にするためには、あらかじめ就業規則に不支給要件を定めておくことが必要です。

♣ 退職金の法的性格は

多くの会社では退職金制度を導入しています。本来、退職金は支給が義務づけられているわけではありませんので、必ずしも支給しなければならないものではありません。

しかし、就業規則や退職金規定であらかじめ支給条件を明確にしている場合には、退職金も労働契約の一部になります。労働契約の一部であれば労働者に退職金を受け取る権利、会社に退職金の支払義務が発生し、法律上賃金と同じ扱いになります。

♣ 退職金を不支給にするには

懲戒解雇の場合に退職金を不支給にするのであれば、就業規則や退職金規定にあらかじめその旨を定めておかなければなりません。

懲戒解雇の場合に退職金を支給しないことが会社の慣例として成立していれば、就業規則や退職金規定で定めていなくても、退職金を不支給とすることは違法ではないとの判例もあります。

しかし、中小企業で退職金が不支給となる懲戒解雇が「慣例」として成立するほど頻発している会社はまずないでしょう。

そのため、退職金の不支給要件を就業規則や退職金規定で明確に定めておくことが大切です。

反対に、この不支給要件が定められていないのに懲戒解雇した従業員の退職金を不支給にした場合は、労働契約の不履行と判断され、退職金の支払いを命じられる可能性が出てきます。

図表115の判例では、付款がなかったものとして退職金の請求が認められています（東京地判平11.2.23）。

【図表115　懲戒解雇に対する退職金の不支給に対する判例要旨】

① 退職金には賃金後払いの性質だけではなく、功労報償の性質もあるので、懲戒解雇された従業員に退職金を支給しないことが一般的に不合理とはいえない。
② そのため、懲戒解雇された従業員に退職金を支給しない内容の付款を設けることは許される。
③ 付款はあらかじめ、就業規則において定めておくべきであるが、個々の労働契約において、付款を設けることを合意することは当然許される。
④ 就業規則において付款を設けていなくても、そのような付款が適用されるという事実たる慣習が成立しているものと認められる場合には、付款が設けられていると認めることができる。

♣ 退職金を全額支給しないことは可能か

　それでは、懲戒解雇であれば当然に退職金を全額不支給にできるのでしょうか。これまでは、懲戒解雇となった理由が、横領や名誉毀損、器物損壊など会社に「相応の損害」を与えた場合に限り、全額不支給とすることができると解されてきました。

　しかし、近年では、全額不支給にできる懲戒解雇事由を厳格に判断する傾向が見られ、よほど悪質なケースでないと全額不支給が認められない傾向にあります。

　1つの判断として、解雇予告制度の除外認定の基準が準用できます。

　つまり、除外認定を受けられる程度の理由の場合は全額不支給、そうでない場合は、損害の度合いと従業員のこれまでの貢献度を勘案して減額幅を決定するのです（図表116）。

　なお、退職金の不支給や減額と損害賠償はまったく性格が違います。

　そのため、会社が現に損害を被っているときは、退職金を不支給や減額にしたこととは別に、当然に損害賠償請求をすることができます。

　ただし、退職金から損害賠償相当額を一方的に控除することはできませんので、一旦現金で支給し、その場で返金させるなどの対策が必要です。

【図表116　懲戒解雇と退職金】

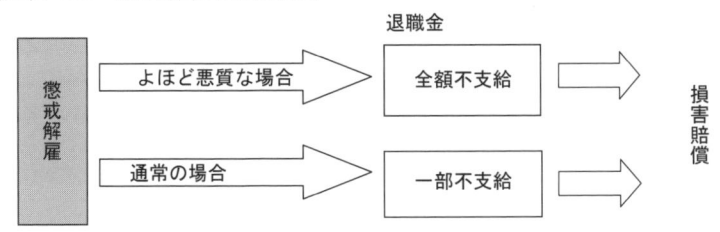

懲戒解雇 → よほど悪質な場合 → 退職金 全額不支給 → 損害賠償
懲戒解雇 → 通常の場合 → 一部不支給 → 損害賠償

♣その他の注意点は

　懲戒解雇に相当する事由が発覚した従業員が退職届を提出し、自己都合退職をしようとしたときはどうでしょうか。

　従業員が懲戒解雇になる日より前の日付で退職しようとした場合は、在職しているので退職届が有効になります。退職した従業員を懲戒処分にすることは理論上あり得ませんし、認められません。

　この場合は、懲戒処分を受けていませんので、自己都合退職として通常の計算による退職金が支給されることになります。

　まさかとは思われるかもしれませんが、いざとなると知恵を絞り、あわてて退職しようとする従業員がいることを実際に見聞きします。

　また、退職金規定で支給日を明確に定めている場合は、会社はその日に退職金を支払う義務があります。

　一旦支払った退職金を返還させることは可能ですが、そう簡単に返金に応じてくれるとは思えません。

　そのため、このような特殊な事情がある場合には、退職金を支払わずにしておきたいものです。

　退職金規定には、①懲戒解雇となる程度の理由があって自己都合退職した従業員、②退職金を受け取った後に懲戒解雇となる程度の理由が発覚した従業員、に対しても退職金を不支給にしたり、支給した退職金を返還させる旨を定めておくこと、③懲戒解雇となる程度の嫌疑がある場合には退職金の支払いを留保できる旨を定めておくことが大切です。

【図表117　退職金規定の規定例】

```
退職金規定第8条
　2　前項の定めにかかわらず、第10条に該当する疑いがあるときは、事実関係が明確になるまで、支払いを留保する。

退職金規定第10条
　次の各号の一に該当する者には、退職金を支給しない。ただし、事情により退職金の一部を支給することがある。
(1) 就業規則に定める懲戒規定に基づき懲戒解雇された者
(2) 退職後、支給日までの間において在職中の行為につき懲戒解雇に相当する事由があったと認められた者
　3　退職金の支給後に在職中の行為につき、懲戒解雇または諭旨解雇、あるいは競業避止義務違反および退職後の責務違反のいずれかに該当する事実が発見された場合は、会社は支給した退職金の返還を当該社員であった者または前条の遺族に求めることができる。
```

Q65 退職した従業員の不正請求が発覚したときは

Answer Point

♣ 不正請求の返還は当然に求めることができます。
♣ 不法行為に対する損害賠償請求の時効は発覚後3年間です。

♣ **不正請求に対する返還の時効は**

従業員が出張旅費の不正請求をしていたり、通勤手当の不正請求をしていたことが退職後に発覚することがあります。

不正請求は詐欺罪や横領罪にあたる立派な犯罪行為です。しかし、すでに雇用関係が消滅している退職者を懲戒処分にすることはできません。

しかし、不正請求により得た利益は、不当利得ですから会社は退職者に返還を求めることができます。

この不法行為に対する損害賠償請求権は、会社が損害と加害者(不正請求をした退職者)を知ったときから3年、または不法行為を行ったときから20年で消滅します(民法724条)。

請求権が消滅する前に、①裁判を起こすか、あるいは②退職者が不正利得を返還することを承認すれば、時効は停止されます。

このため、不正利得を返還することで合意できれば、返還期限は3年以上になっても時効で返還義務がなくなるということはありません。

【図表118 損害賠償請求と時効】

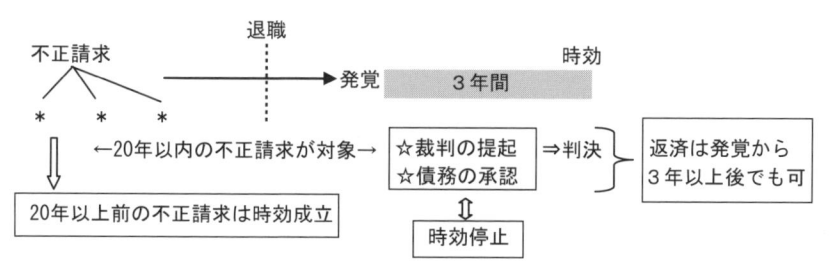

```
不正請求                退職
                         ┊        時効
                         ┊→発覚  ┌3年間─┐
 *  *  *                          
     ←―20年以内の不正請求が対象→  ☆裁判の提起  ⇒判決 }返済は発覚から
                                  ☆債務の承認           3年以上後でも可
┌────────────┐              ↕
│20年以上前の不正請求は時効成立│         時効停止
└────────────┘
```

もちろんこれらの事実が在職中に発覚していれば、程度にもよりますが、懲戒解雇になりかねない事案です。退職金規定に返還義務の記載があれば、退職金を返還させることは可能です(Q64参照)。

Q66 退職した従業員が顧客情報をライバル会社に売ったときは

Answer Point

♣退職後に顧客情報を保有していたことが最大の問題です。
♣就業規則などで退職後の守秘義務を明確にしましょう。
♣退職者には民事上の損害賠償と刑事責任を追及できます。

♣**退職者に顧客情報を保有させないためには**

　顧客情報をはじめとするデータは、たとえ従業員個人が作成したのであっても、会社の指揮命令下で労務を提供した結果できたものですから、その権利は当然に会社に帰属します。☞就業規則第69条参照。
　この顧客情報を退職者が保有していたこと自体が問題です。
　平成15年5月に個人情報保護法が施行されてから、顧客情報その他の会社が取り扱う個人データは厳格な管理が必要になりました。
　特に取り扱う個人情報が5,000件を超える場合には、会社は「個人情報取扱業者」として、個人情報保護法上の義務を負うことになります。
　そのため、個人情報が流出し、あるいは悪用された場合は、会社がその責任を問われます。個人情報の流出により被害が発生したときは、会社が損害賠償の責を負います。顧客情報には、ほとんどの場合、個人情報が含まれています。退職者はもちろん、在職者にも個人で保有させないことが大切です。
　顧客情報をライバル会社に売ることは不法行為です。退職が決まった従業員に対しては、情報漏えいの予防のためにも、退職日までに顧客情報をはじめとする個人情報をすべて回収し、また退職後はすみやかにIDを破棄するなど不正にアクセスできないように防御することが大切です。また、退職者に対して秘密保持誓約書を提出させたり、就業規則に退職者の責務を明記しておくことも抑止力になります。就業規則は、在職者に対して効力があり、本来退職者には効力がないのですが、守秘義務等の一部の規定については退職者にもその効力が及ぶと考えられています。

【図表119　就業規則の規定例】

就業規則第59条
　会社を退職または解雇された従業員は、退職または解雇後といえども、本規則第15条第5号、第9号、第16号、第18号、第19号に定める守秘義務を負わなければならない。

♣ 万が一流出してしまったときの対策は

　会社が対策をとっていたにもかかわらず、不幸にも顧客情報がライバル会社へ流出してしまったときはどうしたらよいでしょうか。

　まずはこれ以上の情報の拡散を防ぐことを考えます。

　情報が拡散すると二次被害、三次被害が発生します。時間が経てばリスクが高まりますので、早急な対処が必要です。次に流出の範囲や程度に対する事実関係を公表し、謝罪と事情説明により、被害者の不安の沈静化を図ります。下手に事実を隠蔽しようとしたり、対応を誤ると会社の信頼を失って、かえって大問題になります。

　情報漏えいによる損害は、民事上の不法行為による損害賠償請求として、退職者に請求できます。ただし、流出の規模や被害が大きくなると、現実的には退職者個人ですべて賠償できるかどうかわかりません。

　近年では、保険会社より個人情報漏洩保険が販売されていますので、業種によってはあらかじめこの保険に加入しておくことも考えられます。

　また、顧客情報をライバル会社に販売した行為自体が業務上横領罪にあたります。刑事事件として告訴することも視野に入れなければなりません。

【図表120　顧客情報が流出した場合の対策】

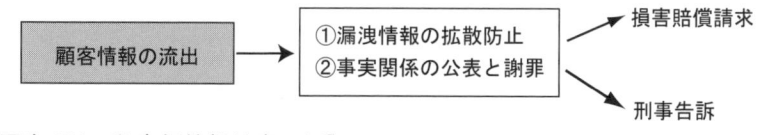

顧客情報の流出 → ①漏洩情報の拡散防止　②事実関係の公表と謝罪 → 損害賠償請求／刑事告訴

【図表121　秘密保持誓約書の例】

秘密保持誓約書

第１条（秘密保持の誓約）
　私は、次に示される貴社の技術上または営業上の情報（以下「秘密情報」という）について、貴社退職後といえども、貴社の許可なく、私自身のため、あるいは他の事業者その他の第三者のために開示、漏洩もしくは使用しないことを約束致します。
　１．経営上の重大な秘密ならびに職務上知り得た個人情報
　２．顧客及び取引先に関する情報
　３．製品開発、製造及び販売における企画、技術資料、製造原価、価格決定等の情報
　４．財務、人事等に関する情報
　５．他社との業務提携に関する情報
　６．上司または営業秘密等管理責任者により秘密情報として指定された情報
　７．以上の他、貴社が特に秘密保持対象として指定した情報
第２条（退職金の返還）
　私は、第１条に違反した場合は、退職金の全額を返還することを約束致します。
第３条（損害賠償）
　私は、第１条に違反して、貴社の秘密情報を開示、漏洩もしくは使用した場合、法的な責任を負担するものであることを確認し、これにより貴社が被った一切の損害を賠償することを約束致します。

Q67 退職した従業員がライバル会社に就職したときは

Answer Point

♣ 就業規則等に特約があれば、競業避止義務を課すことができます。
♣ 競業避止義務は、その対象者を限定するなどの注意が必要です。

♣ **職業選択の自由と競業避止義務**

わが国では、憲法で「職業選択の自由」を基本的人権の1つとして保障しています。

そのため、退職後にライバル会社に就職しようが、自ら同業を立ち上げようが、基本的には本人の自由です。

しかし、退職者がライバル会社に就職したり、同業を立ち上げる場合、会社のノウハウや機密事項が外部に流出する可能性が高くなります。

そのため、会社としては、ライバル会社に就職したり、同業を立ち上げることは避けて欲しいというのが本音です。

それでは、会社が「職業選択の自由」を制約することができるのでしょうか。判例によれば、特約がまったく存在しない場合は、職業選択の自由を制約できないとされています（金沢地判昭43.3.27）。

【図表122　競業避止義務の基本的な考え方に関する判例】

> 習得した業務上の知識、経験、技術は労働者の人格的財産の一部をなすもので、これを退職後にどのように利用していくかは各人の自由に属し、特約もなしにこの自由を拘束することはできない。

この判例でいう「特約がなければ制約できない」ということは、裏を返せば「特約があれば競業避止義務を課せられる」ことになります。

このため、最低でも、就業規則や労働契約、退職者の誓約書に競業避止義務に関する規定が必要です。

♣ **競業避止が課せられる範囲は**

それでは、特約があればどんな退職者にでも競業避止義務を課すことができるのでしょうか。実際には、退職後10年もの長期にわたって競業を禁止

したり、営業上の秘密を知り得ないアルバイトにまで競業を禁止することはできません。どの程度までであれば競業禁止義務が認められるのかは一概にはいえませんが、一般的には、図表123の範囲を総合的に勘案して、会社が決定することになります。

【図表123　競業避止の範囲に関する判例】

> 競業避止の内容が必要最小限の範囲であり、また当該競業避止義務を従業員に負担させるに足りうる事情が存するなど合理的なものでなければならない。
> （大阪地判平12.6.19）
>
> 合理性の判断基準
> 　①　競業が禁止される期間
> 　②　競業が禁止される場所的範囲
> 　③　制限の対象となる職種の範囲
> 　④　代償の有無

　ライバル会社に就職したり、同業を立ち上げられると、ノウハウや機密事項が流出するおそれがあると考える場合には、就業規則に対象範囲を限定した競業避止に関する定めをしておくことが大切です。

【図表124　就業規則の規定例】

> 就業規則第58条
> 　会社は退職または解雇する従業員に対して、会社の正当な利益を保護するために、一定の業種、職種、期間、地域を明示して、競業避止義務を課すことがある。

【図表125　競業禁止誓約書の例】

> 競業避止誓約書
>
> 第1条（競業避止義務の確認）
> 　私は、貴社退職後1年間にわたり次の行為を行わないことを約束致します。
> 　1．貴社と競合関係に立つ事業者に就職したり役員に就任すること
> 　2．貴社と競合関係に立つ事業者の提携先企業に就職したり役員に就任すること
> 　3．貴社と競合関係に立つ事業を自ら開業または設立すること
>
> 第2条（退職金の返還）
> 　私は、第1条に違反した場合は、退職金の全額を返還することを約束致します。
>
> 第3条（損害賠償）
> 　私は、第1条に違反した場合は、法的な責任を負担するものであることを確認し、これにより貴社が被った一切の損害を賠償することを約束致します。

Q68 会社を設立した退職者が従業員を引き抜いたときは

Answer Point

♣不法行為が成立しない場合は違法ではありません。
♣悪質な場合は、損害賠償が認められます。

♣引抜きは違法ではないか

　退職者が会社を設立することも、退職者からの誘いに応じて、他の従業員が転職することも、競業避止義務がなければ、憲法で定める「職業選択の自由」から制約はありません。

　そのため、他の従業員への引抜行為が、通常の勧誘行為にとどまる限り、適法であり、会社は手をこまねくしかありません。しかし、引抜行為が公序良俗（民法90条）に反していたり、信義誠実の原則（民法1条2項）に反している場合は不法行為（民法709条、715条）として責任を追及することができます。

　この不法行為は、侵害行為の違法性が特に強い場合に限り成立します。

♣不法行為になる具体例は

　それでは不法行為が成立する事例はどのような場合でしょうか。
　例えば、取締役が新会社設立を予定して、在任中から従業員に対して勧誘をしていた場合には、会社法355条（当時商法）の忠実義務に反しているため、損害賠償請求の対象となりました（東高判平11.2.22）。

【図表126　取締役の引抜きに関するその他の判例】

元代表取締役が会社を退職して競業会社を設立し、会社の従業員らに働きかけて、新会社に移籍させるなどした行為は、忠実義務に反し、不法行為を構成する（東京地判平19.4.27）。

　また、従業員が部下や同僚の引抜行為をした場合は、第三者による引き抜きよりもその違法性を認める範囲が少し広くなっています。
　図表127は、社会的相当性を逸脱し、極めて背信的に行われていたと判断されたケースです。これらは、雇用契約上の誠実義務に違反したものとして、債務不履行または不法行為責任があります。

【図表127　社会的相当性逸脱の判断基準】

判例①　進学塾の講師2名が、年度の途中で代替要員を確保する時間的余裕を与えないまま講師の大半を勧誘して退職し、職務上入手した情報に基づいて生徒を勧誘して、新たに設立した進学塾に入学させた行為が、就業規則上の競業避止義務に違反するとして、連帯しての損害賠償義務を免れないとされた（東京地判平2.4.17）。

判例②　英会話教材販売会社の営業本部長が新人のセールスマン24名を組織ごと不意打ち的に大量に引抜いてライバル会社に転職させた事件では、その部長と引き抜いた会社に対し、1か月分の粗利益減少分の損害賠償が認められた（東京地判平3.2.25）。

⇓

社会的相当性を逸脱した引抜行為の判断基準
　①転職する従業員のその会社での地位
　②会社内部における待遇や人数
　③退職が会社に及ぼす影響度合い
　④転職の勧誘に用いた方法
　　（退職までの期間、秘密性、計画性など）

ただし、これらの不法行為責任を認めたケースでも、損害賠償の請求にとどまっており、引抜行為自体を白紙にすることにはなりません。

♣派遣労働者への競業制限は

派遣労働者が派遣先事業所へ転職しようとしてトラブルになるケースも見聞きします。

派遣労働者に対しては、正当な理由がなく、派遣元との雇用関係の終了後に派遣先に雇用されることを禁ずる旨の契約を締結してはならないことになっています（労働者派遣法33条1項）。

また、派遣先事業所に対して同様に派遣労働者と雇用契約をすることを禁ずる契約も締結できません（同法33条2項）。

なお、これらで禁止されているのは雇用関係の終了後の契約を指していますので、雇用契約の途中について、これらを禁止する契約を締結すること自体は許されています。

「正当な理由」がある場合には、雇用関係の終了後も一定期間、競業避止義務を課すことは可能ですが、派遣労働者がもともと他社に派遣され就業するという性格を有していますので、きわめてまれなケースになります。

Q69 競業避止義務違反を理由にした損害賠償額の請求は

Answer Point

♣競業避止に違反しただけでは、損害賠償請求をすることは困難です。
♣競業避止違反に不法行為が加われば、損害賠償請求が認められることもあります。

♣競業避止義務違反に対する損害賠償は

　適正な範囲の競業避止義務を就業規則に定めており、その範囲に違反して退職者がライバル会社や同業を立ち上げたとしても、現実に損害賠償を請求することは難しいと考えられます。

　例えば、競業避止義務に違反し、なおかつ不適当な引抜きを行ったような場合では、不法行為が成立しますので、損害賠償請求が認められることもあります。

　また、競業避止義務を就業規則に定めていなくても、営業秘密に関しては信義則上、あるいは不正競争防止法上の守秘義務があります。

　このため、同業種に転職したり自ら会社を立ち上げた退職者が、顧客名簿を流用して営業したような場合には損害賠償請求が認められます。

　これらのケースで会社側が取れる措置は、具体的な損害額を特定して行う損害賠償請求の他にも、①競業の差止め請求や、②信用回復の措置の請求などが考えられます。

　しかし、単純に競業避止義務に違反して、同業種に転職したり、会社を立ち上げただけの場合は、損害賠償請求までは認められません。

【図表128　競業避止と損害賠償の関係】

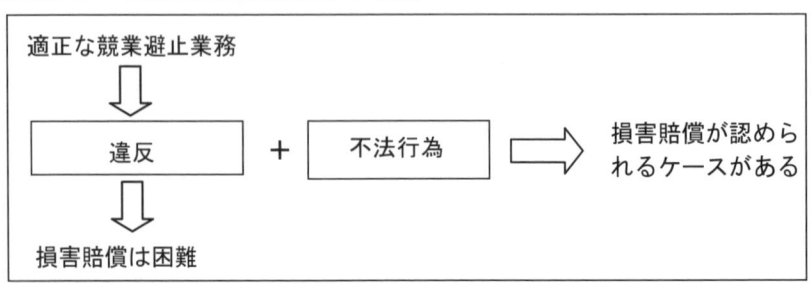

Q70 競業避止義務違反を理由にした退職金不支給や減額は

Answer Point

♧ 就業規則に定めてあれば、退職金を減額することができます。
♧ よほど悪質な場合は、全額不支給も認められます。

♣ 競業避止義務違反と退職金の関係は

競業避止義務に違反した退職者の退職金を不支給にすることはできるのでしょうか。

退職金は従業員に対して法的な支給義務があるものではありません。

このため、就業規則や退職金規定に減額の規定があれば、競業避止義務に違反した場合は減額することができます。

競業避止義務に違反した場合に損害賠償請求することまでは困難であることは説明しましたが（Q69参照）、退職金はそもそも会社から従業員に対しての付加給付ですので、これを減額することは差し支えないのです。さらには、いったん支給した退職金を返還してもらうことも可能です。

ただし、就業規則や退職金規定に減額の規定がないときは、減額は無効になります。

♣ 退職金を全額不支給に

それでは競業避止義務に違反したときは、退職金を全額不支給にすることができるのでしょうか。

一般的には、競業避止義務違反だけではなく、その行為が会社の経営基盤を揺るがす程度の不法行為が成立しないと退職金の全額を不支給にするのは困難と考えられています。

退職金には退職後の責務に関する対価だけではなく、在職中の貢献への対価も含まれています。そのため、不法行為の程度が、在職中であれば懲戒解雇に相当する程度であるか否かが判断基準となるでしょう。

判例でも、競業避止義務違反の場合、就業規則に退職金を不支給とする規定があり、なおかつ大量引き抜きにかかっている同業他社へ再就職したケースで、退職金の全額返還が認められています（福井地判昭62.6.19）。

♣競業避止義務違反のときの減額の基準は

それでは競業避止義務に違反したときの減額基準は、どのように決めればよいでしょうか。

この場合は、図表129の内容を総合的に勘案し、減額幅を決定しますが、5割程度の減額が一般的なようです。

【図表129　競業避止義務に違反したときの減額基準】

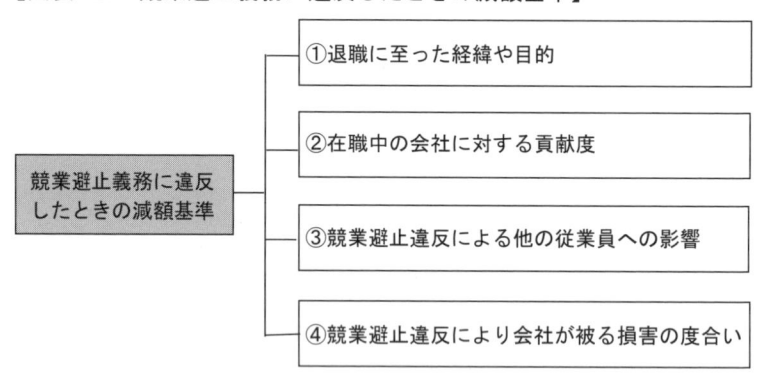

競業避止義務に違反したときの減額基準
- ①退職に至った経緯や目的
- ②在職中の会社に対する貢献度
- ③競業避止違反による他の従業員への影響
- ④競業避止違反により会社が被る損害の度合い

【図表130　競業避止義務と退職金の減額の関係】

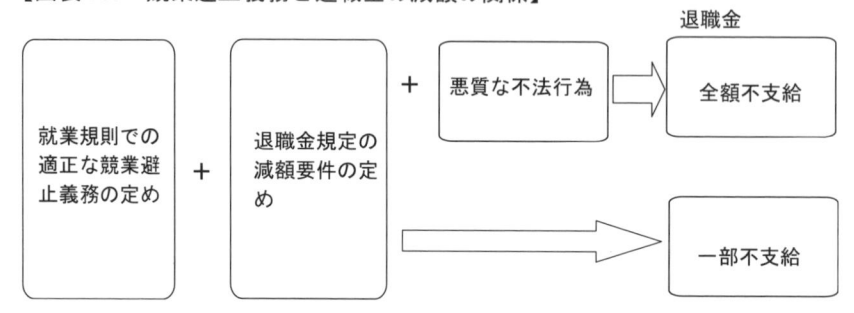

就業規則での適正な競業避止義務の定め ＋ 退職金規定の減額要件の定め ＋ 悪質な不法行為 → 退職金　全額不支給

就業規則での適正な競業避止義務の定め ＋ 退職金規定の減額要件の定め → 一部不支給

【図表131　退職金規定の規定例】

退職金規定第10条
　〜略〜
　2　次の各号の一に該当する者には、退職金を5割の範囲内で減額して支給する。ただし、事情により退職金の全部を支給することがあり、また、特に悪質な場合は退職金の全額を不支給とすることがある。
　〜略〜
　（5）就業規則に定める競業避止義務や退職後の責務に違反した者
　3　退職金の支給後に在職中の行為につき、懲戒解雇または諭旨解雇、あるいは競業避止義務違反および退職後の責務違反のいずれかに該当する事実が発見された場合は、会社は支給した退職金の返還を当該社員であった者または前条の遺族に求めることができる。

Q71 退職者が特許権を主張してきたときは

Answer Point

♣ 在職中に行った職務に関連した発明（職務発明）は会社にも一部の権利があります。
♣ 職務発明は就業規則に定めがあれば、会社が権利を継承できます。
♣ 職務発明の権利を継承する場合、従業員に対価の支払いが必要です。

♣ **職務発明というのは**

近年、在職中の職務発明に対して、多額の補償金を認める判決が多く出ています。

従業員が職務に関連して完成させた発明の権利は会社と従業員のどちらにあるのでしょうか。

特許は、原則として実際に発明をした人がその権利を有します。したがって、職務に関連した発明であっても、特許は発明した従業員に属します。しかし、従業員にのみ特許権を認めると、その発明のための資金や設備等を提供した会社にとっては非常に不利になります。

そのため、特許法35条では、職務発明について従業員が特許を受けたときは、会社にその特許を実施する権利（通常実施権）を与えています。会社が通常実施権を受けることに対して、従業員へ対価を支払う必要はありません。

また、就業規則や雇用契約であらかじめこの旨を定めておく必要もありません。この職務発明は、図表132の条件を満たした発明のことを指します。

【図表132　職務発明の条件】

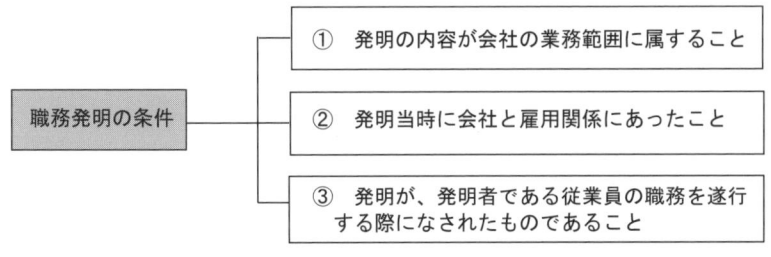

職務発明の条件
- ① 発明の内容が会社の業務範囲に属すること
- ② 発明当時に会社と雇用関係にあったこと
- ③ 発明が、発明者である従業員の職務を遂行する際になされたものであること

職務発明は、特許を出願した時期ではなく、発明した時期で判断します。

したがって、退職後に在職中の発明を特許出願したとしても、発明したときが在職期間内であれば職務発明になります。

♣職務発明の権利は

職務発明であっても、通常実施権以外の権利は従業員に属します。

ただし、その他の権利も職務発明であれば、①会社が従業員より特許を受ける権利を譲渡されること、②職務発明が特許として登録された場合に、会社に独占的に特許を実施できる専用実施権を付与すること、を就業規則や雇用契約によってあらかじめ包括的に規定することが認められています。☞就業規則第68条参照。

ただし、この場合は、従業員に対して、相当の対価の支払いをする必要があります。

この対価は、明確な基準はありませんが、①会社が受けられるであろう利益の額、②発明に関して会社が行った負担や従業員に対する処遇、③発明に対する従業員の貢献度合い、などにより決めることが一般的です。

♣職務発明以外の発明は

職務発明に該当しない発明を従業員がした場合は、たとえ在職期間内でも、就業規則の包括的な規定は無効です。

例えば、その発明が業務時間内に行われたものであっても、会社の業務範囲外の発明が偶然生まれた場合には、職務発明にあたりません。

この場合は、通常実施権、専用実施権は従業員に与えられ、会社に特許権を無条件で継承させることはできません。

【図表133　職務発明とその他の発明の違い】

職務発明	通常実施権	自動的に会社	従業員への対価の支払い
	専用実施権	就業規則で定めておけば会社	
	特許権の継承		
その他の発明	通常実施権	従業員	
	専用実施権	就業規則の定めは無効	
	特許権の継承		

Q72 労務トラブルが発生したときの対応心得と解決方法は

Answer Point

♧個別労働紛争（労働関係に関する事項についての個々の労働者と事業主との間の紛争）は年々増加の一途をたどっています。

♧労務トラブルはどの会社で起こってもおかしくありません。

♧相談件数のベスト3は、解雇、労働条件の引下げ、いじめ・嫌がらせで、他に退職勧奨、雇止めなどが続いています。

♧労務トラブルは、起こってからの対応はもちろんですが、トラブルが発生しない予防の観点が重要です。

♣労務トラブルはいつ起こってもおかしくない

　終身雇用制度の崩壊と非正規雇用や派遣労働など雇用形態の多様化などを背景として、労働条件や待遇に不満を持った労働者が会社を相手に訴訟等の手段に訴えることはもはや珍しいことではありません。

　労働組合の組織率が低下する中、個々の労働者と会社との間の紛争である個別労働紛争は、年々増加の一途を辿っています。

　平成21年度は、総合労働相談件数が114万件を超え、労基法をはじめとした労働関連諸法令では解決のできない民事上の紛争だけでも約25万件という数値になっています。

　自社の人事労務管理が適切な状態にあるかを継続的に点検・整備することもなく、「ウチの会社は大丈夫」とたかをくくっていると、ある日突然トラブルに見舞われるリスクがあることを経営者は知っておかなければなりません。

♣労働紛争を解決するための各種制度は

　労働紛争の解決のために図表134のような機関、制度が整備されています。これらのうち、個別労働紛争のワンストップ窓口として設置された総合労働相談コーナーは無料でもあり最も身近な相談窓口といえます。

【図表134　労働紛争を解決するための各種制度】

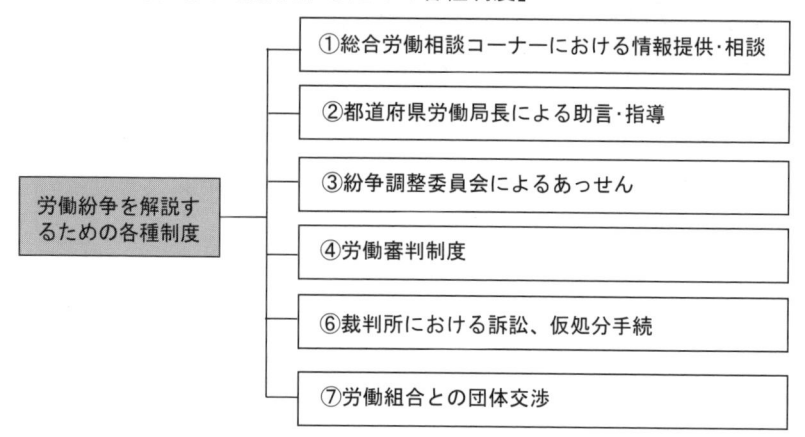

```
                    ┌─ ①総合労働相談コーナーにおける情報提供・相談
                    ├─ ②都道府県労働局長による助言・指導
労働紛争を解説す    ├─ ③紛争調整委員会によるあっせん
るための各種制度  ──┤
                    ├─ ④労働審判制度
                    ├─ ⑥裁判所における訴訟、仮処分手続
                    └─ ⑦労働組合との団体交渉
```

♣労務トラブルは予防が最重要

　いったん、労務トラブルが発生すると会社にとってよいことは1つもありません。

　労働者は、保護の対象である弱者としてみられることが一般的で、労働者側に大きな過失や責任がない限り、紛争解決のうえで会社が全面的な勝利に至るケースはまれでしょう。

　さらに、紛争は短期に解決できるとは限りません。当初は労基署への申立に基づき事情聴取などから始まったものが、当事者の双方もしくは一方が納得できるまで争うことを目指して大きくなり、訴訟にまで発展した場合には、争いが長期間に渡るのが一般的であり、解決に至るまでの時間的・経済的な損失は規模の小さな会社ほど非常に大きな負担になります。

　また、最も恐れるべきはトラブルの当事者以外の従業員が会社の対応を見ていることです。仮に、会社のトラブルへの対応に誠意が欠けているなどにより在職者の反感を買うようなことがあれば、従業員の士気の低下にとどまらず、大量離職による業務の停滞や別の従業員からの申立など、さらなるトラブルの発生につながる恐れもあります。

　つまり、トラブルが起こってからのことはもちろんですが、むしろ最も重要なことは予防のための施策を日頃から講じておくことです。

　厳しく規律は保ちつつも、温かみのある組織運営によって従業員満足度を上げ、各従業員が持てる力を最大限に発揮し、またその成長を支援する取組を通じて、労使間の信頼関係を強固にすることは、無用のトラブルの防止にとどまらず、業績アップの重要な決め手にもなるのです。

Q73 不満従業員から労働組合に訴えられたときの対応は

Answer Point

♣労働組合は、中心的な存在の企業別労組の他に、労働者が個人で企業の枠を超えて加入できる合同労組があります。

♣中小企業では企業別労組のない会社が大半のため、不満を持った従業員が合同労組に加入する例が少なくありません。

♣従業員が加入すると、合同労組は会社に対して様々な申入れをしてきます。いたずらに交渉を拒否したり、または相手の言うがままに動くことのないようにしましょう。

♣労働組合の種類は

現在、労働組合（労組）の組織率は20％を切るまでに低下しており、労組になじみのない会社や従業員が増えてきましたが、一方で活発に活動をしている労組もあります。

主な労組の種類は、①産業別労組（同一の産業に従事する労働者により組織される労組）、②企業内労組（企業を単位として組織される労組）、③合同労組（職場や雇用形態に関係なく組織される労組）などがあります。

これらのうち、近年はユニオンの通称で呼ばれる合同労組に、不満を持つ従業員が個別加入することにより、トラブルが先鋭化する事例が少なくありません。

♣労組の要求事項や交渉方法は

労組の要求事項で多いのは、図表135のとおりです。
また、交渉のために図表136の各種行動を起こしてきます。

♣不当労働行為に留意して対応する

従業員がユニオンに加入すると、ある日突然に、労組から組合加入の通知や団体交渉の申入れが会社に届いて驚くことがあるでしょう。

しかし、いたずらに団体交渉を拒否したり、相手のペースで進めることはいずれも適切な対応とはいえません。

団体交渉を正当な理由なく拒否することは、不当労働行為として禁止されています（労働組合法7条）。
　突然の交渉申入れで準備が間に合わなければ、まずはきちんと準備ができる日時への変更を労組に申し入れましょう。
　また、想定問答集を用意し、交渉への参加者や日時・場所の設定等の取り決めをしたうえで、交渉に臨むことが大切です。

【図表135　労組からの要求事項】

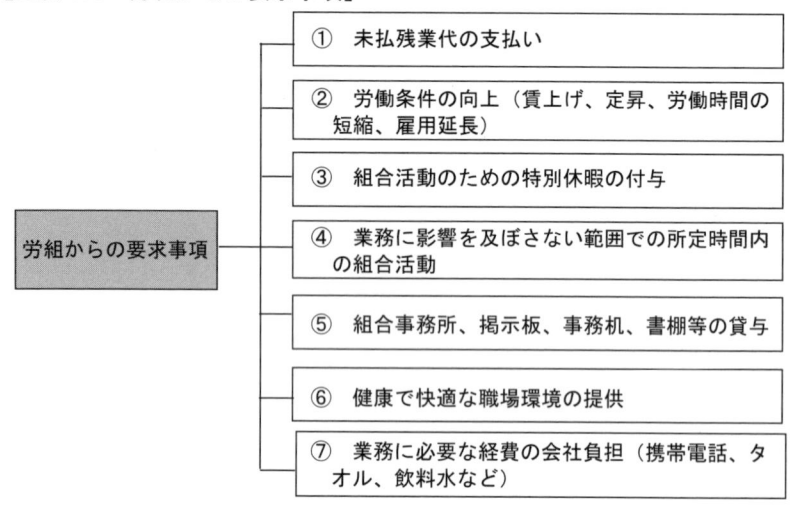

労組からの要求事項
- ① 未払残業代の支払い
- ② 労働条件の向上（賃上げ、定昇、労働時間の短縮、雇用延長）
- ③ 組合活動のための特別休暇の付与
- ④ 業務に影響を及ぼさない範囲での所定時間内の組合活動
- ⑤ 組合事務所、掲示板、事務机、書棚等の貸与
- ⑥ 健康で快適な職場環境の提供
- ⑦ 業務に必要な経費の会社負担（携帯電話、タオル、飲料水など）

【図表136　労組による交渉のための各種行動】

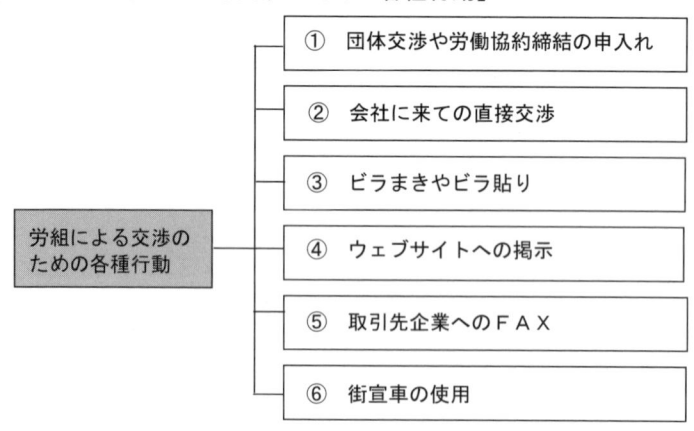

労組による交渉のための各種行動
- ① 団体交渉や労働協約締結の申入れ
- ② 会社に来ての直接交渉
- ③ ビラまきやビラ貼り
- ④ ウェブサイトへの掲示
- ⑤ 取引先企業へのＦＡＸ
- ⑥ 街宣車の使用

♣従業員が労働組合に加入した場合に会社へ送られてくる書面の例は
　従業員が労働組合に加入した場合に会社へ送られてくる書面の例を示す

と、図表137、138のとおりです。

【図表137　労働者個人で労働組合に加盟した場合の通知書の例】

```
株式会社〇〇
代表取締役　〇〇　〇〇殿

                                    平成23年7月1日
                                      〇〇労働組合
                                    執行委員長　〇〇〇


             労働組合加入通知書


  〇〇氏が当組合に加入しましたので通知します
  なお、御社が当労働組合員に対して不利益な取扱いを行うこと、団体交渉の申入
れを拒否すること等は、不当労働行為として労働組合法上禁止されておりますので、
あらかじめ申し添えます。
```

【図表138　労働者個人ではなく、支部を結成している状態。複数人の労働者が加盟している場合の通知書の例】

```
株式会社〇〇
代表取締役　〇〇〇〇　殿

                                    平成23年7月1日
                                      〇〇労働組合
                                    執行委員長　〇〇〇
                                   〇〇労働組合〇〇支部
                                       支部長〇〇〇


             労働組合結成通知書


  この度、私たちは、〇〇株式会社の従業員をもって、労働組合の結成をいたし
ましたので、ここに通知します。
  なお、労働組合を結成したことをもって、労働組合員に対して不利益な取扱い
を行うこと、団体交渉の申入れを拒否することなどは不当労働行為として労働組
合法上禁止されておりますので、あらかじめ申し添えます。
```

Q74 不当労働行為ってどういう行為のこと

Answer Point

♣不当労働行為には、団体交渉の拒否の他に、労組加入を理由とした不利益取扱い、労組加入をしないことや脱退を条件とした雇用契約の締結、会社の労組活動に対する支配介入、会社が労組の経費を肩代わりする経費援助、不当労働行為の申立などを理由とする不利益取扱いがあります。

♣不当労働行為を行った場合、労働委員会に救済申立がされると調査・審問がされ、事実が認定されると強制的な救済命令が発せられるなど、会社にとって大きな負担となります。

♣不当労働行為というのは

不当労働行為は、労働組合法7条に図表139のような種類が定義されています。

【図表139　不当労働行為の種類】

不当労働行為の種類	内容
不利益取扱い	①労働組合の組合員であること、②労働組合に加入しようとしたこと、③労働組合を結成しようとしたこと、④労働組合の正当な行為をしたこと、を理由に解雇その他の不利益取扱いをすること。
黄犬契約	①労働組合に加入しないこと、②労働組合から脱退することを条件に雇用契約を結ぶこと。
団体交渉拒否	団体交渉の申入れを正当な理由なく拒否すること。
支配介入	①労働組合を結成すること、②労働組合を運営することを会社が支配したり介入したりすること。
経費援助	労組の運営に要する費用を会社が援助すること。
報復的不利益取扱い	①労働委員会に対して不当労働行為の救済申立をしたこと、②労働委員会の救済命令等について中央労働委員会に対して再審査の申立をしたこと、③①・②の場合および労働争議の調整の場合に証拠を提出し、発言したことを理由として解雇その他の不利益取扱いをすること。

こうした不当労働行為により、労働委員会へ救済申立がされると調査・審問がされ、事実が認定されると強制的な救済命令が発せられるなど、会社にとって大きな経済的・時間的な負担となります。
　ポイントを押さえた交渉の進め方が重要です。

♣労組との交渉ポイントは

　労組との交渉ポイントをケースに分けて考えてみましょう。

【図表140　労組との交渉ポイント】

項　目	説　明
①団体交渉	まず、日時については労組の指定によらず、十分な準備ができる時間を確保して指定し、時間帯も就業時間中は避けます。また、場所は会社内や労組事務所は避け、貸会議室等を選ぶほうが使用時間の制約もあり、ずるずると長時間に及ぶことを避けられるため好都合といえます。 　労働組合法では、使用者が誠実に団体交渉に応じることは義務づけていても、要求に必ず合意することまでは求めていません。 　実現の困難な要求は断るなど、できることとできないことを切り分けていきます。 　また、交渉の担当は社長ではなく人事部長などでも構わないので複数で出席し、内容について記録をしておくことが必要でしょう。議事録や覚書を先方が提出してもその場でサインはしないこと、要求された事項には後日回答書を出すことも大切です。
②会社に来ての直接交渉	いきなり労組が会社に押し掛けてきて大声を出すことがあります。会社は施設管理権があるので、敷地内に入れないよう入口にゲートを設けたり、ガードマンを立てる、また敷地内に入った場合は要求書類があれば預かるのですぐに退去することを促し、退去しなければ警察へ通報するなどの処置を取ります。
③ビラ配り、ビラ貼り	社内でのビラ配りやビラ貼りは業務命令権や施設管理権を行使して禁止することができます。就業時間外に施設外でビラ配りをされることは禁止できませんが、ビラが他の従業員に動揺をもたらさないことが見込めれば、掲示板をあえて貸すことで施設外でのビラ配りを中止するよう交渉することも考えられます。
④ウェブサイトへの掲示	労組のホームページにトラブルの内容等を掲載することは表現の自由もあり制限は困難ですが、事実と異なる記載は訂正・削除を求めることができます。
⑤その他	取引先などに対して紛争の内容を記載したＦＡＸが送られることもありますが、このような場合は事前もしくは事後にきちんと説明をしてまわることになります。 　また、街宣車で会社に乗り付けて大声を出すという行為には警察を呼ぶなどの対処を行いますが、さらに迷惑を被る近隣への説明を行うことが大切です。

Q75　労基署の調査の内容と対応方法は

Answer Point

♣労基署は、労基法、最低賃金法、安衛法などの規定が適切に守られるよう調査を行います。調査は、大きく定期監督、災害時監督、申告監督、再監督に分かれます。

♣調査のうち、労働者からの申告（駆け込み）に伴う調査である申告監督は、法違反の状態が予想されることから、申告された点はもちろんのこと、全般にわたる調査が予想されるため十分に準備することが大切です。

♣労基署の調査というのは

労基署が行う調査は、大きく図表141のように分かれます。

【図表141　労基署が行う調査】

調査の種類	内　容
①定期監督	最も一般的な調査で、年度ごとの監督計画により任意で選択した事業所に全般の調査を行う。原則は予告なしで訪問するが、事前に揃えてほしい資料内容と日時を予告しての調査もある。
②災害時監督	労働災害発生時に災害の原因から安全衛生上の問題が予見されたり、深刻な災害が起こったときに行われる調査。
③申告監督	労働者からの申告を背景として行われる調査で、予告なしまたは電話等による事前連絡を経て労基監督官が立入調査（臨検）することが多い。法違反の裏づけをもっての調査なので、申告の事実確認を中心に、全般にわたって重点的に行われる調査。
④再監督	監督の結果として法違反に関する是正勧告を受けた場合に、是正が適正に行われているかなど確認をするための調査。

労基署の調査に際しては、きちんと資料を揃えて受けること、説明を求められたことについては正確に答えることが重要です。

また、定期監督等で予告なしに臨検が行われた場合、人事担当者などが不在のときはその旨を説明して日時をあらためることも可能です。

特に、小規模の支店などで、応対した従業員が事情もわからずに様々な資料を提出し、従業員自身の見解に基づいた説明を行うことで労基官に法違反

の疑念を持たれるケースをときどき見受けます。

　このような事態になると、大規模な調査に発展することもあるので、あらかじめ対応者や担当部署への報告などの流れを決めておくとよいでしょう。

　また、顧問の社会保険労務士等に相談のうえで対応するのもよいでしょう。

♣是正勧告書と指導書が出たときの対応は

　実際に調査が行われると、ほとんどの会社が何かしらの是正勧告または行政指導を受けているのが実情です。

　例えば、東京労働局管内における平成22年度の定期監督等の実施結果については、図表142のような状況になっています。

【図表142　平成22年度の定期監督等の実施結果】

実施件数	9,469件（前年比4,195件増）
違反率	71.5%（前年比2.9ポイント増）
違反率の高い業種	①運輸交通業　84.1% ②保健衛生業　81.9% ③商業　　　　80.6%
違反数が多い内容	①労働時間　　　2,911件（30.7%） ②割増賃金　　　2,237件（23.6%） ③就業規則　　　2,025件（21.4%） ④労働条件明示　1,770件（18.7%）

　書面で出る指導のうち、法違反が確認されたものは「是正勧告書」、法違反まではなくても改善すべき点があれば「指導書」という書面を渡されます。

　書面には、それぞれ是正期日が記されており、それまでに是正を行って「是正報告書」に記載して提出することになります。この際に気をつけることは、勧告や指導に対して不誠実・非協力的対応や、無視、虚偽の報告をしないことです。労基官には、悪質なケースについては書類送検を行うなど司法警察権があることを忘れてはいけません。

　一方で、未払残業代などについて、会社が主張すべき点があれば証拠となる書類を揃えてきちんと説明することが重要です。

　労基官によっては、間に立って示談の手伝いをしてくれることもあります。

　また、未払残業代について労基官から具体的な支払金額を指導されることはありません。

　労基官は、その権限上から労働諸法令の指導は行っても、正当な支払額がいくらであるかを決定したり、支払いを命ずる立場にはないためです。

Q76 個別労働紛争解決支援制度の内容と利用のポイントは

Answer Point

♧ 個別労働紛争の解決のために、「総合労働相談コーナーにおける情報提供・相談」「都道府県労働局長による助言・指導」「紛争調整委員会によるあっせん」の制度が用意されています。

♧ 費用がかからず非公開であることで、利用しやすく、また短期間であっせんに至るメリットがあります。

♧ あっせんは当事者双方の合意が必要であり、強制力がないことから、実際に解決に至るのは4割未満にとどまっています。

♣個別労働紛争解決支援制度というのは

　増加する一方の個別労働紛争の解決を支援するために、「個別労働関係紛争の解決の促進に関する法律」に基づき、①総合労働相談コーナーにおける情報提供・相談、②都道府県労働局長による助言・指導、③紛争調整委員会によるあっせんの制度が行政により用意されています。

【図表143　労働局による紛争解決】

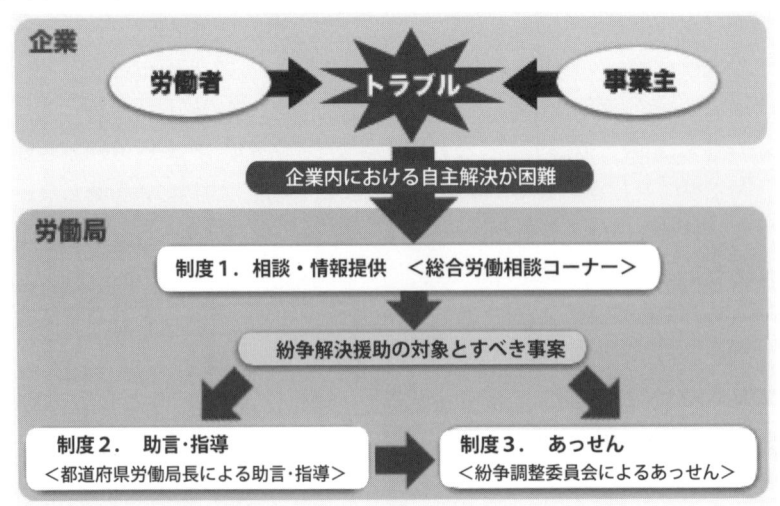

```
企業
 労働者 → トラブル ← 事業主
        ↓
  企業内における自主解決が困難
        ↓
労働局
  制度1．相談・情報提供　＜総合労働相談コーナー＞
        ↓
  紛争解決援助の対象とすべき事案
    ↙              ↘
制度2．助言・指導      制度3．あっせん
＜都道府県労働局長      ＜紛争調整委員会
　による助言・指導＞      によるあっせん＞
```

（出所：東京労働局ホームページ）

⑤ 労務トラブルの解決方法は

労働者は、職場でのトラブルや困りごとの解決のために労基署に相談に行くことが多いものの、解雇やいじめなど明らかな労基法違反でないかぎり解決の対象とならない問題もあります。これらは労基署では対応できません。

　そこで、全国の労働局や主要な労基署に設置された総合労働相談コーナーがワンストップの窓口となり、単に法令・判例の認識不足または誤解に対して、まずは相談・情報提供をすることで解決を図ります。

　単なる相談では解決せず、紛争解決援助の対象とすべき事案と判断されると、都道府県労働局長による助言・指導または紛争調整委員会によるあっせんに移行しますが、このうち中心となるのは紛争調整委員会によるあっせんとなります。

♣都道府県労働局長による助言・指導は

　都道府県労働局長による助言・指導とは、都道府県労働局長が、個別労働紛争の問題点を指摘し、解決の方向を助言・指導することを通じて、紛争当事者が自主的に紛争を解決することを促進する制度です。

　なお、助言・指導を受け入れるかどうかは当事者の判断に委ねられていることから、紛争当事者に一定の措置の実施を強制するものではありません。

　取扱いの対象となる紛争、ならない紛争は、図表144のようになっています。

【図表144　取扱いの対象となる紛争・ならない紛争】

対象となる紛争	・解雇、配置転換・出向、雇止め、労働条件の不利益変更等の労働条件に関する紛争 ・事業主によるいじめ・嫌がらせに関する紛争 ・労働契約の承継、同業他社への就業禁止等の労働契約に関する紛争 ・募集・採用に関する紛争等
対象とならない紛争	・労働組合と事業主の間の紛争や、労働者と労働者の間の紛争 ・裁判で係争中である場合、または判決確定が出されている等、他の制度において取り扱われている紛争 ・労働組合と事業主との間で問題として取り上げられており、両社の間で自主的な解決を図るべく話合いが進められている紛争

　従業員が都道府県労働局長による助言・指導の申出をしたことにより、会社が従業員に対して解雇その他の不利益な取扱いをすることは、法律により禁じられています。

♣あっせんによる紛争解決は

　紛争調整委員会では、弁護士、大学教授、社会保険労務士等の労働問題の専門家により組織された委員会から指名されたあっせん委員が労使双方の主張を確かめ、当事者間の話合いを促進して解決を図り、双方の求めによりあっせん案を提示します。合意されたあっせん案は、民法の和解契約の効力を持つことになります。

　また、最初のあっせんの呼出に対してこれを受けるかどうか、事前の許可を受けて弁護士を代理人として立てたり、補佐人を伴うかなどは当事者が自由に決定できます。仮にあっせんを受けなかったとしてもペナルティはありません。あっせんは、当事者同士の対立が先鋭化していない場合は、有効な解決手段といえます。いわゆるモンスター社員に手を焼く会社などにとって、早期に費用をかけずに解決したい場合は、会社から利用をするのも一案といえます。

【図表145　あっせんによる紛争解決】

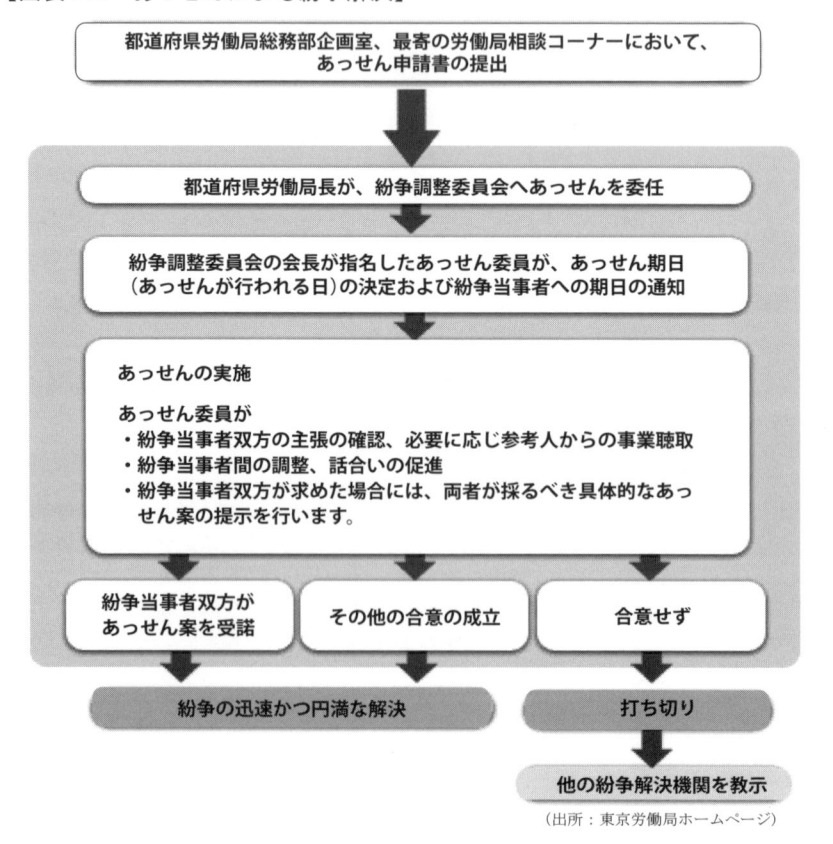

```
都道府県労働局総務部企画室、最寄の労働局相談コーナーにおいて、
あっせん申請書の提出
          ↓
都道府県労働局長が、紛争調整委員会へあっせんを委任
          ↓
紛争調整委員会の会長が指名したあっせん委員が、あっせん期日
（あっせんが行われる日）の決定および紛争当事者への期日の通知
          ↓
あっせんの実施
あっせん委員が
・紛争当事者双方の主張の確認、必要に応じ参考人からの事業聴取
・紛争当事者間の調整、話合いの促進
・紛争当事者双方が求めた場合には、両者が採るべき具体的なあっ
　せん案の提示を行います。
     ↓              ↓              ↓
紛争当事者双方が    その他の合意の成立    合意せず
あっせん案を受諾
     ↓              ↓              ↓
紛争の迅速かつ円満な解決           打ち切り
                                    ↓
                          他の紛争解決機関を教示
```

（出所：東京労働局ホームページ）

⑤労務トラブルの解決方法は

Q77 労働審判制度の内容と利用のポイントは

Answer Point

♣ 労働審判制度は、個別労働紛争を実情に即して迅速、適正かつ実効的に解決することを目的としており、取扱件数は年々増加しています。

♣ 早期解決の裏返しとして、通常訴訟と比較して準備期間が限られます。

♣ 申立後約40日間で行われる第1回期日までにほとんどの主張を出し切ることが非常に重要です。

♣労働審判制度というのは

労働審判制度とは、各地の地方裁判所において労働審判官(裁判官)と労働関係の専門家である労働審判員2名(あらかじめ任命された労働審判員の中から労使側それぞれ1名を選任)の合計3名で構成された労働審判委員会によって進められます。

原則として3回以内の期日で審理を終結することを前提に、なるべく調停や和解による解決を図りながら審理します。それでも、最後まで調停・和解に至らないときは審判を下します。

個別労働紛争を、実情に即して迅速、適正かつ実効的に解決することを目的としており、実際に平均審理期間は約74日、解決率も約80％と高く、通常訴訟と比較して費用も安く済むことから取扱件数も年々増加しています。

労働審判は個別労働紛争が対象であり、労働組合と企業の間のいわゆる集団的労使紛争や公務員が懲戒処分の取消しを求めるような行政事件訴訟の対象となる紛争は扱いません。

労働審判にふさわしい案件は、「解雇・雇止めに基づく地位確認等」「退職金」「解雇予告手当」「賃金請求事件」などで、実際にこれらにかかわる申立事件が70％以上を占めています。

また、金銭的解決などある程度和解の可能性があるケースが利用しやすく、例えば解雇の案件で「絶対に現場復帰を望み、一切妥協しない」などのように労働者がかたくななケースなどはあまり適さないようです。

♣労働審判のタイムスケジュールは

　労働審判の全体的な流れは、図表146のとおりです。申立から第1回期日まで約40日間となっており、第1回期日の10日前が答弁書の提出期限となります。

　労働者から申し立てられた場合、会社はこの限られた期間に弁護士の選任、事実関係の把握、訴状の検討、証拠調べ、今後の見通しと答弁書の作成等を行うことになります。

　また、ここでほとんどの主張を出し切らないとその後の審理で大きく不利となるため、慎重かつ迅速な対応が重要になり、この準備段階での負担は小さくありません。

【図表146　労働審判手続の流れ】

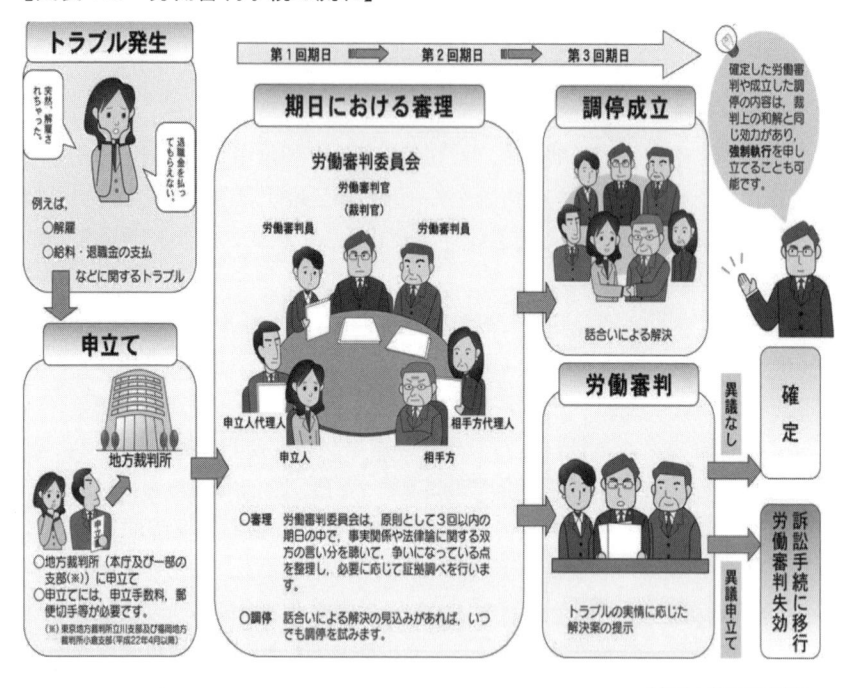

（出所：裁判所資料）

♣労働審判を利用するメリットは

　労働審判では、労働審判委員会が事実関係や法律論に関する労使双方の言い分を聴いて、争点を整理し、必要に応じて証拠調べを行います。

　そして、話合いによる解決の見込みがあれば、いつでも調停を試みます。

　調停がまとまらない場合、委員会は、事案の実情に即した柔軟な解決を図るための判断（審判）を行います。

審判は、訴訟事件の判決であればオール・オア・ナッシングにならざるを得ない場合でも、事情を斟酌して、あるいは心証に応じて、紛争解決を図るために相当な審判をすることができます。このため、当事者双方にとってある程度の納得感を担保できる実際的な判断を期待できるといえます。

　なお、労働審判で当事者の双方または一方が調停に応じず、審判にも納得せずに異議申立をすることで解決に至らない場合は、自動的に訴訟手続へ移行します。

　いざ訴訟になると、解決までに相当の期間がかかることから、当事者の双方に大きな時間と費用の負担が発生します。労働審判において、事実関係はあいまいな部分が残っていても、最終的に和解するケースが多いのはこのためです。

　また、現状では労働者側からの申立が多くなっていますが、会社側からの申立も少しずつ増えてきています。

　例えば、中小企業が不況などを契機としたリストラを余儀なくされた場合などで労働者が合同労組に加入して、団体交渉を求めてくることがあります。

　こうした際に、会社が不慣れな団体交渉では解決できず、度重なる長時間の交渉や会社前でのビラまきなど合同労組によりさんざん振り回されて業務に多大な支障を来たすことがあります。

　これに対して、会社が困り果てたあげくに、労働審判の場において、地位不存在の確認を申し立てるケースなどがみられます。労働審判制度は、前述のように労働審判委員会という専門的な第三者の目により争点の是非を判断してもらえるうえ、短期間で結論を得ることができることから、こうしたケースでは会社にとっても有用な制度であるといえます。

　先に述べたように労務トラブルは予防に注力することが最も重要ですが、いざ個別労働紛争としてトラブルが実態化したときに、総合労働相談コーナーによる相談・情報提供や都道府県労働局長による助言・指導、紛争調整委員会によるあっせんなどでは解決の困難なトラブルを解決するうえで、労働審判は有効な制度といえるでしょう。

　ただし、いずれにしても会社にとっては、就業規則や労働契約書など必要な書式は適正にそろえておき、勤怠管理などもきちんと行っておくなど日頃の労務管理が重要になります。

　普段の対応をなおざりにしておきながら、トラブルの際に従業員の非をあげつらって難を逃れることを模索するようなことではまともな解決は望めないことを肝に銘じなければなりません。

Q78 少額訴訟制度の内容と利用のポイントは

Answer Point

♣ 少額訴訟制度とは、各地の簡易裁判所において60万円以下の金銭の支払いを求める訴えを取り扱う訴訟制度で、比較的利用しやすい制度といえます。

♣ 1回の期日で審議を終えて判決をすることから、労働審判よりもさらに短期での決着となります。

♣ 審議を有利に進めるための証拠書類や証人をどれだけ的を得た形で揃えられるかがポイントとなります。

♣ 少額訴訟というのは

少額訴訟とは、民事訴訟のうち60万円以下の金銭の支払いを求める訴えについて、原則として1回の審理で紛争解決を図る手続です。

各地の簡易裁判所で取り扱っており、法廷ではラウンドテーブルを囲んで裁判官と原告、被告が着席する、和みやすい形で審理が行われます。

1回の期日で審理から判決まで行われることから、すべての主張と必要な証拠・証人を最初の期日までに提出することになります。

判決が確定すると控訴はできません。判決に不服があるときは、判決をした簡易裁判所に異議申立をすることができます。

この場合、簡易裁判所で通常の手続により審理・裁判をすることになりますが、反訴を提起したり、異議申立後の判決に対しての控訴はできないなどの制限があります。

また、判決が確定しても相手方が義務の履行を怠っている場合は、強制執行手続を取ることができます。これにより裁判所の命令による相手方の強制的な義務の履行を求めることになります。

♣ 少額訴訟の流れは

少額訴訟の全体の流れは図表147のとおりです。

労働者が少額訴訟を提起した場合、会社に「呼出状及び答弁書催告状」が届き、会社は催告状の裏面に続く事情説明書に記入し、必要な証拠書類等を揃えることになります。

【図表147　少額訴訟の流れ】

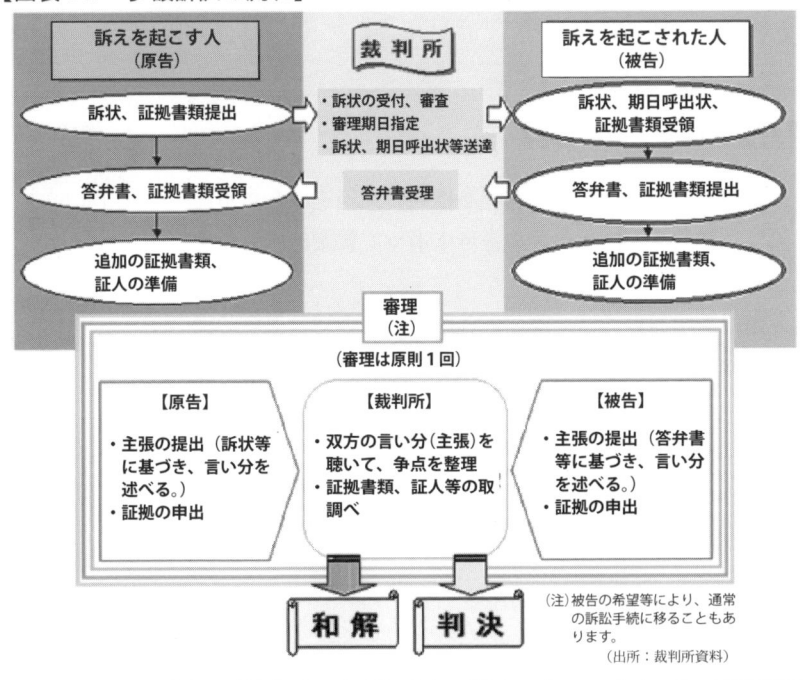

```
訴えを起こす人              裁判所              訴えを起こされた人
　（原告）                                         （被告）

訴状、証拠書類提出  →  ・訴状の受付、審査      訴状、期日呼出状、
                       ・審理期日指定          証拠書類受領
                       ・訴状、期日呼出状等送達
      ↓
答弁書、証拠書類受領  ←  答弁書受理  ←      答弁書、証拠書類提出
      ↓                                              ↓
追加の証拠書類、                                追加の証拠書類、
証人の準備                                      証人の準備

                       審理（注）
                    （審理は原則1回）

【原告】            【裁判所】            【被告】
・主張の提出（訴状等  ・双方の言い分（主張）を  ・主張の提出（答弁書
　に基づき、言い分を　　聴いて、争点を整理　　　　等に基づき、言い分
　述べる。）         ・証拠書類、証人等の取　　　を述べる。）
・証拠の申出           調べ                   ・証拠の申出

              和解　　　判決
```

(注)被告の希望等により、通常の訴訟手続に移ることもあります。

(出所：裁判所資料)

　証拠書類は、例えば賃金・解雇予告手当に関する争いであれば、就業規則、平均月収の算出の根拠になる計算書、給与・賞与等の支払明細書、求人広告、退職金の基準となる資料、交通費内訳明細書、タイムカードが示されており、これらの書類を普段から適切に揃えておくことが重要となります。

♣**少額訴訟の特徴は**

　少額訴訟の特徴は、原則として1回の期日で結審するため非常に短期間に結論が得られ、費用が割安なだけではありません。手続自体も訴状については定型の書式があり、各裁判所に書式が備え付けられているほか、一部は裁判所のウェブサイトからダウンロードをすることもできます。

　なお、訴えの提起は、原則として相手方の住所地を管轄する裁判所で行いますが、各地の裁判所により独自の書式を設けているところもあるので確認が必要です。

　訴状の作成は書式に沿ってアンケートを記入するように用意ができることから、弁護士等の専門家の助けがなくても自分で行うことができます。

　しかし、被告が少額訴訟の提起に対して、通常訴訟を申し入れた場合は、自動的に通常訴訟へ移行することにも留意が必要です。

Q79 仮処分申立の内容と利用のポイントは

Answer Point

♣ 仮処分とは、通常訴訟における権利の実現を保全するために、裁判所が簡易迅速な審理によって暫定的に処分を決定することです。

♣ 労働紛争においては、解雇された労働者の地位保全や賃金の仮払いなどについて仮処分がされるケースがあります。

♣ 仮処分はあくまで暫定的な決定に基づく処分なので、その後の通常訴訟を見越した制度となっていますが、仮処分の審尋手続の中で裁判官から和解を打診されて、本訴前に和解に至ることもあります。

♣ 仮処分というのは

仮処分とは、争いのある権利関係において、申立人に著しい損害または急迫の危険が生ずる恐れがあるときに、民事保全法に基づき簡易迅速な審理によって「仮に」暫定的な処分を決めるものです。

例えば、解雇事案の場合、訴訟を続けている間は賃金が支払われないことから、解雇された従業員の生活が直ちに困窮することが考えられます。

こうした場合に、賃金仮払いの仮処分が認められると、たとえ解雇自体は係争中であっても、賃金の一部または全部が一定期間にわたって「仮に」支払われることになります。

もちろん、その後の本案訴訟で解雇が有効であると認められた場合には、返済することが必要です。

他には、配置転換の命令について争う中で「配転命令に従う必要がない地位にあることの確認」を求めるもの、賃金の減額を争う場合の仮処分申請などがあります。

このように、長期間の争いが予想される通常訴訟を考えると、争っている間に労働者の身が干上がってしまうようなことがないように、一定の賃金を保障することが仮処分申請の目的となり、実際に解雇訴訟などではまず賃金仮払いの仮処分申立を行い、その後に本案訴訟となるのが通常のケースになっています。

【図表148　仮処分の流れ】

```
┌─────────────────────────────────────────────────┐
│ 債権者の申立書と疎明（確からしいと裁判官に推測してもらうための証明） │
│ 資料の提出                                      │
└─────────────────────────────────────────────────┘
                        ↓
┌─────────────────────────────────────────────────┐
│ 裁判所による申立書の点検と債権者との第1回期日の調整     │
└─────────────────────────────────────────────────┘
                        ↓
┌─────────────────────────────────────────────────┐
│ 申立から2～3週間前後に第1回目の審尋期日を設定し、債務者に申立書と │
│ 疎明資料の写しとともに、審尋期日呼出状と答弁書催告書が送達される │
└─────────────────────────────────────────────────┘
                        ↓
┌─────────────────────────────────────────────────┐
│ 第1回期日までに債務者が答弁書と疎明資料を提出           │
└─────────────────────────────────────────────────┘
                        ↓
┌─────────────────────────────────────────────────┐
│ 第1回審尋期日から3週間前後の間隔で、2～3回の審尋期日が設けられ、 │
│ 双方の主張書面と疎明資料を提出                      │
│ （この間に和解の話し合いがもたれることもある）          │
└─────────────────────────────────────────────────┘
                        ↓
┌─────────────────────────────────────────────────┐
│ 和解が成立しない場合は、第1回審尋期日から数か月程度で仮処分の決定が │
│ される                                          │
└─────────────────────────────────────────────────┘
```

♣仮処分命令が出されたら

　仮処分は、あくまで暫定的な決定に基づく処分です。仮処分命令が出された後は、仮処分の申請者が一定期間のうちに本案訴訟の提起をしなければ仮処分命令が取り消されることになります。

　通常訴訟に入ると、長期間の訴訟手続を余儀なくされ、また、期間中の弁護士費用の発生など、時間的、金銭的、そして心身への負担は大きくなります。

　しかし、仮処分命令により、一定の救済を迅速に受けられるというメリットは小さくないでしょう。

　仮処分の審理は、裁判所によっては本案訴訟と同一の裁判官が行うところもあります。

　こうした場合は、結果的に仮処分の内容を本案訴訟で覆すということが考えにくくなります。

　会社にとっては、一度労働者に有利な仮処分が認められると、以後の本案訴訟において判決に至るまで大きな負担となることは留意が必要でしょう。

Q80 訴訟に発展したときの対応は

Answer Point

♣訴訟とは、法廷で労使双方が自分の言い分や証拠を十分に出し合い、裁判所がどちらの言い分が正しいかを判決等で最終的に判断する制度です。

♣当事者双方が徹底的に主張・立証を行い、判決によって白黒がつきますが、決着までの期間が長期にわたり、費用等の負担も大きくなります。

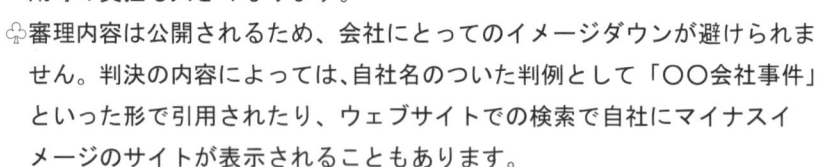

♣審理内容は公開されるため、会社にとってのイメージダウンが避けられません。判決の内容によっては、自社名のついた判例として「〇〇会社事件」といった形で引用されたり、ウェブサイトでの検索で自社にマイナスイメージのサイトが表示されることもあります。

♣求める金額が140万円以下は簡易裁判所、140万円を超える場合は地方裁判所が取り扱いますが、管轄はケースにより異なります。

♣**労務トラブルが訴訟に発展したときは**

　労務トラブルの解決策のうち、訴訟は最終的な選択となる場合が多いでしょう。

　訴訟、仮処分と労働審判は、いずれも裁判所の関与があり、当事者の手続への参加がほぼ確保されているうえ、手続中に当事者間の合意がなくても拘束力のある判断が下される点が他の制度とは異なります。

　しかし、おおむね2～3か月で終了する労働審判や仮処分に比べて、通常訴訟は最低でも1年近くの期間が必要となります。

　これは、当事者双方が徹底的に主張・立証を行い、裁判所が証人尋問を含む証拠調べを行うことで詳細な事実認定を行い、労働審判などで扱いきれないような複雑な事案も対象とするからです。

　さらに、地方裁判所から控訴・上告を経て最高裁判所まで争うことになれば、非常に長期間の負担を覚悟しなければなりません。

　労働関係訴訟事件については、平均審理期間が約1年ほど、9割方は審理開始後2年以内に結審となっていますが、控訴や上告を考慮するとその負担の大きさがわかると思います。

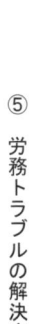

【図表149 訴訟の流れ】

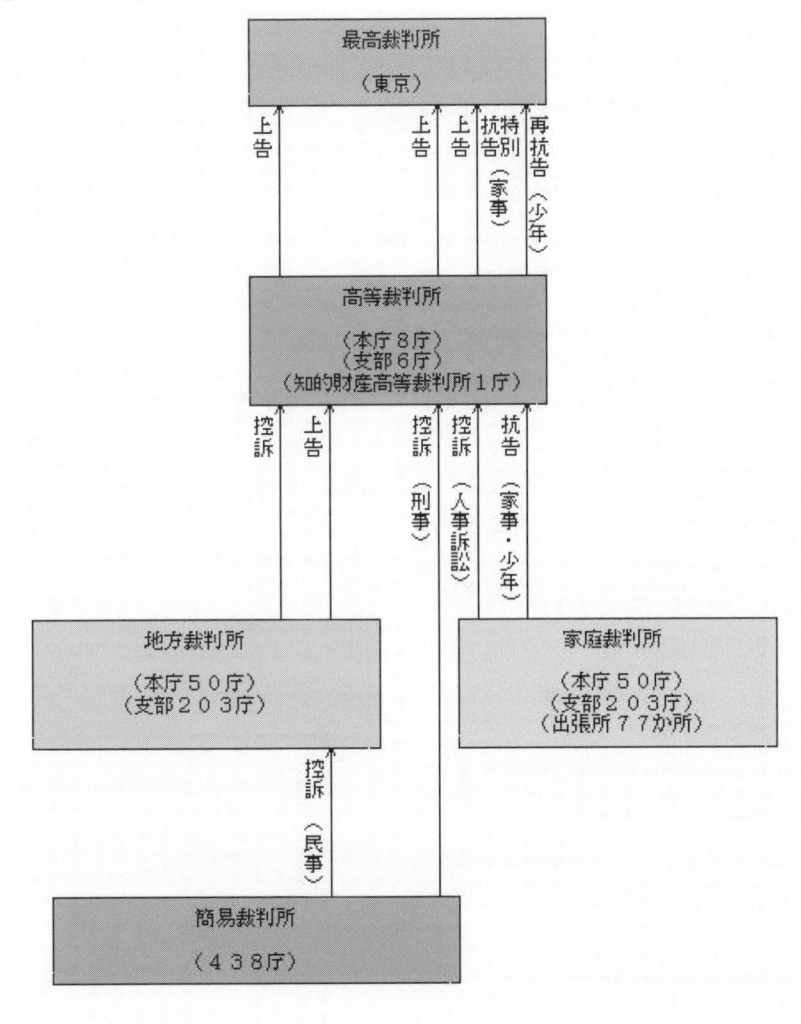

```
                    ┌─────────────────┐
                    │   最高裁判所    │
                    │    （東京）     │
                    └─────────────────┘
                  ↑      ↑  ↑   ↑
                 上      上  抗  再
                 告      告  告特 抗
                         （ 別 告
                         家  （
                         事  少
                         ）  年
                             ）
                    ┌─────────────────┐
                    │   高等裁判所    │
                    │   （本庁8庁）   │
                    │   （支部6庁）   │
                    │(知的財産高等裁判所1庁)│
                    └─────────────────┘
             ↑     ↑      ↑    ↑    ↑
            控    上     控   控   抗
            訴    告     訴   訴   告
                        （   （   （
                        刑   人   家
                        事   事   事
                        ）   訴   ・
                             訟   少
                             ）   年
                                  ）
        ┌──────────────┐         ┌──────────────┐
        │  地方裁判所  │         │  家庭裁判所  │
        │ （本庁50庁） │         │ （本庁50庁） │
        │ （支部203庁）│         │ （支部203庁）│
        │              │         │（出張所77か所）│
        └──────────────┘         └──────────────┘
             ↑
            控
            訴
            （
            民
            事
            ）
        ┌──────────────┐
        │  簡易裁判所  │
        │  （438庁）   │
        └──────────────┘
```

（出所：裁判所ホームページ）

　また、訴訟になれば費用等の負担も大きくなります。
　まず、労働者からの訴訟提起の場合は会社の代表者が訴えられることから、地方裁判所では代理人を立てない限り代表者本人が出頭しなければなりません。
　簡易裁判所は、許可があれば従業員を代理とすることもできますが、事実上は弁護士を代理人に立てることがほとんどでしょうから、費用負担も高額になります。

さらに、管轄裁判所は本社所在地とは限りません。

民事訴訟法では、原則として被告の住所地管轄の裁判所に提起することとしていますが、不法行為に基づく損害賠償請求などが含まれると不法行為地を管轄する裁判所に提起されることもあります。

本社が東京の会社が、北海道や沖縄の裁判所に出頭となると現地へ往復する実費や精神的・肉体的負担も重なります。

このように訴訟を選択した場合は、強制力のある明確な解決を得られる代わりに、大きな負担に耐えなければいけないことになります。

♣訴訟の結果によってはさらに大きな負担も

訴訟の結果、勝てばよいのですが、負けた場合は非常に大きな負担が発生することがあります。

例えば、未払残業代の訴訟であれば、時効に至る前の過去2年間の支払いを命じる判決が出た場合、他に付加金として同額の支払いを追加で命じられることがあります。

付加金とは、労基法114条に定められているもので、解雇予告手当、休業手当、時間外・休日・深夜割増賃金、年次有給休暇の賃金について未払いがあった場合に、裁判所が未払金と同額までを追加で支払うよう命じることができるものです。

また、通常では賃金請求権の消滅時効は2年間と定められており（労基法115条）、賃金支払期から2年を経過するごとに賃金請求権は時効により消滅していきます。未払残業代も賃金の一部の未払いであることから、原則はこの2年間の消滅時効にかかります。

しかし、裁判例の中には、不法行為という別の法律構成を取ることによって消滅時効にかかる部分の未払残業代請求も認めた例があります（杉本商事事件、広島高裁平19.9.4）。

不法行為の場合、時効は被害者もしくはその法定代理人が損害および加害者を知ったときから3年とされており、通常の賃金請求権の消滅時効よりも長くなっていることからより大きな額の請求となることが考えられます。

前記の裁判例では、会社が長年にわたり意図的に従業員の労働時間把握を怠り、法律上認められがたい理由をもとに不法行為が認められました。

感情的な対立が先鋭化すると、何としても相手の非を認めさせようと躍起になることもありますが、訴訟を選択する場合は、このような点も踏まえた慎重な検討が重要になるでしょう。

Q81 裁判で立証責任があるのは会社と従業員のどちら

Answer Point

♧民事訴訟の審理では、当事者が自己の主張を直接に根拠づける事実である主要事実の存否について証明する責任を同一の当事者に帰属させるのが一般的で、これを主張・立証責任といいます。

♧事案の内容によっては、会社に比べて圧倒的に情報量の少ない（とされる）労働者にとっては、主張に伴う立証が困難な場合があります。こうした場合には、労働者側の立証責任が軽減されたり、会社側が反証できないことで労働者側の主張が認められるケースもあります。

♧会社としては、普段の労務管理において、重要な意思決定や契約にかかるものすべてを書面化しておくことが望まれます。書証は「証拠の王」といわれるように、極めて有効な立証につながります。

♣立証責任というのは

民事訴訟の審理では、当事者が自己の申立事項を基礎づける主張を行うにあたって、その根拠となる主要事実を弁論で陳述しなければ判決の基礎となる材料にはなりません。これを「主張責任」と呼びます。

そして、その主要事実が存在することを証明しなければ事実がなかったものとして取り扱われることを「立証責任」と呼びます。

実務上は、これらを同一の当事者に帰属させるのが一般的で、合わせて主張・立証責任と呼んでいます。

簡単に言い換えると、自己に有利な権利について主張する者がその証明についても責任を負うということになります。

例えば、労働者の故意または過失により会社が損害を受けたときに労働者に対して損害賠償の申立をするときは、損害の発生や損害額に関する主張立証は会社が行うことになります。

♣事案によっては会社側により多くの立証責任が負わされることがある

均等法では、妊娠中および産後１年以内の女性従業員を解雇した場合、会

社が解雇は妊娠・出産を理由とするものではないことを証明しない限り無効となることが定められています（均等法9条4項）。

妊娠中に解雇された女性従業員の場合、母子手帳などで妊娠していることと特定の解雇日を主張すれば足ります。

しかし、会社側はその解雇が妊娠・出産を理由にしたものではなく、他の客観的かつ合理的理由に基づく、社会通念上も相当であると是認できる理由に基づくものであることを証明しなければなりません。

♣普段から重要な意思決定は書面に残すことを励行する

未払残業代の訴訟では、本来は労働者側に①残業したこと、②残業をしていた時間が労働時間であること、の立証責任があります。

しかし、実際には会社として積極的に認識・把握している残業時間数の有無や内容のほうが重要になっています。

そのため会社は労働者側の主張に対して、残業時間が実際にどの程度であったのかを立証できることが必要です。

これができない場合は、パソコンのログや入退室記録、業務日報、成果物、同僚の報告などにより残業時間が算定されます。結果的には会社側の認識と大幅に異なる事実認定がされることがあります。

また、残業は事前申告制としておきながら、申告せずに会社に残っている者を放置していると、黙示の残業命令や残業の承認があったとされることがあります。

この場合は、在社時間すべてが労働時間であると判断される可能性が大きくなります。

経営者の中には、いまだに長く会社にいることをもって「彼は頑張り屋だ」など肯定的な評価をする人が見受けられます。また、「自己啓発で残っているのだから会社は関係ない」と知らぬ顔を決め込む方もいます。

しかし、ダラダラ残業を放置しておきながら、改善もせず、さらに残業代も支払わないでいたり、重要な労働条件に関わることを口約束のような形で済ませていると、潜在的なリスクは時の経過とともに増大し、いざトラブルとなって現実化したときには、会社経営の屋台骨を揺るがしかねないほどの債務となることがある現実をよく理解しておかなければならないでしょう。

契約書のように重要な意思決定にかかるものはもちろんのこと、時間外勤務申請書（図表150）や教育指導の記録など、面倒でも書面化をしておくことが万が一のトラブルに備える重要な手立てといえるでしょう。

【図表 150　時間外勤務申請承認書の例】

時間外勤務申請承認書

平成　年　月分　　月　日　～　月　日	社員 No.	
	氏名	印

申請日	勤務日	時間外開始 終了時刻	時間外 時間数	勤　務　内　容	承認印
		: :	:		
		: :	:		
		: :	:		
		: :	:		
		: :	:		
		: :	:		
		: :	:		
		: :	:		
		: :	:		
		: :	:		
		: :	:		
		: :	:		
		: :	:		
		: :	:		

Q82　裁判で和解をすすめられたときは

Answer Point

♣妥協点を見出すことができる事案であれば、訴訟の途中で折り合いをつけて和解するほうが、判決で決着するまで争うよりも当事者双方に得策となることがあります。

♣和解をした場合は、和解内容を記載した和解調書が作成され、調書の内容は確定判決と同じ効力を持ちます。

♠和解の選択をする理由は

　労務トラブルを解決する手段として訴訟を選んだ場合は、多大な労力と費用をかけて長期間の争いを覚悟する必要があります（Q80参照）。

　これは、当事者双方にとって同様であることから、互いの主張・立証をする中で妥協点が見出せるのであれば、途中で和解を選択することがあります。

　和解は互いの妥協点を見出しますので、事案の内容に応じた柔軟な対応が可能です。

　労働紛争による訴訟は、一方が全面的に悪いという形で白黒がはっきりしているケースよりも、その中間のグレーゾーンで争うケースが少なくありません。

　そのため、互いの理解と納得があれば、判決による硬直的な解決よりも円満な解決をめざして裁判所が和解を促すこともあります。

　実際に、労働紛争の半数程度は訴訟途中の和解で決着をしています。

　図表151は民事裁判の手続の流れです。

　当事者の一方または双方が、係争中の過去の事実にはっきりとした決着をつけないと再出発ができない心境であったり、または勝訴に持ち込める確たる証拠等があれば別ですが、一般的には心身の疲労をいとわず、時間的・経済的な負担に耐えしのんで長期の争いを続けるよりは、和解によって互いが理解・納得できる決着とすることが望ましいといえます。

　訴訟による長期の争いに費やす心身のエネルギーを、従業員にとっては新しいキャリアの選択や自己啓発に振り向けたり、会社にとっては本来の業務運営に向けることで、生きた時間や費用としたほうがより建設的な未来に向けた行動と考えることもできます。

【図表 151　民事裁判の手続の流れ】

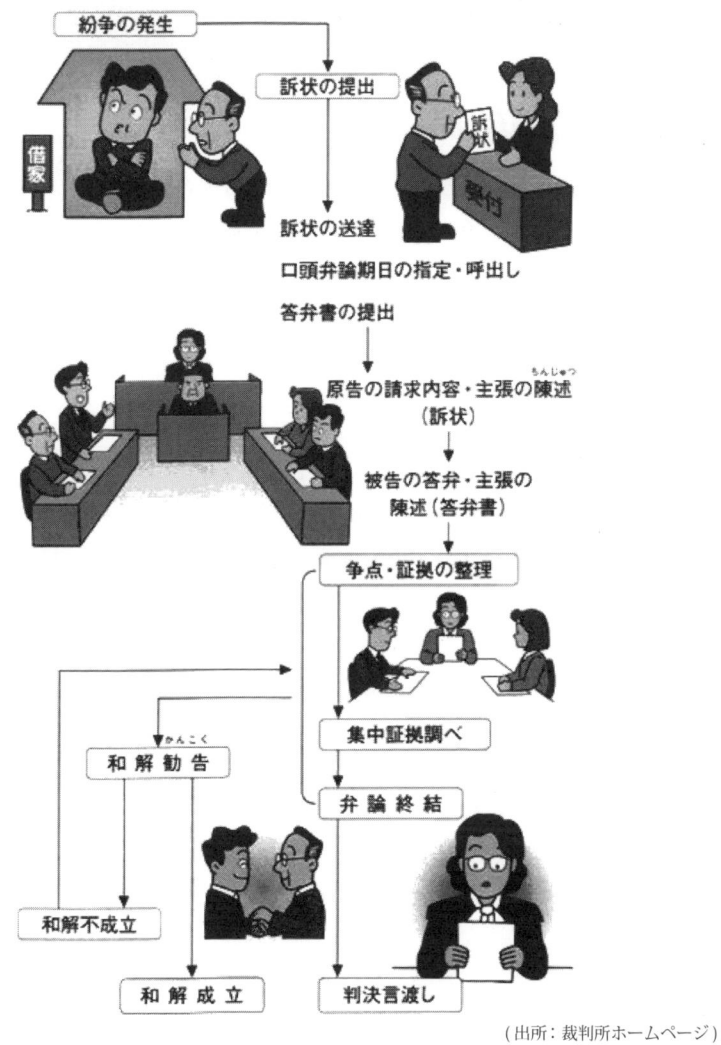

(出所：裁判所ホームページ)

♣和解が成立することの効果は

　裁判上で和解が成立すると、裁判所は「和解調書」という公文書を作成して、和解内容を記載します。和解調書は、確定判決と同一の効力を有するものとされています（民事訴訟法 267 条）。

　これにより、万が一、相手方が和解内容を履行しない場合は、その内容に基づき強制執行をすることができます。和解では自分の権利が保護されないのではないかという心配は無用です。

Q83　解雇が無効になったときの影響は

Answer Point

♣解雇を争う訴訟で会社側が負けた場合、解雇は無効になり、労働者が職場に復帰するとともに、解雇時まで遡及した賃金の支払いが必要です。

♣解雇事案の場合は、審理の状況により途中で金銭的解決を図ることで和解を探るなどケースに応じた柔軟な対応が重要です。

♣解雇が有効と認められるには、「客観的に合理的な理由」と「社会通念上の相当性」が必要になります。また、解雇は少なくとも30日前に予告するか30日分の平均賃金（解雇予告手当）を支払う必要があり、労災による休業中や産前産後休業中と復帰後の30日間は解雇制限があります。

♣ 解雇訴訟で会社が負けたときは

　解雇を争う訴訟で会社が負けた場合は、解雇が無効となることから労働者が職場に復帰することになります。

　いったん解雇をしたということは、会社側で相当の問題認識を持っていた従業員でしょうから、復帰を受け入れなければならない会社にとってはそれだけでも大きな負担になるでしょう。

　そして、さらに負担となるのは、解雇時にさかのぼって賃金の支払いが必要になることです。長期にわたる訴訟の末に判決となるわけですから、まとめて支払うべき期間中の賃金額も非常に大きくなります。

　具体的な金額は判決の中で提示されますが、民法の規定と労基法の規定を合わせての判断となります。

　民法では、労働者が債務の履行（労務の提供）をできなかったとしても、それが使用者の責に帰すべき事由によるものであるときは、労働者は反対給付（賃金）を受け取る権利を失わないことが定められています。

　同時に、不就労期間中に他社で働いて得た収入があれば、それは自己の債務を逃れたことによる利益として、使用者に償還することとなっています（民法536条2項）。

　一方で、労基法では、使用者の責に帰すべき事由による休業の場合は、平

均賃金の 60％以上の支払いを定めています。

　これらのことから、仮に解雇期間中に労働者が働いていて他社からの収入があっても、最低限の保障として、平均賃金の 60％を支払うことが導かれます。

　さらに、解雇期間中の賃金に加えて慰謝料が認められることもあるため、会社側の負担はより大きくなることもあります。

　なお、実務上は、訴訟で全面的に争った相手である会社に復職して勤め続けるのは、当の従業員としても精神的に相当なタフさが求められます。

　そのため、現実には復職せずにさらに金銭を上乗せすることで決着を図るケースや、復職しても再び離職するケースなどがあります。

♣解雇については慎重な対応をとる

　解雇事案の争いの解決に訴訟を選択した場合、通常訴訟の負担を耐えながら最終的に敗訴となった場合は、会社にとってまさに弱り目に祟り目の状態となります。

　解雇事案の場合は、様子を見ながら、審理の状況によっては途中で金銭的解決を図ることで和解を探るなどケースに応じた柔軟な対応が重要でしょう。

　そもそも、解雇が有効と認められるには、「客観的に合理的な理由」と「社会通念上の相当性」が必要になります。

　また、解雇は少なくとも 30 日前に予告するか 30 日分の平均賃金（解雇予告手当）を支払う必要があり、さらに労災による休業中や産前産後休業と復帰後 30 日間は解雇制限があります。

　解雇については、常にその理由が有効であるかどうかの争いがあり得ることから、後日のトラブルを引き起こす可能性があることを踏まえたうえで、雇用契約終了にあたっては最後の選択肢として考えるのが実務的でしょう。

　まずは解雇を検討する前段として、会社から退職を勧奨することにより、合意による退職を促すことなどを模索する姿勢が必要です。

　「こんなやつはクビになって当然だ」と、一時的な感情や思い込みによって解雇を選択することは、従業員の権利意識の高まりと、従業員がその気になればネット上に氾濫する中から必要な情報を簡単に無料で入手できる時代には非常にリスクが高いことを肝に銘じておくべきでしょう。

　安易な判断による一片の解雇通知書が大きなトラブルに発展しないよう、会社としては慎重な対応が非常に大切です。

【図表152　解雇通知書の例】

解 雇 通 知 書

平成○年○月○日

　×　×　×　×　殿

　下記の事由に基づき、あなたを本日付で解雇することを通知します。
　つきましては労働基準法第20条第1項の定めに基づき、以下のとおり、解雇予告手当を支払いますので、別紙「解雇予告手当受領確認書」の提出をお願い致します。

記

　解雇事由：

　根拠規定：就業規則　第●条　第●項
　解雇予告手当：　　　　　円
　　（ただし、平均賃金　　円×30日分として）

以上

○○○株式会社
代表取締役　△△　△△

Q84 就業規則のサンプルは

Answer Point

♧就業規則のサンプルは、図表153のとおりです。

♣就業規則のサンプルは

就業規則のサンプルは、図表153のとおりです。

【図表153　就業規則のサンプル】

就　業　規　則

第1章　総　　則

（目　的）
第1条　この規則は、従業員の服務規律、労働条件その他の就業に関する事項を定めたものである。

（従業員の定義）
第2条　この規則およびこの規則の付属規定に定める従業員の種別は次の各号のとおりとする。
　(1) 正社員
　　　次号各号以外の者で、期間の定めのない雇用契約により雇用される者
　(2) パートタイマー・アルバイト
　　　雇用期間の定めがあり、1日または1週間の所定労働時間が正社員に比して短い雇用契約により雇用される者
　(3) 契約社員
　　　期間の定めのある雇用契約により雇用される者
　(4) 嘱託社員
　　　定年退職後、会社が定める再雇用制度によって、期間を定めて雇用契約を結び業務に従事する者

（適用範囲）
第3条　この規則は正社員に適用する。
　　　　正社員以外の従業員の就業に関し必要な事項については、個別に結ぶ雇用契約によるものとする。

（規則遵守の義務）
第4条　会社および従業員は、この規則およびこの規則の付属規定を遵守し、相互に協力して円滑な事業の運営に努めなければならない。

第2章　採用および異動

（採　用）
第5条　会社は、就職希望者のうちから選考して、従業員を採用する。

（採用時の提出書類）
第6条　従業員として採用の内定を受けた者は、会社が定める期限までに次の書類を提出しなければならない。ただし、採用試験の際に提出済みである書類および会社が必要ないと認めた書類は、省略することができる。
　　①自筆による履歴書（3か月以内に撮影した顔写真貼付）
　　②職務経歴書
　　③成績証明書

④卒業見込証明書などの書類
　　⑤健康診断書（採用の日以前3か月以内に発行されたもの）
　　⑥その他会社が必要と認めたもの
　2　従業員として採用された者は、入社の日から2週間以内に次の書類を提出しなければならない。ただし、会社が特に必要がないと認めたものについては、省略することができる。
　　①住民票記載事項証明書
　　②身元保証書
　　③入社誓約書
　　④給与所得者の扶養控除等申告書および扶養家族申請書
　　⑤年金手帳
　　⑥雇用保険被保険者証（前職がある者）
　　⑦前職の源泉徴収票（前職がある者）
　　⑧給与振込口座申請書
　　⑨外国人登録証（外国籍の人のみ）
　　⑩個人情報収集に関する同意書
　　⑪保持する資格を証明する書類の写し
　　⑫その他会社が必要と認めたもの
　3　前項の書類を所定の期日までに提出しなかった者は、第61条に定める懲戒の規定を適用する場合がある。ただし、やむを得ない事情があると会社が認めた場合はこの限りではない。
　4　第1項および第2項の規定に基づき会社に提出された書類は、次の各号の目的のために利用する。
　　（1）配属先の決定
　　（2）昇降給の決定
　　（3）賃金、賞与の他、社内規定に基づく各種手当の支給
　　（4）所得税および社会保険料の控除
　　（5）法令に基づく各種手続
　　（6）人事異動（出向の場合を含む）
　　（7）教育管理
　　（8）健康管理
　　（9）表彰および懲戒
　　（10）退職および解雇
　　（11）災害補償
　　（12）緊急時の連絡
　　（13）会社の人材能力の宣伝・広報
　　（14）取引先企業との情報交換の円滑化による販売・共同開発の促進
　　（15）各種保険給付受給
　　（16）前各号の他、会社の人事政策および雇用管理の目的を達成するために必要な事項

（内定取消事由）Q60参照
第7条　採用内定者が次の各号のいずれかに該当する場合は、内定を取消し、採用しない。
　　（1）採用の前提となる条件が達成されなかったとき（卒業、免許の取消しなど）
　　（2）入社日までに健康状態が採用内定日より低下し、勤務に耐えられないと会社が判断したとき
　　（3）履歴書・職務経歴書などの提出書類の記載事項に偽りがあったとき
　　（4）採用内定後に犯罪、道徳的に非難されるべき動機による行為その他社会的に不名誉な行為を行ったとき、または採用選考時に過去の行為を秘匿していたことが判明したとき
　　（5）内定時には予想できなかった会社の経営状況の悪化、事業運営の見直しなどが行われたとき
　　（6）その他上記に準じる、またはやむを得ない事由があるとき

（労働条件の明示）
第8条　会社は第5条によって採用した者に対して、採用時の賃金、労働および休憩時間、休日、休暇、退職に関する事項、その他労働条件が明らかとなる書面を交付するとともに、この就業規則を周知させることにより労働条件を明示するものとする。

（身元保証人）Q48参照
第9条　身元保証人は経済的に独立した者で会社が適当と認めた2名とする。
　　2　身元保証人の保証期間は5年とする。ただし、会社が必要と認めた場合、その身元保証の期間の更新を求めることがある。

（試用期間）
第10条　新たに採用した者については、原則として採用の日から3か月間を試用期間とする。
　　2　試用期間中に本採用とすることの適否を判断できないときは、前項に定める試用期間を延長することがある。ただし、延長期間は3か月を超えないものとする。

（試用期間中の解雇）Q56参照
第11条　試用期間中の者が次の各号のいずれかに該当するときは、当該期間の途中もしくは試用期間終了時に本採用せずに解雇する。
　　（1）　正当な理由のない欠勤・遅刻・早退を繰り返すとき
　　（2）　勤務態度・業務遂行能力・適性などに問題があり、従業員としての適格性がないと会社が判断したとき
　　（3）　業務に対する積極性に欠け、改善の見込みがないと認められるとき
　　（4）　書面、口頭を問わず、入社前に会社に申告した経歴や能力に偽りがあったと認められるとき
　　（5）　必要書類を提出しないとき
　　（6）　健康状態が悪いとき（精神の状態を含む）
　　（7）　当社の従業員としてふさわしくないと認められるとき
　　（8）　第53条に定める解雇事由または第63条に定める懲戒解雇事由に該当したとき

（人事異動）
第12条　会社は業務上の必要がある場合、配置転換、転勤、または従事する職務内容の変更、もしくは関連会社などへの出向または転籍を命ずることがある。
　　2　前項の命令を受けた従業員は、正当な理由なくこれを拒むことはできない。
　　3　前項の規定にかかわらず、転籍を命ずる場合には原則として本人の同意を得るものとする。
　　4　会社は出向または転籍を命ずるに際し、その出向・転籍先での労働条件などについては本人の意向を聞き、個別に定めるものとする。
　　5　人事異動を命じられた者は、完全に業務の引き継ぎを完了させ、会社が指定した期限までに赴任をしなければならない。

（変更の届出）
第13条　従業員は、次の各号のいずれかに変更があったときは、速やかに所属長を経て人事部に書式を届け出なければならない。
　　（1）　本人の氏名
　　（2）　現住所
　　（3）　通勤の方法
　　（4）　家族についての異動
　　（5）　その他人事管理上会社が指示した事項

第3章　服務規律

（服務の原則）
第14条　従業員は、所属長の指示命令を誠実に守り、互いに協力して職責を遂行するとともに、職場の秩序の保持に努めなければならない。
　　2　所属長は、部下の指導に努めるとともに率先して職務の遂行に当たらなければならない。

（遵守事項）Q50参照　Q54参照
第15条　従業員は次の事項を特に遵守しなければならない。
　　（1）　勤務中は職務に専念し、みだりに職務の場所を離れないこと
　　（2）　始業時刻および休憩終了時刻にはすぐに業務に取り掛かれるようにしておくこと
　　（3）　無断欠勤・無断遅刻など周囲の信頼を失う行動をしないこと

（4）　会社に許可なく、会社所有のパソコンなどを使用し、私的な目的で電子メールの送受信や、業務に関係ないホームページなどの閲覧をしないこと。なお、会社が必要と認めた場合は、会社はサーバー上およびパソコン端末上のデータを調査することができる。
（5）　職務上知り得た会社の業務の方針、重要事項などの社内機密を外部の人に話したり、関係する書類を見せたりしないこと。また、雑談などから当該内容を外部の人に察知されないよう気を配ること。
（6）　会社の命令および規則に違反しないこと。また、所属長など上司に反抗したり、その業務上の指示および計画を無視しないこと。
（7）　顧客、取引先および他の従業員のひんしゅくをかうような服装、行動などはしないこと。また、会社の営業日において、半ズボンなどの職場の雰囲気にふさわしくない服装での出勤は原則として禁止する。
（8）　酒気を帯びて勤務に服したり、就業時間内外を問わず酒気を帯びて自動車を運転しないこと。なお、飲酒運転をした場合は、第61条に定める懲戒処分または第53条に定める解雇処分の対象とする。
（9）　従業員は、会社の職位・職務などの立場を利用して私利を図り、不正に金品などを要求したり受領したりする行為をしないこと。
（10）　従業員が他の会社への就職、役員への就任、あるいは自ら事業を営む計画がある場合は、事前に会社に報告を行い、会社の許可を得ること。会社は、企業秩序・企業利益および従業員の完全な労務の提供の可否などの観点から、望ましくないと判断した場合は、それらを禁止することがある。
（11）　従業員は、就業時間中は業務に専念し、誠実に業務に当たること。
（12）　社内で暴行、脅迫などの行為や、他人を誹謗中傷するような印刷物の配布やメールの送信またはこれらに類する行為により、職場の風紀秩序を乱し、あるいは他人の業務を妨害するような行為をしないこと。
（13）　従業員は、会社の信用や名誉を損なうような行為をしないこと
（14）　職場における、いじめ、暴行、脅迫などのパワハラ行為、あるいはパワハラ行為と疑われるような行為は、いかなる場合であってもしないこと
（15）　会社の許可なく、会社構内および施設において、政治活動、宗教活動、社会活動、物品の販売、勧誘活動、集会、演説、貼紙、放送、募金、署名、文書配布その他業務に関係のない活動を行わないこと
（16）　会社内、会社外を問わず、会社で知り得た情報（従業員名簿、顧客名簿、取引先から頂いたメールや名刺など）を利用しての政治活動、宗教活動、社会活動、物品の販売、勧誘活動、集会、演説、募金、署名、文書配布などの活動を行わないこと
（17）　従業員は、会社の規則および所属長の指示命令を誠実に守り、同僚、部下と互いに協力して職責を遂行するとともに、協調性をもって職場の秩序の保持に努めること
（18）　会社および会社の従業員、または関係取引先を誹謗もしくは中傷し、または虚偽の風説を流布もしくは宣伝しないこと
（19）　インターネット上の書き込み、新聞・雑誌などへの投稿、ラジオやテレビへの出演などにおいて、会社および会社の従業員または取引先を誹謗中傷するような言動、会社の秘密を察知されるような言動、会社および会社の従業員または取引先の名誉を損なうような言動をしないこと
（20）　従業員は会社から貸与されたもの、および会社の施設・設備を大切に扱い、これを破損、紛失させるようなことをしないこと
（21）　会社の許可なく会社のパソコンにソフトウエアをダウンロードやインストールしないこと
（22）　会社の許可なく会社のパソコン並びにソフトウエアを改ざんしないこと

（入場禁止および退場）
第16条　次の各号のいずれかに該当する者に対しては、事業場内への入場を禁止し、または退場を命ずることがある。
　（1）　会社内の秩序および風紀を乱し、またはその恐れがあると思われる者
　（2）　火気、凶器、毒物、薬物その他業務遂行に不要なものを携帯する者
　（3）　酒気を帯びてまたは酒類を携帯する者
　（4）　その他会社が入場禁止を必要と認めた者

（所持品検査）
第17条　会社は必要に応じて、その理由を明示の上、所持品の検査を行うことがある。この場

合、従業員はこれに応じなければならない。

（面　会）
第18条　従業員は、勤務時間中に私用により外来者と面会してはならない。ただし、緊急やむを得ない場合であって、会社の許可を受けた場合はこの限りでない。

（セクシャルハラスメントの防止）Q40参照
第19条　職場または業務に関連する場所において、性的いやがらせ（セクシャルハラスメント）に当たる行為をしてはならない。
　　2　セクシャルハラスメントを受けた場合は、社内に設置された相談窓口に相談すること。
　　3　セクシャルハラスメントに当たる行為を行った従業員は第61条に定める懲戒処分の対象とする。

（パワーハラスメントの防止）
第20条　職場または業務に関連する場所において、組織の規範や慣習、また職権というパワーを使って、いやがらせや強制（パワーハラスメント）に当たる行為をしてはならない。
　　2　パワーハラスメントを受けた場合は、社内に設置された相談窓口に相談すること。
　　3　パワーハラスメントに当たる行為を行った従業員は第61条に定める懲戒処分の対象とする。

（自動車通勤）
第21条　マイカー通勤は原則として禁止するが、会社が特別に認めた場合はこの限りでない。マイカー通勤を希望する者は、「自家用車通勤許可申請書兼誓約書」により、使用日の前日までに許可を受けなければならない。
　　2　前項の申請をする者は、次の書類を添付しなければならない。
　　　①運転免許証の写し
　　　②任意自動車保険の写し
　　　③自動車検査証の写し
　　3　前項第2号の任意自動車保険に関しては、次の条件で加入していなければならない。
　　　①対人賠償額　無制限
　　　②対物賠償額　2,000万円以上
　　　③搭乗者傷害　1,000万円以上
　　4　会社は運転者のマイカー通勤途上で発生した事故については一切責任を負わない。損害に関しては運転者が加入する自賠責保険および任意保険を適用する。またマイカーの車両の損害についても一切責任を負わない。
　　5　マイカー通勤者の交通費およびその他の費用負担については、賃金規定に定める。

第4章　勤　務

第1節　労働時間・休憩および休日

（労働時間および休憩時間）Q1参照
第22条　所定労働時間は、休憩時間を除き、1週間については40時間、1日については8時間とする。なお、1週間の所定労働時間の計算の起算日は土曜日とする。
　　2　始業・終業の時刻および休憩時間は次のとおりとする。ただし、業務の都合その他やむを得ない事情によりこれを繰上げ、または繰下げることがある。
　　　始業時刻　午前9時00分
　　　終業時刻　午後6時00分
　　　休憩時間　正午から午後1時まで

（休憩時間）Q4参照
第23条　従業員の休憩時間は、第22条第2項のとおり、原則として一斉に与える。ただし、会社と従業員代表との労使協定により一部の従業員について休憩時刻を変更してこれを与えることができる。
　　2　従業員は休憩時間を自由に利用できる。ただし、外出する場合はその旨を届け出なければならない。

（休日および夏季休暇）Q2参照
第24条　所定休日は次のとおりとする。
　　　　　①土曜日
　　　　　②日曜日
　　　　　③国民の祝日
　　　　　④年末年始（12月29日より１月３日まで）
　　２　夏季休暇は、７月から９月の間に３日間与える。取得日は、業務の都合を考慮し所属長と相談の上、決定する。
　　３　所定休日のうち毎週日曜日を法定休日とする。

（時間外、休日および深夜勤務）Q5参照
第25条　業務の都合により、第22条の所定労働時間を超え、または第24条の所定休日および午後10時から午前５時までの深夜に労働させることがある。
　　２　前項の時間外、休日および深夜勤務とは所属長の指示あるいは所属長に申請し承認された場合のみを対象とする。
　　３　時間外、休日および深夜勤務を行う者は、事前に会社所定の申請書で所属長に申請を行い所属長の承認を得なければならない。ただし、業務上の都合により事前申請が困難な場合のみ事後申請を認めるものとする。

（振替休日）Q18参照
第26条　業務上の都合により必要がある場合は事前に予告して第24条の休日を他の休日に振り替えることがある。
　　２　前項の予告にもかかわらず、正当な理由なくその日に勤務しないときは、欠勤として扱う。

（代　　休）Q18参照
第27条　業務上の必要により第24条の休日に勤務したときは代休を与える。
　　２　前項の代休は、休日勤務した日から１か月以内に取得しなくてはならない。

第２節　出退勤・遅刻および早退

（出勤・退勤）Q6参照
第28条　従業員は業務の開始および終了にあたっては、その時刻をタイムカードに自ら記録しなければならない。なお、労働時間に関しては、別途、労働時間申告書にて管理をする。
　　２　従業員は、事前準備を行うことを心がけ、始業時刻には直ちに業務に着手できるようにしなければならない。また終業時刻までは業務を行い、終業時刻前に帰り支度や業務から離れるようなことはしてはならない。

（１か月単位の変形労働時間制）Q11参照　Q26参照
第29条　第22条の規定にかかわらず、会社は業務上の必要がある部門および従業員について、１か月単位の変形労働時間制を採用することがある。
　　２　１か月単位の変形労働時間制を適用する従業員の所定労働時間は、１か月平均して１週間40時間以内とする。
　　３　各日の始業および終業の時刻を次のとおりとする。

	所定労働時間	始業時刻	終業時刻	休憩時間
Ａシフト	10時間	午前９時30分	午後９時30分	２時間
Ｂシフト	7時間	午後１時30分	午後９時30分	１時間
Ｃシフト	3時間	午後４時	午後７時	なし

　　４　前項の所定労働時間、始業・終業の時刻は、毎月１日を起算日として、勤務カレンダーによって決定し、２週間前までに従業員に配布する。

（１年単位の変形労働時間制）Q11参照
第30条　第22条の規定にかかわらず、１年単位の変形労働時間制度について協定したときは、労働日ごとの所定労働時間、始業・終業の時刻および休憩時間は、次の第２項から第４項までを適用し、年間における休日は、労使協定に別途定める年間カレンダーによるものとする。

2　1日の所定労働時間は7時間30分とし、1週間の所定労働時間は、毎年1月1日を起算日として、1年間を平均して1週間あたり40時間以内とする。
　3　始業・終業の時刻および休憩時間は原則として次のとおりとする。ただし、業務の都合その他やむを得ない事情によりこれを繰上げ、または繰下げることがある。
　　　始業時刻　午前9時30分
　　　終業時刻　午後6時30分
　　　休憩時間　正午から午後1時までの1時間
　　　　　　　　午後3時00分から午後3時15分の15分間
　　　　　　　　午後5時00分から午後5時15分の15分間
　4　変形労働時間制は、毎年1月1日を始期とし、12月31日までとする1年単位の変形労働時間制とする。
　5　妊産婦の従業員が請求した場合は、変形労働時間制にかかわる規定は、その従業員には適用しない。
　6　育児または介護を行う従業員など、法令により、特別の配慮を要請されている従業員に対しては、その従業員から申出があった場合には、変形労働時間にかかわる規定を適用しない。

（フレックスタイム）Q12参照
第31条　第22条の規定にかかわらず、フレックスタイム制に関する協定を締結したときは、その対象従業員は、始業・終業の時刻はそれぞれ従業員が自主的に決定したところによる。
　2　午前10時から午後2時までをコアタイムとし、その時間は必ず出勤していなくてはならない。
　3　コアタイムの遅刻、早退、私用外出をした場合は、一般の勤務に準じて人事考課上の査定を行う。ただし、この時間分の賃金は控除しない。
　4　フレックスタイムに関するその他の事項は、第1項の労使協定に定めるところによる。

（専門業務型裁量労働制）Q13参照
第32条　第22条の規定にかかわらず、会社は業務上の必要がある部門および従業員について、専門業務型裁量労働制を採用し、業務遂行の手段および時間配分の決定などを原則として従業員の裁量に委ね勤務させることがある。
　2　前項の裁量労働制の対象業務および対象従業員は、労使協定で定める。
　3　始業および終業時刻並びに休憩時間は、第22条を基本とする。ただし、業務遂行上の必要による就業時間、休憩時間の変更は弾力的に運用するものとし、その時間は対象従業員の裁量に委ねるものとする。
　4　休日は第24条の定めるところによる。
　5　その他の取り扱いについては労使協定において定めることとする。

（遅刻・早退）
第33条　従業員が遅刻または早退する場合は、会社所定の用紙にてあらかじめ所属長に届け出なければならない。
　2　交通事情などによりやむを得ない場合は速やかに電話などで会社に連絡をし、出社後、会社所定の用紙にて届け出なければならない。
　3　従業員が前各項の連絡および届出を怠った場合、あるいは会社が認めない場合は無断遅刻もしくは無断早退として懲戒の対象とする。
　4　傷病による遅刻もしくは早退をする場合、会社は医師の証明書、または診断書その他勤務しない事由を明らかにする証明書類を求めることがある。
　5　第1項の手続が正当な理由なく行われない者については、無断の職場放棄とみなし、懲戒の対象とする場合がある。

（欠　勤）
第34条　従業員が傷病その他やむを得ない事由により欠勤する場合は、前日までにその理由、日数などを会社所定の用紙にて所属長に届け出なければならない。
　2　前項の規定にかかわらず、傷病そのやむを得ない理由がある場合には、当日始業時刻前までに電話などで会社に連絡し、出社後、速やかに届出をしなければならない。
　3　従業員が前各項の連絡および届出を怠った場合、あるいは会社が認めない場合は無断欠勤とする。
　4　傷病による欠勤をする場合、会社はその日数にかかわらず医師の証明書、または診断書その他勤務しない事由を明らかにする証明書類を求めることがある。

5　第1項の手続が正当な理由なく行われない者については、無断の職場放棄とみなし、懲戒の対象とする場合がある。

（外　　出）
第35条　従業員が社用またはやむを得ない事由により外出する場合は、あらかじめ所属長に届け出なければならない。

（適用除外）Q14参照
第36条　次の者については、本規定に定める時間外労働、休日労働、休憩時間の規定を適用しない。
　　①当社が管理職として処遇する者
　　②経営者や管理職と共に機密の事務を取り扱う者
　　③監視または断続的労働に従事する者で、会社が行政官庁から許可を得た者

第3節　事業所外勤務および出張

（事業所外勤務および出張）Q15参照
第37条　第22条の労働時間の規定にかかわらず、外勤、出張その他会社外で就業し、労働時間の算定が困難な場合は、所定労働時間労働したものとみなす。
　2　前項の規定にかかわらず、労働時間の算定が困難な場合で会社と従業員代表との間で協定が結ばれた場合には、協定で結ばれた時間を労働したものとみなす。

第4節　休　　暇

（年次有給休暇）Q27参照　Q30参照　Q34参照
第38条　勤続年数に応じ、前年の所定労働日の8割以上を出勤した従業員に対して以下の表に掲げる年次有給休暇を付与する。

勤続年数	6か月	1年6か月	2年6か月	3年6か月	4年6か月	5年6か月	6年6か月以上
有給休暇日数	10日	11日	12日	14日	16日	18日	20日

　2　発生後1年以内に使用できなかった年次有給休暇は、翌年度に限り繰り越されるものとする。
　3　繰り越された年次有給休暇と、新しく付与された年次有給休暇がある場合、新しく付与されたものから順次消化していくものとする。
　4　従業員は年次有給休暇を取得しようとするときは、休暇日の1週間前までに所定の用紙にて請求するものとする。ただし会社は、事業の正常な運営を妨げると判断したときは、従業員の指定した時季を変更することがある。
　5　3日以上連続の年次有給休暇を取得しようとするときは、休暇日予定日の2週間以上前に所属長に申し出て、休暇中の業務の引き継ぎや対応について相談を行い、休暇中の業務に支障がでないようにしなければならない。
　6　会社は、従業員代表との書面による協定を結び、各従業員の有する年次有給休暇のうち5日を超える部分について、あらかじめ時季を指定して与えることができる。
　7　従業員が急な事由により欠勤した場合には、会社がやむを得ない事由であると認めた場合に限り、欠勤日を年次有給休暇取得日に振り替えることができるものとする。
　8　会社は、時効により消滅する年次有給休暇のうち、年2日を限度に「傷病特別休暇」として積み立てるものとする。傷病特別休暇は、積立の上限を10日とし、私傷病による長期欠勤の際に年次有給休暇の残日数が7日間を切った場合に利用できる特別の有給休暇とする。

（産前産後の休暇）
第39条　会社は、6週間（多胎の場合は14週間）以内に出産する予定の女性従業員が請求した場合には、産前休暇を与える。
　2　会社は、産後8週間を経過しない女性従業員を勤務させることはない。ただし、産後6週間を経過した当該女性従業員が請求した場合は、医師が支障がないと認めた業務に

就かせることがある。
　　3　産前産後の休暇期間中は、無給とする。

（生理日の休暇）
第40条　生理日の就業が著しく困難な従業員から請求があった場合はその必要な日数の休暇を与える。
　　2　生理日の休暇期間中は、無給とする。

（育児時間）
第41条　生後1年未満の子を育てる従業員は、あらかじめ申し出て、休憩時間の他に1日2回、各々30分の育児時間を受けることができる。
　　2　前項の時間は、無給とする。

（公民権行使の時間）
第42条　従業員が勤務時間中に選挙その他公民としての権利を行使するため、あらかじめ申し出た場合は、それに必要な時間を与える。ただし、業務の都合により、時刻を変更する場合がある。
　　2　前項の時間は、無給とする。

（裁判員休暇）
第43条　従業員が裁判員法により次の事由に該当し、申請があった場合には裁判員休暇を与える。
　　（1）裁判員候補者として通知を受け、裁判所に出頭したとき
　　（2）裁判員もしくは補充裁判員として選任を受け、裁判審理に参加するとき
　　2　休暇を申請するときは裁判所から交付される裁判員候補者通知などを添付して申請するものとする。
　　3　裁判員休暇は無給とする。

（特別休暇）Q28参照　Q37参照
第44条　従業員が次の事由により休暇を申請した場合は、次のとおり特別休暇を与える。ただし、日数には第24条に定める休日を含むものとする。なお、義理の兄弟姉妹および義理の祖父母は適用外とする。
　　（1）本人が結婚するとき・・・・・・・・・継続して5日
　　（2）子女が結婚するとき・・・・・・・・・継続して2日
　　（3）兄弟姉妹が結婚するとき・・・・・・・1日
　　（4）妻が出産するとき・・・・・・・・・・出産日を含め産後2週間以内に2日
　　（5）父母、配偶者または子が死亡したとき
　　　　①　本人が喪主の場合・・・・・・・・継続して5日
　　　　②　それ以外の場合・・・・・・・・・継続して3日
　　（6）祖父母、配偶者の父母、兄弟姉妹（義兄弟は除く）が死亡したとき
　　　　①　本人が喪主の場合・・・・・・・・継続して5日
　　　　②　それ以外の場合・・・・・・・・・継続して3日
　　2　特別休暇は有給とする。
　　3　特別休暇の支給申請は以下の期間に行わなければならない。
　　（1）　第1項（1）～（4）の特別休暇・・・特別休暇取得予定日の1か月以上前に申請すること。（4）については、その出産予定日から1か月以上前に出産予定日を特別休暇取得日として仮に申請しなければならない
　　（2）第1項（5）（6）の特別休暇・・・事由が発生した場合、速やかに会社に申請すること。原則として2日以内とする
　　4　会社が特別休暇を認める期間は以下のとおりとする。
　　（1）第1項（1）～（3）の特別休暇・・・入籍の日以後、3か月以内とする
　　（2）第1項（4）の特別休暇・・・出産日を含め産後2週間以内とする
　　（3）第1項（5）（6）の特別休暇・・・葬儀の日の前後それぞれ1週間の期間内とする
　　5　第1項（5）（6）の特別休暇を申請する場合は、葬儀場の住所、電話番号および喪主の氏名を事前に会社に連絡しなければならない。
　　6　特別休暇は、その事由があった日（もしくはその前後）に取得しなければならず、これを後日に振り替えるなどして事由と関連しない日に取得することは認めない。

第5節　休　　職

（休　　職）Q52参照
第45条　従業員が次の場合に該当するときは、所定の期間休職とする。
　　　　（1）私傷病による欠勤が継続・断続を問わず、1か月を超え、なお療養を継続する必要があると認められたとき（療養休職）　3か月
　　　　（2）私傷病により完全に業務の遂行ができず、その回復に相当の時間を要すると認められるとき（療養休職）　3か月
　（3）前号の他、特別な事情があり休職させることが適当と認められるとき　　　必要な期間

（休職期間中の取り扱い）
第46条　休職期間中は原則として無給とする。
　　2　従業員は、第45条第1号および第2号の場合は、健康保険の傷病手当金を受けるものとする。
　　3　傷病による休職者は、療養に専念し、定期的に会社の認める、あるいは指定する医師の診断を受け、その経過を1か月ごとに会社に報告しなければならない。
　　4　休職期間は、勤続年数に含めない。

（復職の取り扱い）Q52参照
第47条　休職期間満了前に、休職事由が消滅した場合で、会社が復職可能と認めた場合は復職させ勤務を命ずる。
　　2　第45条第1号および第2号（療養休職）の者が、休職期間満了前に復職を申し出たときは、会社が指定する医師の診断をもとに、復職の当否を会社が決定する。
　　3　会社は、休職前に従事していた業務以外の業務への復職を命ずることがある。
　　4　休職者が復職した月の給与は、復職日から日割計算で支給する。

（休職期間の通算）Q52参照
第48条　第47条の定めに従い復職した場合で、復職後12か月以内に同一または関連する傷病あるいは類似の症状により休職をする場合は、前後の休職期間を通算する。

（休職事由が消滅しない場合の取り扱い）Q52参照
第49条　休職期間満了までに休職事由が消滅しない場合は、休職期間満了をもって自然退職とする。

第5章　定年・退職および解雇

（定　　年）
第50条　従業員の定年は、満60歳に達した日の属する月の末日とする。
　　2　定年に達した従業員で、本人が希望した場合は65歳まで再雇用する。
　　3　前項の規定にかかわらず、従業員の過半数を代表する従業員との間で締結した協定の条件に該当しない従業員は再雇用をしない。

（退　　職）Q59参照
第51条　従業員が、次の各号のいずれかに該当する場合はその日を退職の日とし、従業員としての身分を失う。
　　　　（1）死亡したとき
　　　　（2）従業員が無断欠勤を継続し、会社からの連絡がつかず以下に掲げる日を迎えたとき
　　　　　①月給制の従業員が賃金計算期間の前半から継続したときは、その計算期間の末日
　　　　　②月給制の従業員が賃金計算期間の後半から継続したときは、次の計算期間の末日
　　　　　③時給制または日給制の従業員のときは3か月間を経過した日
　　　　（3）自己の都合により退職を願い出て、承認されたとき
　　　　（4）定年に達したとき
　　　　（5）期間を定めて雇用した者の雇用期間が満了したとき
　　　　（6）休職期間が満了しても復職できないとき
　　　　（7）会社の役員に就任したとき
　　　　（8）会社が行う退職勧奨を受け入れたとき
　　　　（9）関連会社に転籍したとき

(10) その他、退職につき労使双方が合意したとき

（退職手続）Q31参照
第52条　従業員が自己の都合で退職する場合は、少なくとも1か月前までに退職願いを提出しなければならない。
　2　退職をする者は、退職の日まで従前の業務に従事するとともに、所属長の指示に従い、必要事項の引き継ぎを完全に行わなければならない。この規定に違反した場合は、懲戒の対象とする。
　3　退職する者は、自分が利用した電子メールの履歴、パソコンのデータ、業務記録など一切の業務に関連する記録を会社の許可なく削除してはいけない。この規定に違反した場合は、懲戒の対象とする。

（解　　雇）Q47参照
第53条　従業員が次の各号のいずれかに該当した場合は、解雇する。
(1) 精神または身体の障害により、業務に耐えられないと認められるとき、または完全な労務の提供ができないとき
(2) 勤務成績または勤務態度が著しく不良で、改善の見込みがないとき
(3) 勤務意欲が低く、これに伴い、勤務成績、勤務態度その他の業務能率全般が不良で、改善の見込みがないとき
(4) 特定の地位、職種または一定の能力の発揮を条件として雇入れられた者で、その能力および適格性が欠けると認められるとき
(5) 事業の縮小または廃止、その他事業の運営上やむを得ない事情により、従業員の減員が必要になったとき
(6) 懲戒解雇に該当する事由があるとき
(7) 天災事変その他やむを得ない事由により、事業の継続が不可能となったとき、あるいは雇用を維持することができなくなったとき
(8) その他前各号に準ずるやむを得ない事由があるとき

（解雇予告）
第54条　会社が前条により従業員を解雇する場合は、解雇する日の30日前に予告するか、あるいは平均賃金の30日分を支給し、即日解雇する。ただし、次の各号に該当する場合は、解雇の予告をせず、または解雇予告手当を支給することなく解雇する。
(1) 天災事変その他やむを得ない事由のため事業の継続が不可能な場合で労働基準監督署長の認定を得たとき
(2) 従業員の側に重大な責めがあることにつき労働基準監督署長の認定を得たとき
(3) 試用期間中の者を雇入れ後14日以内に解雇するとき
　2　前項の予告日数は、平均賃金の1日分を支払ったごとに、その日数分だけ短縮する。

（解雇の制限）Q52参照　Q53参照
第55条　業務上の傷病による療養のため休職する期間およびその後30日間、並びに産前産後の女性が休職する期間およびその後30日間は解雇しない。ただし、前条第1項第1号に該当したとき、または業務上の傷病の場合において、療養開始後3年を経過しても傷病が治癒せず、打切補償を支給したときおよび労働者災害補償保険の傷病補償年金の支給を受けることができるときは解雇することができる。

（金品の返納）Q62参照
第56条　従業員が退職または解雇された場合は、会社からの借入金、借入品、その他健康保険証などを、退職の日までに返納しなければならない。

（損害賠償）Q48参照
第57条　従業員が違反行為などにより会社に損害を与えた場合は、懲戒処分とは別に、従業員に損害を原状に回復させる、または回復に必要な費用の全部あるいは一部を賠償させることがある。なお、当該損害賠償の責任は、退職後も免れることはできない。また、本人より賠償がなされない場合には、身元保証人にその責任を追及することがある。

（競業避止義務）Q67参照
第58条　会社は退職または解雇する従業員に対して、会社の正当な利益を保護するために、一定の業種、職種、期間、地域を明示して、競業避止義務を課すことがある。

(退職後の責務) Q66参照
第59条 会社を退職または解雇された従業員は、退職または解雇後といえども、本規則第15条第5号、第9号、第16号、第18号、第19号に定める守秘義務を負わなければならない。

第6章 賞　　罰

(表　彰)
第60条 会社は、従業員が次のいずれかに該当する場合は、表彰する。
　(1) 業務上有益な創意工夫、改善、開発などを行い、会社の運営に貢献したとき
　(2) 社会的功績があり、会社および従業員の名誉となったとき
　(3) 長年にわたり、会社業績に多大な貢献をしたとき
　(4) 前各号に準ずる功労のあったとき

(懲戒の種類) Q39参照　Q48参照
第61条 この就業規則および関連する諸規定の禁止・制限事項に抵触する従業員は以下のいずれかの懲戒を行う。
　(1) 譴　責　始末書を取り将来を戒める
　(2) 減　給　始末書を取り1回の額が平均賃金の1日分の半額以内で賃金を減給する。ただし、総額が1賃金支払期における賃金総額の10分の1を超える場合は、超えた部分を翌月以降に繰り越す。
　(3) 出勤停止　始末書を取り15日を限度として出勤の停止を命じ、その期間の賃金は支払わない
　(4) 降　格　始末書を取り、職務を現在の職級から下位の職級に変更し、それに伴い賃金の減額を行う
　(5) 諭旨退職　退職届を提出するように勧告する。なお、勧告をした日から7日以内に退職届の提出がない場合は懲戒解雇とする。また、退職金の一部または全部を支給しない場合がある
　(6) 懲戒解雇　予告期間を設けることなく即時解雇をする。この場合、労働基準監督署長の認定を受けた場合は解雇予告手当は支給しない

(譴責、減給、出勤停止または降格)
第62条 従業員が次のいずれかに該当するときは、減給、出勤停止、または降格処分とする。ただし、情状により譴責に留める場合もある。
　(1) 正当な理由がなく欠勤、遅刻、早退を重ねたとき
　(2) 業務上の怠慢によって失態があったとき
　(3) 過失により災害または、営業上の事故を発生させ、会社に重大な損害を与えたとき
　(4) 本規定および会社が定める規定に違反した場合でその事案が軽微なとき
　(5) 会社の秩序や風紀を乱す行為のあったとき
　(6) 監督不行き届きのため、重大な事態が生じ、そのため部下が懲戒されたとき
　(7) その他前各号に準ずる程度の不都合な行為を行ったとき

(懲戒解雇) Q49参照
第63条 従業員が次のいずれかに該当するときは、懲戒解雇とする。ただし、情状により諭旨退職、降格、出勤停止、減給処分とすることがある。
　(1) 正当な理由がなく無断欠勤をした場合に、当該無断欠勤をした日以前6か月間の間に連続・断続を問わず7日以上の無断欠勤があり、その間出勤の督促をしても応じないとき
　(2) 重要な経歴を偽り、採用されたとき
　(3) 就業時間内外を問わず、刑罰法令に触れる行為をし、会社の名誉信用を失わせた場合
　(4) 正当な理由もなく会社を誹謗中傷するなど、会社の名誉信用を失わせる行為をした場合
　(5) 刑事事件で有罪の判決を受け、社名を著しく汚し信用を失墜させたとき
　(6) 故意または重大な過失により、災害または営業上の事故を発生させ、会社に重大な損害を与えたとき
　(7) 会社の許可を受けずに在職のまま他の事業の経営に参加したり、または他の会社に雇用されたり、あるいは、自ら事業を営むとき
　(8) 職務上の地位を利用して第三者から報酬を受け、もしくはもてなしを受けるなど、自己の利益を図ったとき
　(9) 本規定および会社が定める規定に違反した場合でその事案が重大なとき

(10) 前条の規定により、譴責、減給、出勤停止、および降格の処分を受けたにもかかわらず、なお改善の見込みがないとき
(11) 暴行、脅迫その他不法行為をして著しく社内の秩序を乱したとき
(12) 職務上知り得た会社の秘密事項（顧客データなどを含む）を第三者に漏らし、または漏らそうとしたとき
(13) 会社のデータを許可なく持ち出し、あるいは持ち出そうとしたとき
(14) 会社の所有物を私用に供し、または盗んだとき
(15) 会社のお金を不正に横領したとき、または横領しようとしたとき（それが経費精算などで小額である場合も含む）
(16) その他前各号に準ずる程度の行為があったとき

第7章　賃　　金

（賃金の原則）
第64条　賃金に関する詳細は、「賃金規定」によるものとする。

（退職金）
第65条　退職金に関する詳細は、「退職金規定」によるものとする。

第8章　育児および介護休業等

（育児休業）
第66条　育児休業等に関する詳細は、「育児介護休業規定」によるものとする。

（介護休業）
第67条　介護休業等に関する詳細は「育児介護休業規定」によるものとする。

第9章　職務発明

（職務発明）Q71参照
第68条　会社は職務発明を行った従業員からその発明にかかわる一切の権利を承継する。この場合、会社は当該従業員に対して報奨金を支給する。
　2　職務発明を行った従業員は会社から報奨金を受け取ることにより、その権利が自己に属する旨を主張することはできない。

（制作物の著作権）Q66参照
第69条　従業員が職務に関連して制作したもの（未完成品・半製品・未公開品・アイデア・失敗物も含む）およびそれらに組み込まれたすべてのデザイン素材・ソースコードなどの権利は、その著作権を含め、すべて会社に属するものとする。

第10章　安全衛生および災害補償

（遵守義務）
第70条　従業員は安全衛生に関して、会社の指示に従い、会社の行う安全衛生に関する措置に協力しなければならない。

（労働環境）
第71条　会社は換気、充分な照明、その他従業員が職務を遂行するに適切な労働環境の整備に最善を尽くすものとする。
　2　従業員は、事故の予防および勤務環境の安全と整理のために労働環境の整備に努めなければならない。

（健康維持・増進のための責務）
第72条　従業員は、心身の健康の重要性を認識し、その維持・増進に積極的に取り組まなければならない。

2　会社は、日頃から健康管理に関する理解を深め、従業員の健康の維持・増進に努めなければならない。

（健康診断）
第73条　会社は従業員に対して、労働安全衛生法に基づき採用時および毎年1回、定期健康診断を行う。なお、健康診断の結果については、速やかに会社へ提出しなくてはならない。
　　2　会社は前項の健康診断を保管し、会社の他は本人の承諾なく開示してはならない。

（健康診断実施後の措置）
第74条　会社は健康診断の結果、必要と認めるときは、就業時間の短縮、配置転換その他健康確保上の必要な措置を命ずることがある。この場合、本人の承諾を得て上司などへ必要最低限の情報を開示することがある。

（メンタルヘルス対策）
第75条　会社は、従業員のメンタルヘルス（心の健康）に関して次のとおり対策を講じる。
　　(1)　メンタルヘルスに関する調査（年1回）
　　(2)　メンタルヘルスに関する問診（定期健康診断時）
　　(3)　勤務状況が一定の要件に達する者に対しては、会社が指定する産業医による面接指導

（社外専門スタッフの紹介）
第76条　次の場合には、従業員に対し、専門医または専門カウンセラーを紹介する。
　　(1)　メンタルヘルスに関する調査または問診の結果、会社として専門医または専門カウンセラーによる診断が必要と認めたとき
　　(2)　本人が専門医または専門カウンセラーによる診断を申し出たとき

（メンタルヘルスにおける必要措置）
第77条　専門医または専門カウンセラーの診断によって必要と認められるときは、会社はその従業員に対し、勤務軽減、配置転換その他の措置を講じる。
　　2　メンタルヘルスに関する調査または問診の結果、必要と認められるときは、本人と協議の上、その家族に協力を依頼することがある。

（就業制限等）
第78条　会社は健康診断の結果、従業員の健康を保持するために必要があると認められるときは、医師の指示に従って各号のいずれかの措置をとる。
　　(1)　就業を一定期間禁止または制限する
　　(2)　軽易な業務に配置転換する
　　(3)　その他必要な措置を講じる

（病者の就業制限）Q38参照
第79条　会社は、次の病気に罹患している従業員の就業を禁ずる。ただし、医師により就業に支障がないと認定された者については就業を認めることがある。
　　(1)　法定伝染病もしくはその疑似患者
　　(2)　著しく伝染の危険性がある病気に罹患し就業が不適当と認められる者
　　(3)　就業により病気が悪化する恐れがある者
　　(4)　重度の精神もしくは身体の病気に罹患したもので、健康が充分に回復していないと認められる者

（災害補償等）
第80条　従業員が業務災害または通勤災害を被ったときは、労働基準法の定めるところによりその療養費などに必要な給付を受けることができる。
　　2　ただし、前項の規定にかかわらず、労働者災害補償保険法の定めによる各種補償を受けた場合はこの限りではない。
　　3　従業員が業務外の傷病にかかったときは、健康保険法により給付を受けるものとする。

第11章　雇用管理に関する個人情報の取り扱い

（雇用管理に関する個人情報の取り扱い）
第81条　会社は人事政策ないし雇用管理などの目的を達成するのに必要な範囲で、従業員および従業員の家族に関する個人情報を適正かつ公正な手段によって取得し、それを利用し第三者に提供する。

（管理責任者）
第82条　雇用管理に関する個人情報の管理責任者は担当部門長とする。
　　2　業務遂行のために会社から雇用管理に関する個人情報の提供を受けた場合、および各部署で独自に雇用管理に関する個人情報を取得した場合、各部署の責任者が担当部門長とともに管理責任者となる。
　　3　管理責任者は雇用管理情報の保護の重要性を認識し、漏洩、不正使用、改ざんがないように慎重に取り扱い、また管理監督をしなければいけない。

（本人情報の開示）
第83条　雇用管理に関する個人情報のうち、従業員本人から自己の情報の開示の申出があった場合、会社は合理的な期間内にこれに応じるものとする。
　　2　前項に基づく開示の結果、誤った情報があり、従業員本人から訂正または削除の求めがあった場合、会社は合理的な期間内にこれに応じるものとする。

（開示請求の拒否）
第84条　前項の規定にかかわらず、以下の各号に該当する場合は、会社は従業員本人からの雇用管理に関する個人情報の開示の申出を拒否することができる。
　　(1) 人事考課のうち考課者が個別に意見を述べている部分
　　(2) 未発表の人事情報
　　(3) 法令または社内規定に違反する行為の調査に関する情報
　　(4) その他、会社業務の適正な実施に著しい支障を及ぼす恐れがあると会社が判断した場合

（出向、転籍または合併時などの取り扱い）
第85条　従業員の出向、転籍または会社の合併、部門の営業譲渡などの協議を行う場合、または、実際にそれらが実施された場合、会社はその相手方に対し、当該目的の範囲内で対象者の雇用管理に関する個人情報を提供することがある。

（規則の改廃）
第86条　本規則は、社会経済情勢、業務の必要性、その他の状況により必要がある場合には随時改定を行う。

（付　　則）
この規則は、平成　　年　　月　　日から施行する。

Q85　賃金規定のサンプルは

Answer Point

♧賃金規定のサンプルは、図表154のとおりです。

♣賃金規定のサンプルは

賃金規定のサンプルは、図表154のとおりです。

【図表154　賃金規定のサンプル】

賃　金　規　定

（目　　的）
第1条　この規定は、就業規則の定めにより、従業員の賃金に関する事項を定めたものである。ただし、正社員以外の従業員の賃金に関し必要な事項については、個別に結ぶ雇用契約によるものとする。

（給与の支給方法）
第2条　給与は、従業員に対して通貨で直接その全額を支払う。ただし、従業員が希望した場合は、その指定する金融機関に振り込むものとする。

（給与の計算期間、支給日）
第3条　給与の計算期間は、毎月1日より末日までとする。
　　2　給与の支給日は、翌月15日とする。ただし、支給日が金融機関の休業日にあたる場合はその前日に繰り上げて支給する。

（給与の体系）
第4条　給与の体系は次のとおりとする。
　　　　（1）所定内給与　　基本給
　　　　　　　　　　　　　　役職手当
　　　　　　　　　　　　　　職務手当
　　　　　　　　　　　　　　特別手当
　　　　　　　　　　　　　　住宅手当
　　　　　　　　　　　　　　家族手当
　　　　　　　　　　　　　　通勤手当

　　　　（2）所定外給与　　業務手当
　　　　　　　　　　　　　　時間外勤務手当
　　　　　　　　　　　　　　深夜勤務手当
　　　　　　　　　　　　　　休日勤務手当

（給与からの控除項目）
第5条　会社は、次に掲げるものを従業員の毎月の給与または賞与から控除する。
　　　（1）源泉所得税
　　　（2）住民税
　　　（3）健康保険、厚生年金保険および介護保険の保険料の被保険者負担分
　　　（4）雇用保険の保険料の被保険者負担分
　　　（5）その他労使協定で定めるもの
　　2　前項の控除により賃金に不足額が生じた場合は、会社の指定する日までに返金しなければならない。

（基本給）
第6条　基本給は、本人の年齢・技能・経験・職能を重視して決定する。

（役職手当）
第7条　役職手当は、係長以上の地位にある役職者に対し、その職責に応じ支給する。
　　2　役職手当は、一給与計算期間のすべてにわたって欠勤した場合には支給しない。

（職務手当）
第8条　職務手当には、職務に応じ、資格および特別の技能を有する者に対し、支給する。
　　職務手当の額は、資格または特別の技能に応じて、会社が定める。

（特別手当）
第9条　特別手当は、会社が特別に支給する必要があると認めた場合に、支給する。
　　2　特別手当の支給期間が一給与計算期間に満たない場合は、日割りして支給する。

（住宅手当）
第10条　住宅手当は世帯主の従業員について次の区分により支給する。
　　（1）家賃月額またはローン月額が5～10万円の者　　　　　30,000円
　　（2）家賃月額またはローン月額が10万円を超える者　　　　50,000円
　　2　住宅手当に変更が生じる事由があった場合は従業員自ら遅滞なく届け出なくてはならない。届出が遅れた場合、または虚偽の申告をした場合、住宅手当を支払わない。
　　また、支給済みの住宅手当に関しては返還を命ずることがある。

（家族手当）
第11条　家族手当は、次の対象家族を扶養している従業員に対して支給する。なお扶養している対象家族とは健康保険上の被扶養者となっている家族とする。
　　（1）配偶者　　　　　　　　　　月額　10,000円
　　（2）18歳未満の子1人につき　　月額　 5,000円
　　　　（ただし高校在学中は卒業までとし、その他各種学校はこれに順ずる）
　　2　家族手当は、扶養家族が追加された月の翌月から扶養家族でなくなった月までの期間について支給するものとする。
　　3　扶養家族に変更があった場合は従業員自ら遅滞なく届け出なくてはならない。届出が遅れた場合、または虚偽の申告をした場合、家族手当を支払わない。また、支給済みの家族手当に関しては返還を命ずることがある。

（通勤手当）
第12条　通勤手当は、通常拠点となる住居（以下、住居という）より通勤のため交通機関を利用する者に対して、会社がその利用を認める公共交通機関の1か月分の通勤定期代相当額を、当月の給与の支給日に支給する。
　　2　毎月の通勤手当の上限額は30,000円とする。ただし、会社が特別に認めた場合はこの限りでない。
　　3　通勤手当の対象となる通勤経路とは、最も経済的な公共機関を利用する経路で、会社がその利用を認めたものとする。
　　4　住居から最寄駅までの直線距離が1.5kmを超える場合に限りバスの利用を認める。ただし、会社が特別に認める合理的理由がある場合はこの限りでない。
　　5　新たに通勤手当を受けようとする者または住居もしくは勤務事業所の変更により乗車区間または乗車機関を変更しようとする者は、その都度会社に申請をし、許可を受けなければならない。届出が遅れた場合、または虚偽の申告をした場合、通勤手当を支払わない。また、支給済みの通勤手当に関しては返還を命ずることがある。
　　6　一給与計算期間の途中において、通勤経路の変更または退職などにより通勤手当の支給事由が消滅する場合は、当該期間について日割りして支給する。
　　7　マイカーで通勤する者の通勤手当は、第13条に定める費用を支払い、通常の通勤手当は支払わない。

（マイカー通勤の費用負担）
第13条　会社がマイカー通勤を認めた場合は、第12条の定めによらず、通勤距離に応じて別表のとおり通勤手当を支給する。なお、通勤距離とは住居からの直線距離とする。

（業務手当）Q8参照
第14条　業務手当は一給与計算期間において30時間分の時間外労働があったとものとみなして、時間外勤務手当の代わりとして支給する。
　　2　前項の手当は実際の時間外労働が30時間未満であっても支給する。

（平均所定労働日数と平均所定労働時間）
第15条　1か月平均所定労働日数および1か月平均所定労働時間は、次のとおりとする。

$$1か月平均所定労働日数 = \frac{年間所定労働日数}{12か月}$$

$$1か月平均所定労働時間 = \frac{年間所定労働時間数}{12か月}$$

（給与の時間単価）
第16条　勤務1時間あたりの算定基礎額（以下、時間単価という）とは、次のとおりとする。

$$\frac{所定内給与（住宅・家族・通勤手当を除く）}{1か月の平均所定労働時間}$$

（時間外勤務手当）Q1参照
第17条　所定労働時間（法定休日を除く休日勤務もこれに含む）を超えて勤務することを、会社が命じ、または従業員が申請し会社が認めた場合で、従業員がその時間勤務に服した場合には、次の計算により時間外勤務手当を支給する。
　（1）所定労働時間を超え法定労働時間未満の時間外勤務をした場合
　　　　時間単価×時間外勤務時間
　（2）法定労働時間を超えて時間外勤務をした場合
　　　　時間単価×1.25×時間外勤務時間
　　2　前項の規定にかかわらず、第14条に規定される業務手当が支給されている場合は一給与支払期において、一定時間までの時間外勤務に対しては支給しない。
　　3　業務の都合その他やむを得ない事情により通常の始業時刻前または終業時刻後に勤務に服した場合でも、就業規則第22条に定める所定労働時間を超えない限り前項に定める時間外勤務手当は支給しない。
　　4　1か月45時間、1年360時間を超える時間外労働の割増率は36協定で定めた率とする。

（深夜勤務手当）
第18条　従業員が午後10時より午前5時までの深夜に勤務に服した場合には、次の計算により深夜勤務手当を加算して支給する。
　　　　時間単価×0.25×深夜勤務時間

（休日勤務手当）
第19条　就業規則に定める法定休日に勤務することを命ぜられ従業員がその勤務に服した場合には、次の計算により休日勤務手当を支給する。
　　　　時間単価×1.35×休日勤務時間

（給与改定）
第20条　給与改定（昇給・降給）は原則として毎年7月に行う。ただし、会社業績の著しい低下その他やむを得ない事由がある場合には、給与改定の時期を変更しまたは給与改定を行わないことがある。
　　2　給与改定は、従業員の人事考課による評価を考慮して各人ごとに決定する。

（臨時改定）
第21条　会社が必要と認めた場合に、第20条の給与改定以外に、臨時改定をする場合がある。
　　2　臨時改定は、対象従業員について個別に行う。

（賞　与）Q63参照
第22条　賞与は、会社の業績などを勘案し、原則として7月および12月に支給する。ただし、会社の業績の著しい低下その他やむを得ない事由がある場合には、支給時期を延期し、または支給しないことがある。

2　前項の賞与の額は、会社業績を基として、本人の勤務成績や勤務態度、能力などを考慮して各人ごとに決定する。
3　賞与は、将来の労働への意欲向上策としての意味も込めて支給するため、賞与の査定期間に在籍した者でも、賞与支給日当日に在籍していない者には支給しない。

（遅刻・早退・欠勤等の取り扱い）
第23条　遅刻、早退および私用外出の時間については、次の計算式によって本来支給されるべき月額給与より控除するものとする。

$$\frac{\text{所定内給与（通勤手当を除く）}}{1か月平均所定労働時間} \times 遅刻、早退、私用外出時間$$

2　従業員が欠勤をした場合は、以下の計算式により算出された額を本来支給されるべき月額給与より控除するものとする。

$$\frac{\text{所定内給与（通勤手当を除く）}}{1か月平均所定労働日数} \times 欠勤日数$$

3　第2項の定めにかかわらず、一給与計算期間において4日以上の欠勤があった場合は、以下の計算式により算出された額を支給するものとする。

$$\frac{\text{所定内給与（通勤手当を除く）}}{1か月平均所定労働日数} \times 出勤日数$$

（中途入社および退職・解雇された従業員の取り扱い）
第24条　給与の計算期間中において、途中入社あるいは退社・解雇された者に対しては以下の計算式により算出された額を支給する。なお、通勤手当は別途日割り精算を行う。

$$\frac{\text{所定内給与（通勤手当を除く）}}{1か月平均所定労働日数} \times 出勤日数$$

$$\frac{\text{通勤手当}}{\text{その月の所定労働日数}} \times 出勤日数$$

（休暇等における給与計算の取り扱い）
第25条　年次有給休暇の期間は、所定労働時間労働したときに支払われる通常の給与を支給する。
2　産前産後休暇期間、母性健康管理のための休暇、育児・介護休業法に基づく育児休業および介護休業の期間、育児時間、生理日の休暇の期間、子の看護休暇または介護休暇の期間、公民権行使の時間、裁判員休暇の期間は無給とする。
3　休職期間中は、給与を支給しない。

（給与等の返還）
第26条　虚偽の届出、計算ミス、社会保険の手続などの遅れにより不当に給与の支払を受けた場合、すでに支払を受けた給与から不当に支払を受けた部分を返還させることがある。

（規則の改廃）
第27条　本規定は、社会経済情勢、業務の必要性、その他の状況により必要がある場合には随時改定を行う。

（付　則）
この規定は、平成　　年　　月　　日から施行する。

【別紙】役職手当

役　職	金　額
係長	10,000円
課長	50,000円
次長	70,000円
部長	100,000円

【別表】マイカー通勤手当

距　離	金　額
0.5km 以上　～　2km 未満	支給なし
2km　～　4km	2,500円
4km　～　6km	2,940円
6km　～　8km	3,465円
8km　～　10km	4,100円
10km　～　12km	4,935円
12km　～　15km	5,775円
15km　～　18km	6,720円
18km　～　22km	7,875円
22km 以上	8,930円

Q86 退職金規定のサンプルは

Answer Point

♧退職金規定のサンプルは、図表155のとおりです。

♣退職金規定のサンプルは

退職金規定のサンプルは、図表155のとおりです。

【図表155　退職金規定のサンプル】

退 職 金 規 定

（適用範囲）
第1条　この規定は、就業規則の定めにより基づき正社員の退職金について定めたものである。ただし、正社員以外の従業員には退職金制度を適用しない。

（退職金の支給要件）
第2条　退職金は満3年以上勤務した社員が次の各号の一に該当する事由により退職した場合に支給する。
　　（1）　定年により退職したとき
　　（2）　在職中死亡したとき
　　（3）　会社の都合により退職したとき
　　（4）　私傷病により休職期間が満了したとき、または休職期間中退職を申し出て退職したとき
　　（5）　前号のほか休職期間が満了し退職したとき
　　（6）　私傷病により業務に耐えられないと会社が認めた場合の退職のとき
　　（7）　自己の都合により退職したとき
　2　この規定において定年退職とは第1項第1号をいう。
　3　この規定において中途退職とは第1項第2号から第7号までをいう。ただし、第1項第2号または第3号に該当した場合で、会社が特に認めた場合は定年退職として取り扱うことがある。

（退職金の算定方法）
第3条　退職金は退職時の基本給に、別表で定める社員各人の勤続年数に応じた退職金支給率を乗じて得た額とする。
　2　前項の規定に基づき退職金支給額を算定するにあたって、その者が定年退職の場合には別表の甲欄、中途退職の場合には別表の乙欄に定める支給率を適用する。

（計算期間）
第4条　計算の対象となる勤続年数は、入社日から起算し、退職の日までとする。試用期間を通算するが、就業規則に定める休職、産前産後休暇、育児休業、介護休業をしていた期間は通算しない。
　2　勤続満3年以上であって計算上1年未満の端数月が生じた場合は、月割計算を行う。なお、1か月未満の端数は切り捨てる。

（特別功労金）
第5条　在職中、特に功労があったと認められる社員に対して、退職金に特別功労金を加算して支給することがある。支給額は、その都度その功労の程度を勘案して定める。

（算出金額の端数処理）
第6条　この規定による退職金の算出金額に1,000円未満の端数を生じたときは、これを1,000円に切り上げる。

（控　除）
第7条　退職金の支給に際しては、法令に定めるほか、支給を受ける者が会社に対して負う債務を控除する。

（支払の時期および方法）Q64参照
第8条　退職金は、退職または解雇の日の翌月末日までに、本人名義の指定金融機関口座へ振込みにより支払う。
　　2　前項の定めにかかわらず、第10条に該当する疑いがあるときは事実関係が明確になるまで支払いを留保する。

（遺族の範囲および順位）
第9条　本人死亡のときの退職金を受ける遺族の範囲および順位は、労働基準法第42条から第45条までに定めるところによる。

（退職金の不支給および減額）Q62参照　Q64参照　Q70参照
第10条　次の各号の一に該当する者には、退職金を支給しない。ただし、事情により退職金の一部を支給することがある。
　　(1)　就業規則に定める懲戒規定に基づき懲戒解雇された者
　　(2)　退職後、支給日までの間において在職中の行為につき懲戒解雇に相当する事由があったと認められた者
　　2　次の各号の一に該当する者には、退職金を5割の範囲内で減額して支給する。ただし、事情により退職金の全部を支給することがあり、また、特に悪質な場合は退職金の全額を不支給とすることがある。
　　(1)　就業規則に定める懲戒規定に基づき諭旨解雇された者
　　(2)　退職後、支給日までの間において在職中の行為につき諭旨解雇に相当する事由があったと認められた者
　　(3)　退職時に会社の指定する引継ぎを完了しないで退職した者
　　(4)　会社の指定した期日までに貸与品の返却、金品の精算を行わなかったとき
　　(5)　就業規則に定める競業避止義務や退職後の責務に違反した者
　　3　退職金の支給後に在職中の行為につき、懲戒解雇または諭旨解雇、あるいは競業避止義務違反および退職後の責務違反のいずれかに該当する事実が発見された場合は、会社は支給した退職金の返還を当該社員であった者または前条の遺族に求めることができる。

（社外業務に従事した場合の併給の調整）
第11条　出向等社命により社員が社外業務に従事し、他社より退職金に相当する給付を受けた場合には、その者の退職金は、この規定により算定された退職金から当該給付に相当する額を控除して支給する。

（外部積立による退職金の支給）
第12条　会社が、中小企業退職金共済制度など外部機関において積立てを行っている場合は、当該外部機関から支給される退職金は、会社が直接本人に支給したものとみなし、第3条に規定する算定方法により会社から直接支給する退職金は、当該外部機関から支給される退職金の額を控除した額とする。

（規定の改廃）
第13条　本規定は会社の経営状況および社会情勢の変化等により必要と認めたときは、支給条件および支給水準を見直すことがある。

（付　則）
この規定は、平成　　年　　月　　日から施行する。

【別表　退職金支給率表】

勤続年数	甲	乙	勤続年数	甲	乙
1 年	0.00	0.00	21 年	15.77	9.97
2 年	0.00	0.00	22 年	16.60	10.87
3 年	0.83	0.00	23 年	17.43	11.81
4 年	1.66	0.42	24 年	18.26	12.78
5 年	2.49	0.68	25 年	19.09	13.79
6 年	3.32	0.98	26 年	19.92	14.84
7 年	4.15	1.32	27 年	20.75	15.93
8 年	4.98	1.69	28 年	21.58	17.05
9 年	5.81	2.11	29 年	22.41	18.21
10 年	6.64	2.56	30 年	23.24	19.41
11 年	7.47	3.04	31 年	24.07	20.64
12 年	8.30	3.57	32 年	24.90	21.91
13 年	9.13	4.13	33 年以上	24.90	22.41
14 年	9.96	4.73			
15 年	10.79	5.37			
16 年	11.62	6.04			
17 年	12.45	6.75			
18 年	13.28	7.50			
19 年	14.11	8.29			
20 年	14.94	9.11			

著者略歴

川島 孝一（かわしま こういち）
有限会社人事・労務 チーフコンサルタント、社会保険労務士、中小企業福祉事業団幹事。日本経営システム学会会員。
1966年、東京都大田区生まれ。早稲田大学理工学部卒業後、サービス業にて人事・管理業務に従事後、現職。
人事制度、賃金・退職金制度等の人事労務の総合コンサルティングを担当し、複数社の社外人事部長・顧問を兼任する。経営者の視点に立った論理的な手法に定評がある。著書に「適年廃止後の退職金再設計の実務」（セルバ出版）、「給与計算の事務がしっかりできる本」（かんき出版）など。

内藤 惠蔵（ないとう けいぞう）
有限会社人事・労務 チーフコンサルタント、特定社会保険労務士、中小企業福祉事業団幹事。
1964年、長野県上田市生まれ。千葉商科大学商経学部卒業、ＪＡ、大手航空測量会社勤務。人事制度、就業規則作成・改定、労務相談を中心に進めている。
著書に「ＩＴ企業のための労働者派遣のすべて」「会社が得する人事書式＆労働契約書」（WAVE出版）、「社会保険料が３割節約できる本」（かんき出版）など。

松木 将企（まつき まさき）
有限会社人事・労務 チーフコンサルタント、特定社会保険労務士、中小企業福祉事業団幹事。
1966年、新潟県新潟市生まれ。新潟大学経済学部卒業後、大手旅行会社にて勤務。2005年4月より独立。和文・英文就業規則作成・改定、人事制度構築・改定、給与計算、各種労務相談を中心にコンサルティング業務を進めている。
著書に「会社が得する人事書式＆労働契約書」（WAVE出版）、「給与計算の事務がしっかりできる本」、「社会保険料が３割節約できる本」（かんき出版）など。

有限会社人事・労務
〒111-0036　東京都台東区松が谷3-1-12　松が谷センタービル5F
TEL 03(5827)8217　　FAX 03(5827)8216
http://www.jinji-roumu.com/

いまさら人に聞けない「労務トラブル防止」の実務Ｑ＆Ａ

2011年8月2日発行

著　者	川島　孝一	©Koichi Kawashima
	内藤　惠蔵	©Keizo Naito
	松木　将企	©Masaki Matsuki
発行人	森　忠順	
発行所	株式会社セルバ出版	

〒113-0034
東京都文京区湯島1丁目12番6号 高関ビル5B
☎ 03(5812)1178　　FAX 03(5812)1188
http://www.seluba.co.jp/

発　売　株式会社 創英社／三省堂書店
〒101-0051
東京都千代田区神田神保町1丁目1番地
☎ 03(3291)2295　　FAX 03(3292)7687

印刷・製本　モリモト印刷株式会社

●乱丁・落丁の場合はお取り替えいたします。著作権法により無断転載、複製は禁止されています。
●本書の内容に関する質問はFAXでお願いします。

Printed in JAPAN
ISBN978-4-86367-055-6